·通用经济系列教材·

Public Economics

公共经济学

张金艳　主编

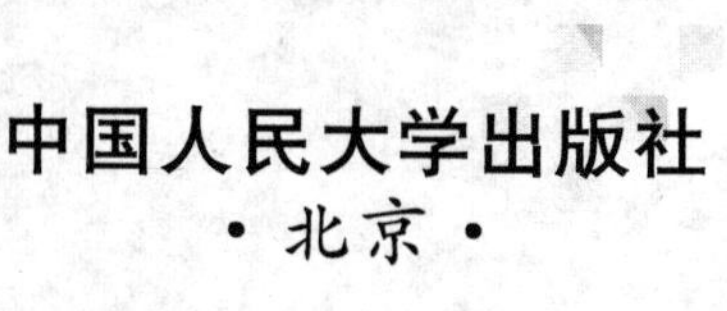
中国人民大学出版社
·北京·

出版说明

随着经济全球化的不断深入，中国经济走上了高速发展的通道，获得了前所未有的发展。越来越多的人认识到，要想真正融入现代社会，无论是什么专业背景、从事何种工作，学习经济类课程对工作都非常有帮助。顺应这一形势，我国大部分高等院校也开始重视经济类课程的教学和经济类课程的普及。一方面，越来越多的经济类课程成为高校非经济专业选修的热门课程；另一方面，许多理工科学生把经济类专业当作第二学位来学习。但是，现有的经济类教材大部分在内容上都有一定的深度，适合非经济类专业或初涉经济学专业的学生学习的教材较少。鉴于这种情况，我们组织编写了这套“通用经济系列教材”。本套教材在组织编写上，遵循了以下原则：

第一，所列课程均为经济类的基础课程，能够适应不同专业学生的普及学习。

第二，教材在编写上力求简明、通俗，篇幅适中，重视基础知识和基本原理的讲解。

第三，在内容上尽量减少纯理论的阐述、证明等，增加一些实际案例、专栏、开篇案例导读之类的东西，使教材的可读性更强，内容更易于理解。

我们秉承中国人民大学出版社“出教材学术精品，育人文社科英才”的宗旨，紧跟时代脉搏，不断推出精品，提升教材的质量，为中国高等教育和实践水平的提升做出贡献。我们希望广大读者的建议和鞭策，能够促使我们不断对本套丛书进行改进和完善，以更好地服务读者。

中国人民大学出版社

前　言

人类社会经济发展历程表明：一方面，市场是配置资源的有效手段；另一方面，市场也存在失灵，如经济波动、垄断、收入分配不公和公共品或服务短缺等。治理市场失灵，从而充分发挥市场的作用，是实现社会经济进一步发展的客观要求。政府部门或公共部门是治理市场失灵的主体，所从事的相应活动被称为公共经济，而公共收入和公共支出是公共经济的前提和基础。公共经济学是财政学的继承和发展，是专门研究公共部门的经济活动，以及与这些活动相联系的经济活动。

本书由四篇共 12 章组成。第一篇为基础理论，主要阐述公共品理论、公共选择理论和外部效应理论，包括第 1—4 章（张金艳编写第 1 章，倪秋菊编写第 2、3 章，蒋涌编写第 4 章）；第二篇为公共支出，主要阐述购买性支出和转移性支出，包括第 5—7 章（康锋莉编写第 5、6、7 章）；第三篇为公共收入，主要阐述税收及税收制度和公债，包括第 8—10 章（王丽娅编写第 8、9 章，蒋涌编写第 10 章）；第四篇为公共收支管理，主要阐述公共收支预算和公共财政管理体制，包括第 11—12 章（周少芳编写第 11 章，王洪良编写第 12 章）。张金艳为本书框架设计者和统稿者。

在本书的编写和出版过程中，我们借鉴了国内外专家和学者的学术成果，获得了广东外语外贸大学国际经济贸易学院教材出版基金的资助，得到了学院副院长何元贵教授和经济学系主任魏作磊教授的大力支持。中国人民大学出版社经济出版分社崔惠玲副社长、梁颖编辑以及光兴武老师给予了我们极大帮助，2009 级国际经济与贸易专业的林莲娟同学为本书图表制作及文字校对做了大量工作。在此，向这些人员表示真诚谢意。

限于水平和时间，本书难免存在错误和不妥之处，敬请读者批评指正。

张金艳

目　录

第一篇　基础理论

第二篇　公共支出

第三篇　公共收入

第四篇　公共收支管理

第一篇　基础理论

第一章 导论

本章要点：

1. 了解现实中的公共经济；2. 掌握公共经济的产生逻辑；3. 理解公共经济学的内涵；4. 认识公共经济的职能。

现代经济体系中有家庭、企业、政府（公共部门）和国外部门四个行为主体。一般而言，此体系中的两个最基本的行为主体——家庭和企业的活动被称为私人经济或市场经济，而作为另一重要的行为主体——政府（公共部门）的活动被界定为公共部门经济或公共经济。现实中公共经济现象有哪些，公共经济是如何产生的，什么是公共经济学，公共经济职能是什么等是本章的主题。

第一节 现实中的公共经济

在现代社会中，每个人的生活都与公共部门经济活动密切相关。人们或多或少地享用公共部门提供的各种产品和服务：供电、供水、供气；公共道路、公共汽车、公共电视节目；公共安全、国防、法制、公共秩序；公立学校、国家助学贷款；医疗保障、失业保险；扶贫、补贴、抚恤计划；等等。与此同时，我们为享用这些产品和服务而需缴款：学费、电费、水费、路桥通行费；流转税、所得税、财产税、社会保险税（费）；等等。不仅如此，从我国近几年的重大决策角度，我们仍然可以看到现实中的大量公共部门经济活动。

2002 年 10 月，《中共中央、国务院关于进一步加强农村卫生工作的决定》明确指出：要逐步建立以大病统筹为主的新型农村合作医疗制度，到 2010 年，新型农村合作医疗制度要基本覆盖农村居民，从 2003 年起，中央财政对中西部地区除市区以外的参加新型合作医疗的农民每年按人均 10 元安排合作医疗补助资金，地方财政对参加新型合作医疗的农民补助每年不低于人均 10 元，农民为参加合作医疗、抵御疾病风险而履行缴费义务不能视为增加农民负担。这是我国政府历史上第一次为解决农民的基本医疗卫生问题进行大规模的投入。截至 2004 年 12 月，全国共有 310 个县参加了新型农村合作医疗，有 1 945 万户，6 899 万农民参合，参合率达到了 72.6%。按照“十一五”规划的要求，新型农村合作医疗到 2010 年的覆盖面达到农村的 80%以上。

2009 年 9 月，《国务院关于开展新型农村社会养老保险试点的指导意见》明确指出：探索建立个人缴费、集体补助、政府补贴相结合的新型农村社会养老保险（以下简称新农保）制度，实行社会统筹与个人账户相结合，与家庭养老、土地保障、社会救助等其他社会保障政策措施相配套，保障农村居民老年基本生活。2009 年试点覆盖面为全国 10%的县（市、区、旗），以后逐步扩大试点，在全国普遍实施，2020 年之前基本实现对农村适龄居民的全覆盖。新农保是继取消农业税、农业直补、新型农村合作医疗等政策之后的又一项重大惠农政策。新农保借鉴了目前城镇职工统账结合的模式。新农保在支付结构上分两部分：基础养老金和个人账户养老金，基础养老金由国家财政全部保证支付，这意味着中国农民 60 岁以后都将享受到国家普惠式的养老金。

从 2001 年开始，为强化农业生产和巩固农业在国民经济中的基础地位，我国采取了多种措施和手段对农业予以补贴。这些措施和手段主要为：增加农民种粮补贴；大幅提高粮食最低收购价格；大幅增加农业机械购置补贴；对水稻、小麦、玉米、棉花、油菜实行保险补贴；增加农民户用沼气补贴；对退耕还林工程补助，对长防林、兴林灭螺林工程补助。

第二节 公共经济的产生逻辑与公共经济学

一、公共经济的产生逻辑

（一）市场有效

市场经济是发展经济和提高社会生产率的最好手段，这已被理论和实践所证实。作为西方现代经济学的鼻祖，亚当·斯密（1723—1790年）在具有划时代意义的开创性著作——《国民财富的性质和原因的研究》（简称《国富论》）中认为，分工的起源是由于人的才能具有自然差异，那是起因于人类独有的交换与易货倾向，交换及易货系属私利行为，其利益决定于分工，假定个人乐于专业化及提高生产力，经由剩余产品之交换行为，促使个人增加财富，此等过程将扩大社会生产，促进社会繁荣，并达私利与公益之调和。这表面是说分工和专业化能大力促进社会经济发展，其实质是认为市场经济能促进经济发展和提高社会生产率。从世界经济发展历程来看，美国、日本、德国、英国等绝大多数世界经济发达国家无不是通过建立市场经济体制获得成功。我国建立中国特色社会主义市场经济的目的就是利用市场经济这个手段摆脱计划经济所造成的经济发展困境。实践表明，我国已取得了巨大成就。

（二）市场失灵

市场经济如同任何事情，都是具有两面性的。利用市场机制配置资源虽然有积极作用，但也有消极作用，其原因是盲目地追求自发的市场经济，造成了“市场失灵”。所谓市场失灵，是指市场经济在其自身的运行中自发产生的缺陷或弊病。市场失灵的直接原因是因为市场机制在配置资源过程中存在以下特点：

（1）自发性。即各个分散的企业只从自身的局部利益出发，按照市场信号调整微观经济的资源配置，往往使整个社会资源配置处在无政府状态。它需要经过长期的、无数次的反复，才有可能达到社会总供给与总需求的平衡。

（2）滞后性。各个市场主体在接受价格信号时，所获得的高于或低于商品价值时，已是在交换之后的事了，此时再行调整，一方面已发生了供应不足或供过于求的状况，另一方面这时的调整也不能及时满足供求平衡的需要。市场机制的作用自身不具备预见经济变化的功能。

（3）不稳定性。当市场机制的作用使社会总供给与总需求达到平衡时，不会因此而被稳定下来。各企业从自身利益出发，还会将资源从效益低下的部门向效益相对较高的部门转移，同时造成这一部门供求平衡的损害。市场机制的竞争是各企业为追求自身利益最大化的竞争，哪个部门获利相对丰厚，生产者就会调动自己的资源要素向哪一部门转移，从而造成供需平衡的不稳定性。

（三）市场失灵的表现

市场失灵主要表现为六方面：

（1）收入与财富分配不公平。社会分配不公指的是特定时期内与当时社会公认的公平准则不相符合的收入、财富和社会福利的分布状态。社会分配不公状态是市场经济自发运行所必然出现的结果，它是由市场要素禀赋分配通过市场机制而产生的两极分化、贫富差距加剧问题。

（2）“外部效应”问题。外部效应是指未被市场交易价格反映的额外经济交易成本或效益。当市场交易导致了对第三方的影响，而价格机制又不能为其提供正确信号时，就必然导致资源配置的无效率。在这里价格机制的失灵导致了市场机制的失灵。

（3）垄断和自然垄断。垄断，或称卖者垄断、独卖、独占，一般指在某一个行业中只有独家生产者，同时没有其他行业能生产该厂商产品的代用品的情形。由于垄断者是其所生产产品的唯一卖者，因此，直接面对整个市场，换句话说，它将面对向下倾斜的市场需求。而买者人数众多，因此是竞争性的，也就是说，买者是价格接受者。因此，卖者可以通过控制产品价格或者产量来最大化自己的利润。垄断是市场竞争的必然结果，但垄断的出现恰恰会破坏竞争机制，进而影响社会资源优化配置、技术革新和经营者组织效率，损害消费者利益或造成社会公共利益的损失（详见图1—1）。图1—1表明，如果能够通过政府部门的干预，强迫垄断者增加产量至Q^*，使其价格降至与社会边际成本相等的水平P^*，从而使$P^*=MSB=MSC$，就可以获得ABE所代表的净效益。

自然垄断行业具有规模报酬递增的特征——平均收益随行业规模扩大而不断增长，也即具有平均成本递减。自然垄断行业存在竞争失灵，独家经营胜过多家竞争，比如，供水、供电、管道煤气、有线电话等行业。因此，公共部门介入和干预自然垄断行业显得十分必要。

（4）宏观经济总量失衡。宏观经济总量失衡指的是市场经济在自发运行过程中所产生的失业、通货膨胀和经济危机现象。过度的失业、严重的通货膨胀和周期性的经济危机都是市场无法依靠自身力量自我调节解决的顽疾。

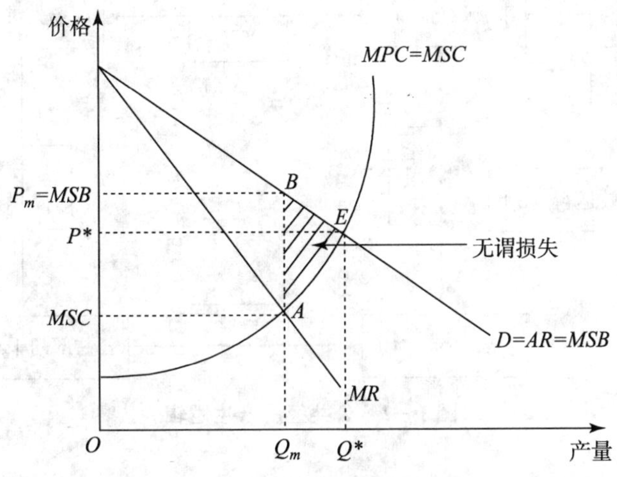

图 1—1 垄断造成的效率损失

（5）公共产品与搭便车。公共产品具有不同于私人产品的特殊性（第二章专门论述），这些不同于私人产品的特性使得市场的竞争机制和价格机制无法在公共产品身上起作用，导致市场机制在配置公共产品上出现失灵。如果让市场机制来配置公共产品，由于搭便车的存在，那么不可避免地将出现公共产品短缺的情况。因此公共产品不适宜通过市场机制配置给个人，而只能通过非市场机制（公共选择）配置给个人。

（6）信息不对称。信息不对称也称为信息不完全，市场交易的任何一方如果不具备充分的信息，拥有信息较多的一方就会充分利用自己的信息优势，比如保险市场产生的逆向选择、道德风险问题等。无论哪一种情况发生都会导致资源配置的扭曲，从而产生由于信息失灵引致的市场失效。没有充分的信息，竞争将是不充分的，从而市场的运转也必然是不完善的。因此在医疗、卫生、食品、生产、会计和公共娱乐、消费场所等方面就必须依赖政府建立强制性的信息披露和安全检测标准，以防止有毒、有害事件的发生。

（四）公共经济产生逻辑

为了充分发挥市场经济的优势，我们不得不要消除市场失灵。因为源于市场经济，所以市场失灵是不可能通过市场（私人）来得到解决的，而只能依赖于公共部门，这决定了公共经济产生的内在逻辑（详见图 1—2）。公共经济产生逻辑内在地决定了公共经济学的含义、特征和研究对象。

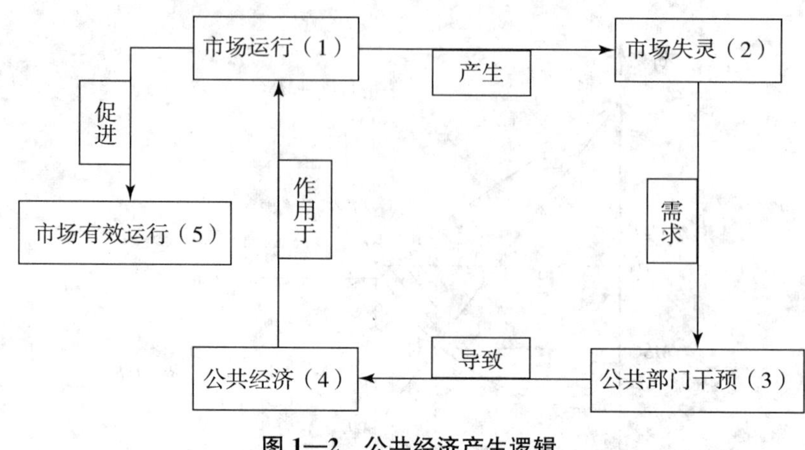

图 1—2　公共经济产生逻辑

二、什么是公共经济学

（一）公共经济学的含义

公共部门从事经济活动或公共经济活动是要消耗资源的，而资源又具备有限性。公共经济学就是研究公共部门经济行为规律的科学，它是经济学的分支学科，是论述公共部门所需资源量、公共部门各领域的资源分配以及如何监督资源使用等问题，回答公共部门需要做什么以及应该怎么做的学科。

（二）公共经济学的特征

(1) 公共经济学是主要研究公共部门及其行为的学科。公共部门与市场也同样存在着失灵的现象，因此就需要对公共部门的行为进行科学的研究。公共经济学就是要解决此类问题，即公共部门为什么要干预经济生活；什么时候干预；怎样干预；政府从事经济活动的范围、方式、途径和效果是什么。

(2) 公共经济学是以经济学的方法来研究政府经济行为。人们研究公共部门可以从许多角度来进行，比如从社会学的角度，从政治学的角度等。但是，经济学认为人们是通过理性的利己主义行为、利用价格机制和竞争机制在商品货币关系中完成自己的交易行为，公共部门所起的作用是服务性的，政府是服务性的公共部门。

(3) 公共经济学更加注重对实际问题的研究。公共经济学研究提供公共品、政府价格管制、外部性与公共部门行为、政府政策与经济自由度、寻租等问题时，采用了大量的方法。这些方法对解决实际问题起到了极大的作用，比如运用委托—代理理论、博弈理论、信息理论、公共选择理论、制度经济学理论等。作为经济活动主体的公共部门在实际工作中也迫切需要这样一些理论来指导。

（三）公共经济学的研究对象

与私人部门一样，政府部门（公共部门）的存在也会产生一系列相似的经济问题，即生产什么、如何生产和为谁生产。与此相对应，公共经济学的研究对象主要体现以下三方面：

(1) 生产什么。这个问题首先涉及公共品生产与私人产品生产的均衡问题，其次也涉及各种不同类型的公共品的均衡问题。

(2) 如何生产。公共品是公共部门来组织生产还是由私人企业去生产。许多人认为公共部门来组织生产公共品，可以减少私人企业对消费者的剥削。

(3) 为谁生产。这其实是一个有关公共产出的利益分配问题。公共部门关于税收与福利计划的决策将直接影响人们的收入分配。同样，公共部门决定生产什么样的公共产品也就同时决定了哪些个人与利益集团可以从中获益。

公共经济学表明该学科已经形成比较完整的学科体系，与传统的财政学相比较，公共经济学增加了两大领域的内容。一是该学科增加了政府决策的内容，二是增加了公共部门支出的经济分析。在学科体系上，传统财政学无法把市场机制和非市场机制的资源配置统一到帕累托状态，而在公共经济学中则建立了两者一致的理论模型。

第三节 公共经济的职能

通过以上两节分析可以清楚地看出，在经济运行过程中，市场机制的作用是有限的，而市场机制失灵的领域恰恰是公共经济发挥作用的领域。因此，相应的，公共经济具有资源配置职能、收入分配职能、经济稳定职能和经济发展职能。

一、资源配置职能

在市场经济体制下，仅仅依靠市场并不能实现优化资源配置，还需要公共部门在市场失灵领域发挥资源配置作用。因为在经济体系中，市场提供的商品和服务数量有时是过度的，有时是不足的，整个社会的资源配置缺乏效率。公共经济的资源配置职能就表现在对市场提供过度的商品和劳务数量进行校正，而对市场提供不足的产品和服务进行补充，以实现社会资源的有效配置。

资源配置职能的主要内容表现在以下三方面：一是财政可通过采取转移支付制度和区域性的税收优惠政策、加强制度建设、消除地方封锁和地方保护、完善基础设施、提供信息服务等方法，促进要素市场的建设和发展，推动生产要素在区域间的合理流动，实现资源配置的优化。二是财政通过调整投资结构，形成新的生产能力，实现优化产业结构的目标。如交通、能源等基础产业项目的资金和技术“门槛”高，政府就可通过产业政策指导和集中性资金支持，防止规模不经济的产生。除了政府直接投资外，还可利用财政税收政策引导企业投资方向，以及利用补贴等方式调节资源在国民经济各部门之间的配置，形成合理的产业结构。三是市场无法有效提供公共品或服务，提供公共品或服务是政府的基本职责。政府一般以税收等形式筹措资金，以不损害市场机制和秩序为原则，提供公共品或服务。

二、收入分配职能

公共经济的收入分配职能是公共部门为了实现公平分配的目标，对市场经济形成的收入分配格局予以调整的职责和功能。在各种不同的公共经济手段中，实现再分配的最直接的手段有：第一，税收转移支付，即对高收入家庭课征累进所得税并对低收入家庭给予补助两者相结合的方法；第二，用累进所得税的收入，为使低收入家庭获益的公共服务提供资金；第三，对主要由高收入消费者购买的产品进行课税，并同时对主要为低收入消费者使用的其他产品给予补贴两者相结合的方法；第四，完善社会福利制度，使低收入者实际收入增加，个人收入差距缩小；第五，建立统一的劳动力市场，促进城乡之间和地区之间人口的合理流动，这是调动劳动者劳动积极性，遏制城乡差距和地区差距进一步扩大的有效途径。

三、经济稳定职能

在市场经济中，实现充分就业、稳定物价水平、平衡国际收支是公共经济发挥经济稳定职能的三个方面。要保证社会经济的正常运转，保持经济稳定发展，就必须采取相机抉择政策，即根据经济形势的变化，及时调整公共收入政策。如紧缩的财政政策、积极的财政政策以及稳健的财政政策。同时采用“自动”稳定装置，以不变应万变，减缓经济的波动。在政府税收方面，主要体现在累进的所得税上。当经济处于高峰期时，可抑制需求；当经济处于低谷时，可刺激需求，促使经济复苏。在公共支出方面，主要体现在社会保障支出上，用以控制在不同经济发展时期失业人口的数量。同时还有政府的农产品价格支持制度。这些都是促进经济发展，实现经济稳定发展的重要措施和手段。

四、经济发展职能

发展是人类永恒的主题。特别是中国，作为发展中的大国，市场欠发达，经济结构亟待调整，资本相对匮乏，企业家阶层尚未形成，促进经济发展是公共经济无法推卸的责任。而在社会主义市场经济体制下，政府完全可以利用有效的财政政策，加快经济增长，促进经济结构调整，实现经济发展。

本章小结

1. 从现实中熟悉的事情角度理解公共经济，如公共道路、公共安全、医疗保障，等等；与此同时，我们为享用这些产品和服务而需缴费和纳税。在此基础上，总结出公共经济的产生逻辑起点为市场失灵，而治理市场失灵须公共部门或政府部门介入，从而产生了公共经济。

2. 公共部门从事经济活动或公共经济活动是要消耗资源的，而资源又具备有限性。公共经济学就是研究公共部门经济行为规律的科学，它是经济学的分支学科，是论述公共部门所需资源量、公共部门各领域的资源分配以及如何监督资源使用等问题，回答公共部门需要做什么以及应该怎么做的学科。

3. 公共部门发挥作用可概括为公共经济的职能：资源配置职能、收入分配职能、经济稳定职能和经济发展职能。

复习思考题

1. 简述市场失灵的表现。
2. 分析公共经济的产生逻辑。
3. 如何理解公共经济学？
4. 简述公共经济学研究对象和特征。
5. 简述公共经济的职能。
6. 举例说明公共经济。

第二章

公共品理论

本章要点：

在认识私人品的基础上，理解什么是公共品；公共品的均衡提供机制和条件是什么；现实中公共品有效提供的方式。具体而言，即哪些产品或服务的消费该由政府出钱，哪些可以或者应该由个人或家庭自己出钱，政府参与消费的原则界限是什么。

公共品理论是政府经济学的核心内容，也是现代国家政府干预经济的理由之一。如迈克尔·泰勒认为，政府干预经济最有说服力的理由便是，如果没有国家，人们就不能卓有成效地相互协作，实现他们的公共利益，尤其不能为自己提供某些特定的公共物品。除了提供特定的公共品，政府的收入分配和稳定经济职能也可视为广义上的公共品提供。公共品理论实际上是公共财政的核心，公共财政学就是围绕公共品理论展开论述的。

第一节 公共品的界定与基本特征

公共品是私人不愿意生产或无法生产，抑或无法全部生产的，必须由政府提供，或者政府参与提供的产品和服务。从总体上看，人类社会的需求可以大体分为两类：一类是以个人或家庭为单位分别产生的需求，建立在个人偏好的基础上；另一类则是以整个社会（或集体、群体）为单位而产生的全局性的、共同的需求。前者称为私人需求，后者称为社会公共需求。两者并非对立关系，所谓的公共需求仍然建立在个人或家庭满足自身欲望的基础上，但提取了个体需求中集中的、共同的因素，以此与强调个人偏好的私人需求区分开来。相应地，用于满足私人个别需要的物品或服务，称为私人品；用于满足社会公共需要的物品或服务，称为公共品。私人需求与公共需求是共生与互补的关系，但是由于资源稀缺的限制，在私人品和公共品的提供方面必然存在取舍权衡，才能实现资源的配置效率。

一、私人品

公共品是与私人品相对应的，要更好地了解公共品，必须先明晰私人品的定义及其特征。

（一）私人品的含义

根据福利经济学第一定理：完全竞争的市场可以自动实现帕累托最优，但即使存在完全竞争市场，这条定理也有一个隐含的假定条件，即所生产和交换的对象必须是私人品。公共品正是市场失灵的表现之一。所谓私人品，是排他的、具有很强竞争性的物品或服务。经济学家萨缪尔森将纯粹的私人品的内涵用如下函数式来表示：

$$X = \sum X_i (i = 1, 2, \cdots, n)$$

即某一商品的总量（X）等于每一个消费者所拥有或消费该商品数量（X_i）的总和，根本原因在于私人品具有竞争性。这也意味着私人品在消费者之间是可以分割之后独享的。

（二）私人品的特征

区分公共品和私人品，主要基于以下两个特征：是否具有消费的竞争性和排他性。纯粹的私人品同时具备竞争性和排他性，纯粹的公共品则同时具备非竞争性和非排他性。

1. 竞争性

私人品具有消费上的竞争性，指对于任意给定的私人品产出水平，当消费者人数增加，就必须相应增加私人品的数量，才能满足这些额外增加的消费者的需求。反应在消费函数上，即消费者人数增加，导致私人品的边际成本大于零。竞争性意味着物品或服务无法在每个消费者的利益都完整不受损害的条件下令所有消费者得到满足。

2. 排他性

私人品的排他性是指私人品的利益可以被独占，只有为之付费者才可享用，不付费者会被排斥在消费范围之外。在现实中，私人品的排他性是显而易见的。例如，当消费者甲以 3 元的价格买下一个面包，面包店老板就不能再把这个面包卖给其他人，而且未经消费者甲同意，其他任何人也无权享用这个面包。也就是说，为面包这个私人品付费的顾客拥有了对面包的排他性所有权。如果消费者乙也想享用面包，他必须另外付费购买。对于整个社会来说，面包的消费总量就是该经济社会的所有消费者购买和消费的面包的算术加总。

3. 如何理解竞争性和排他性

一种物品或服务之所以称为私人品，首先是因为具有竞争性，如果物品或服务具有完全的竞争性，就必然要求排他物品才能有效提供。当物品具有竞争性而不排他时，意味着所有人都可以免费享用私人品。但每增加一个消费者，就必须为之提供额外数量的私人品，私人品消费的边际成本大于零，放弃排他之后使用者却可以免费使用，显然不可能实现供求均衡和资源配置效率。如果试图通过收费来实现均衡，排他性就是必须的。

二、公共品

在经济中还有一类物品和服务，它们具有和私人品完全不同的性质，导致这类物品和服务不能像私人物品一样在市场上被有效地生产出来，我们称之为公共品。公共品是伴随公共需求出现的，只要存在公共空间，出现了集体性、公共性的事务，就必然导致公共品供求出现。在这个意义上，公共品的存在要比国家和政府早得多。早在氏族公社时期，就出现了由公社提供的防卫、祭祀、集会等设施，构成了人类早期社会的公共品。随着时代发展，公共品的内涵更加深刻，形态越来越丰富，提供的方式也多样化了，但其根本特征并没有发生变化。

（一）公共品的命名、定义与内涵

公共品与私人品相对应，公共品的名称有公共品、公共物品、公共产品、公益品、公共货物、公共财产、公共商品等不同的称谓，但其实都没有本质区别。公共产品和公共物品的叫法容易给人以公共品是有形物品的误解，而事实上公共品在较多的情况下是劳务（服务），是无形态的产品，较少的情况才表现为实物形态，故公共品的叫法较合乎其本身的经济含义。

公共品是有共同受益特征的物品或服务。由于这类物品的特性，不能向个人或企业出售，也不能为其定价，市场的供给从而无效。萨缪尔森在其《公共支出的纯理论》① 一文中给出了公共品的严格定义："纯粹的公共品是指这样的物品，即每个人消费这种物品不会导致别人对该物品消费的减少。"由此定义可知，纯公共品具有非竞争性，即当某个消费者消费某一公共品时，不对其他同时消费该公共品的人构成任何影响。非竞争性是公共品最基本的特征。此外，从萨缪尔森的定义中可见，公共品还具有非排他性，即拥有某一公共品所有权的某个消费者无法阻止或减少其他消费者对该物品的消费。纯公共品的内涵用如下函数式来表示：

$$X=X_i \quad (i=1, 2, \cdots, n)$$

即某一商品的总量（X）等于每一个消费者所拥有或消费该商品的数量（X_i）。根本原因在于每个消费者都可以享用纯公共品，任何消费者无法排除其他消费者从纯公共品中获得利益。

（二）公共品的特征

萨缪尔森对公共品的定义来自公共品效用的不可分割性或共同消费特征，即公共品是向整个社会共同提供的，整个社会的成员共同享用公共物品或劳务的效用，不能分割。这种不可分割性具体表现为两个方面的特征：

1. 非竞争性

公共品具有受益上的非竞争性，指的是消费过程中的这样一种状况：当某个体获得某种公共品的效用，他人可以同样获得，也不会因此而减少任何人享用的数量或质量。受益对象之间不存在利益冲突。换言之，增加消费者时，公共品的边际成本为零。这里的边际成本为零可以从两个方面来理解：一是生产方面，增加消费者不需要追加资源的投入；二是消费方面，增加消费者不妨碍其他人的满足程度，不会带来"拥挤成本"。在这种情形下，将那些能从消费中获得正效用的人排除在外是浪费效率的。

2. 非排他性

即在技术上没有办法将任何人（特指拒绝为之付款的个体）排除在公共品的受益范围之外，原因就是公共品的效用不可分割。以灯塔为例，当灯塔点亮，光照便布满了所覆盖的海域，使得灯塔的所有者无法把没交费的船只排除在外。即使排他在技术

① Samulson, P. A: "The pure theories of public expenditure," *Review of Economics and Statistics*, 36 (Nov. 1954), pp. 387-390.

上可行，但排他的成本可能非常昂贵，当排他的成本超过了使用该产品能获得的收益时，排他在效率上就变得不可行了。随着技术条件变化，当一种物品的排他成本变小，那么原来的公共品也有可能成为私人品。

3. 相互关系

公共品的非竞争性和非排他性之间有一定的影响，但并没有必然的联系。非竞争性在一定程度上影响到非排他性，因为公共品的效用不变，使得公共品的所有者缺乏排除外来者的激励。而即使排他可行，从资源的配置角度来说，这种排他也是无效率的。

三、公共品的分类

（一）根据特征分类

构成公共品包含两个条件，只有这两个条件全部成立才是纯粹意义上的公共品。反之，两个条件全都不成立就是纯粹的私人品。但是，在现实经济中，许多物品并不同时具备这两项特征，这些物品即部分具备公共性的物品。

有些物品在受益上具有非竞争性，但这种非竞争性并非绝对。随着消费者的增多，这类物品的消费容量会满载而出现拥挤，消费者的效用因此递减，出现了“拥挤成本”。此时再增加一个消费者，边际成本为正。如高速公路、公园、学校、社区游泳池等。但是当消费容量满载之前，增加一个消费者的边际成本仍然为零。这类产品常称为拥挤性公共品或俱乐部产品，也有的称为混合物品或准公共品。

有些物品的消费是非排他的，但具有竞争性，是私益的。如地下水、海洋、矿产、森林资源等。这些物品是公共地，所有人都可以自由地取用，但是资源本身是稀缺的，受益上存在竞争性。这是一种公有私人物品，称为公共池塘资源产品。根据竞争性和排他性的有无，可以将物品分为四类，见表2—1：

表2—1　物品分类及其特征

竞争性 排他性	有	无
有	私人品 ·巧克力 ·衣服 ·拥挤的收费道路	拥挤性物品 ·学校 ·有线电话 ·不拥挤的收费道路
无	公共池塘资源 ·鱼类 ·野生动物 ·拥挤的不收费道路	纯公共品 ·路灯 ·国防 ·不拥挤的不收费道路

（二）按受益范围分类

竞争性的有无，取决于公共品的消费容量。此外，根据公共品的受益范围，也可将公共品划分为几种类型：

1. 地方性公共品

消费受区域限制，主要由当地居民受益，超过一定范围会大大减少效用。如城市建设维护，地方政府劳务。俱乐部物品也可视为地方性公共品的一种。

2. 全国性公共品

全国公民共同受益的公共品。如国防、外交、环境治理。

3. 国际性公共品

各国居民共同受益的公共品。如维和行动、联合国规章、WTO 规则。Todd Sandler 根据国际公共品是否满足两个基本特性，将其分为纯国际公共品和准国际公共品两类。但实际生活中的纯国际公共品很少，主要是指完全符合非排他性和非竞争性的国际公共品，其受益者包括所有的国家、群体和世代，如臭氧层保护、知识等。实际生活中常见的大都是准国际公共品，或称为区域性公共品。

根据受益范围划分公共品，主要是基于公共品提供效率的考虑。既然公共品存在生产成本，受益者就必然要为此付费。类似国防这样的全国性公共品，应当由全国人民共同负担成本。但是警察服务这种地方性公共品，只应由当地居民付费。

第二节 公共品供给的分析

公共品的非竞争性和非排他性充分表明，公共品的有效供给与私人品有很大区别。虽然人们往往有通过隐瞒自身的真实偏好而减少支付的动机，但如果对象是具有竞争性的私人品，通过价格竞争，能够迫使消费者显露真实偏好。公共品则缺少这一偏好显露机制。但是，在理论上，借助于需求曲线有助于人们对问题的理解和分析。

一、私人品的供求均衡

如前所述，市场机制有效运作的前提是私人品范畴，同时，具有竞争性和排他性的私人品也只有通过市场机制才能有效提供，因为市场机制是建立在排他的私人产权基础上的。在完全竞争市场中，私人品的均衡由其供给曲线和需求曲线的交点决定。

需求曲线与该物品的边际效用曲线一致，供给曲线则与该产品的边际成本曲线一致。在供求曲线的交点处，帕累托最优得以实现。

假定一个社会中有A和B两个人，私人产品和公共产品两种产品。如图2—1所示，A对私人产品的需求曲线是D_A，B对私人产品的需求曲线是D_B，那么整个市场对私人品的需求曲线为$D=D_A+D_B$。假定私人产品的供给曲线为S。S和D相交于E，并决定了市场均衡价格P和数量Q。在市场上，个人A和B都是市场价格的接受者，在价格为P的前提下，A消费的私人产品数量为Q_A，B的数量为Q_B，且$Q=Q_A+Q_B$。对于价格而言，它等于边际成本，即$P=MC$。因此，在纯粹私人品的条件下，不存在外部性现象，消费者对每单位商品的支付意愿等于商品的私人边际效用，同时也是该商品的社会边际效用。厂商得到的价格等于该商品的私人边际成本，也是社会边际成本。在交点处私人市场和社会都实现了帕累托最优。

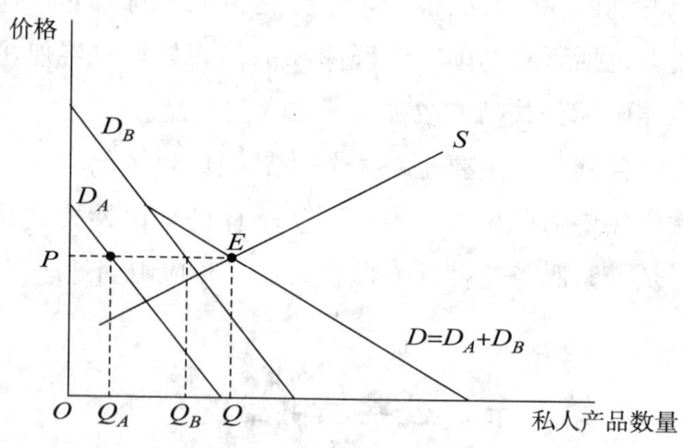

图2—1　私人品的有效供给

二、公共品的供求均衡

公共产品的需求和供给如图2—2所示。个人A对公共产品的需求曲线为D_A，B对公共产品的需求曲线是D_B，那么整个市场对公共品的需求曲线为$D=D_A+D_B$。假定公共品的供给曲线为S。需求曲线D与供给曲线S相交于E，并决定了市场均衡价格P和数量Q。在公共产品需求和供给中，每个人都是数量的接受者，这样，A和B所消费的公共产品的数量都是Q，但A所支付的价格是P_A，B支付的是P_B，且$P=P_A+P_B$。对于公共产品的价格而言，它等于边际成本，但这个边际成本是A和B所支付的价格之和，即$P=MC=P_A+P_B$。

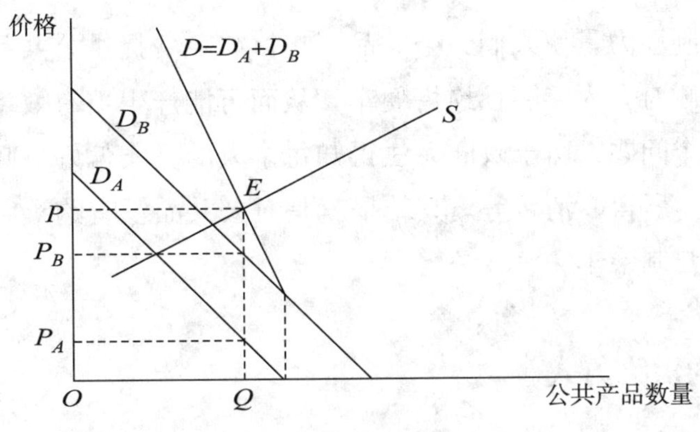

图 2—2 公共品的有效供给

私人产品和公共产品的市场需求曲线的差别主要体现在，私人产品的市场需求曲线是个人需求曲线的横向相加，而公共产品的市场需求曲线是个人需求曲线的纵向相加。之所以出现这种差异，是由私人产品和公共产品的基本特征即私人消费性与共同消费性所决定的。个人 A 和 B 所消费的公共产品数量之所以一样，是因为一个人对公共产品的消费不会影响其他人对公共产品的消费。

与私人产品的需求曲线不同的是，公共产品的需求曲线是虚拟的。消费者购买私人产品所支付的货币数量，会反映其对私人产品的实际需求，但市场无法直接提供公共产品的实际需求信息。这里所假定的某人对公共产品的需求曲线，只是模拟市场做出的。这种假定的意义在于突出私人产品与公共产品需求上存在的差异。

三、公共品提供存在的问题

（一）搭便车

搭便车是指那些即使不付费也能享受到公共品的好处。消费者不愿意诚实地表露其对公共品的边际收益，因为当他低报自己的边际效用时，就可以免费享用公共品。

公共品的充分有效提供是社会公共需求，但其成本要靠社会成员来共同分担。每个成员的份额加总至少要与既定数量公共品的总成本相等，公共品才能顺利生产并提供。而由于搭便车问题的存在，公共品不能到达帕累托最有效的供给水平。

解决“搭便车”问题，可以从以下两个方面入手：一是实名制，如果大家知道谁为公共品付费，搭便车者便会受到名誉上的压力；二是小集团范围，在小的团体中，搭便车者较容易被发现并给予惩罚。但如果公共品是大规模地向所有社会成员提供，上述解决办法便无法适用。

（二）强制乘车

政府可使用强制性力量使人们为公共品买单，如免费提供公共品，同时通过普遍征税来补偿成本。政府介入能够杜绝搭便车，从而可能产生更有效率的结果。但也因此可能导致另外一个问题：由于政府无法得知每个人的真实偏好，政府征税使用的是其他标准，如财产、所得、消费等。其结果就是对公共品没有购买意愿的消费者也将被强制征税，称为强制乘车。

四、公共品的供给方式

（一）公共品的政府供给

政府供给公共品是经济生活中十分常见的经济现象。公共品的政府供给机制是指政府通过公民或其代表的集体选择程序，以强制地征收税收为主要手段筹集资金，安排政府支出以供给纯公共品和准公共品的机制。对于纯公共品而言，由于具有完全的消费非排他性，从需求方看，作为"经济人"的消费者具有隐瞒真实需求偏好的可能，都期望成为"搭便车"者，不能提供市场活动必需的有效信息；从供给方看，排他不可能，从而向谁收费、如何收费、收多少费都成为难题，价格机制难以发挥作用，因而市场不能保证公共品的符合帕累托效率的供给，市场供给不足。由于纯公共品具有消费的非竞争性，即边际成本为零，生产者为了争取利润最大化，不可能按照边际成本定价，而按照高于边际成本的水平定价，则必然供给量不足，降低消费者福利水平。因此，在纯公共品供给方面，存在"市场失灵"，由政府供给是有效的。

（二）公共品的私人部门供给

公共品"搭便车"现象的存在，并不意味着私人部门完全无法提供公共品。私人部门提供公共品以前主要是通过市场机制进行，即营利组织根据市场需求，以营利为目的，供给教育、基础设施等准公共品，并以收费方式补偿支出。

1974年科斯发表了《经济学中的灯塔》，研究了英国历史，发现在1615—1645年间，灯塔是完全由私人建筑的，并且由私人组织行业工会海港管理部门来收费，从国防处取得经营权，后发现有利可图，于是工会也开始投资经营管理，出租给私人，直至1820年，共46个灯塔中有22家由私人经营，24家由工会经营，其中12家是由于租期结束而收回，二者并存。但由于3家灯塔管理委员会都是靠向船主征收高税来维持生存的，因而受到船主的一致反对，所以1836年议会将全部灯塔收回于工会管理。从科斯的研究中，可看出公共产品不一定非由政府提供才有效率，尤其是一些具有公共产品性质的产品也可由市场提供。但即使在灯塔一例中，也可以看出政府的干预是必要的。没有政府授权，私人的市场收益则无法保障。

当前，在市场机制之外，由非营利组织来提供公共品逐渐成为流行。发达国家存在着大量的非营利组织，这些组织不追求营利，能够较好地避免市场缺失问题，同时又比政府部门更为灵活、更有效率。非营利组织提供公共品有效地填补了市场与政府之间的空白。

（三）公共品自愿供给机制

公共品自愿供给是公民个人、单位，以自愿为基础，以社会捐赠或公益彩票等形式无偿或部分无偿地筹集资金，直接或间接地用于教育、体育、济贫等公益用途，并接受公众监督的一种机制。有证据表明，搭便车并不是必然的，强制乘车可能并非必要。根据实验经济学家的实验，人们在不受强迫的情况下仍会合作。在大学生中进行的实验否定了搭便车将导致对公共品贡献为零的观点。有人认为这个结果的产生是基于在奉献中得到的满足。

第三节　准公共品和混合品供给的分析

一、俱乐部物品

俱乐部主要是通过某种制度上的安排（设置排他权）来解决公共品的有效供给问题。相应地，俱乐部制度中的公共品就被称作俱乐部物品。俱乐部物品具有以下特征：一是非竞争性。单个俱乐部成员对俱乐部产品的消费不会降低和减少其他成员消费同一该产品的质量和数量；另一个是排他性：消费在俱乐部成员之间是非排他的，但是对于俱乐部之外的成员，消费则是排他性的。典型的俱乐部产品有电影院、有线电视、版权等。

对于俱乐部物品而言，尽管消费者彼此之间消费互不影响，但由于可以比较容易地将未付费者排除在消费群体之外，价格机制能较好地发挥资源配置信号作用，收费筹资成为可能，从而可以吸引私人部门的进入。因而，对于此类公共品，政府供给与私人供给均可采用。

图 2—3 中，图（a）代表个人对俱乐部物品 X 中私人品要素的需求，总需求曲线由个人效用线 D_P^m 和 D_P^n 横向加总而来，即为 D_P^{m+n}。图（b）代表个人对俱乐部物品 X 中公共品要素的需求，总需求曲线由个人效用线 D_E^m 和 D_E^n 纵向加总而来，即为 D_E^{m+n}。图（c）说明了俱乐部物品在达到均衡时的若干性质：对俱乐部物品 X 的社会需求线

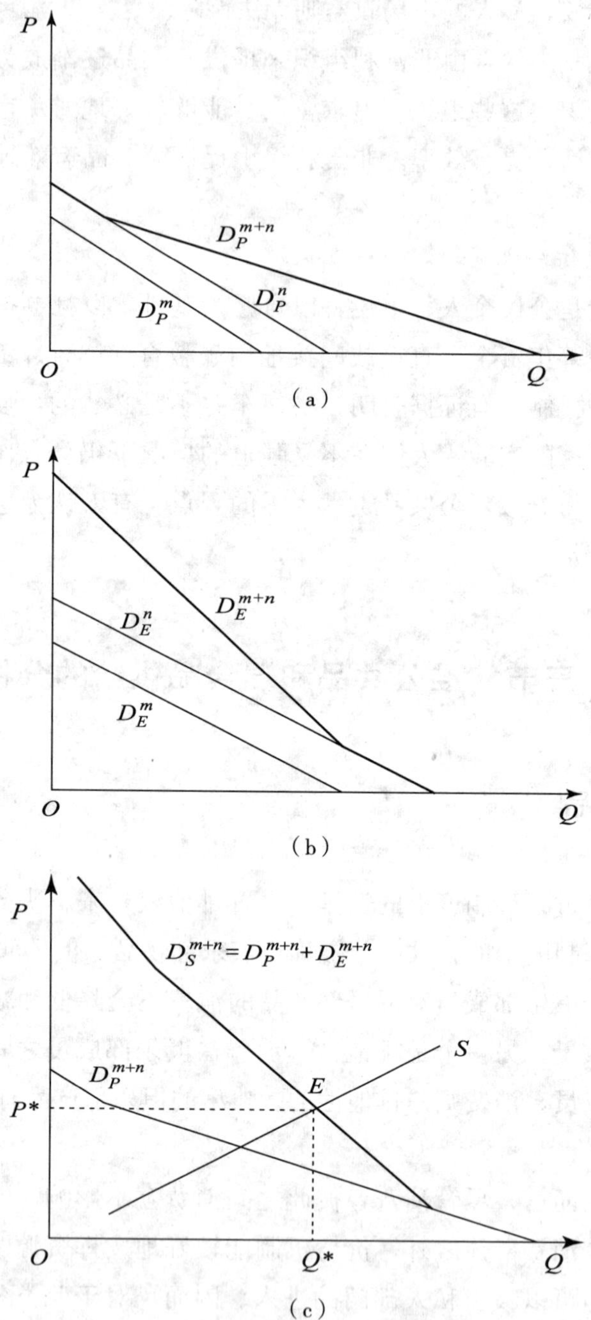

图 2—3　俱乐部物品的有效提供

D_S 是由 D_P^{m+n} 和 D_E^{m+n} 纵向相加而得到，D_S 曲线与 MC 曲线的交点处决定了 X 物品的均衡量为 Q^*，价格为 P^*。P^* 由两部分构成，一部分是 Q^* 产量对应的市场价格，与 X 物品的私人品要素对应，可以通过市场机制收费获取；另一部分是由于 X 物品的公共品要素或外部经济性而得到的社会评价，应当由所有受益者支付。后者无法通过市场机制获得补偿，一般要通过征税或由公共支出来支付给 X 物品的生产方。如教育、公路、桥梁等都具有俱乐部物品的特点，容易出现拥挤，为提高供给效率，其提供方式既不能完全向市场收费，也不能完全靠政府拨款，而是采取既向私人收取一部分费用，又实行财政补贴相结合的方式。

二、公共资源类物品

对于那些不可再生的自然资源，如公共鱼塘、公共草地、飞机航线、电波频率这样一些自然给定的资源而言，由于不能排他，但本身又是竞争性的，可能会存在资源被滥用的问题，经济学上把这种情形称作公地悲剧。

公地悲剧问题最早是哥顿（Gordon，1954）在分析公海捕鱼中过度捕鱼现象提出的，尽管他并没有明确提出“公地悲剧”。后来，哈丁（Hardin，1968）从公共草地过度放牧的例子明确提出“公地悲剧”问题。他举的例子是：给定一块没有私产的公共草地，虽然在一定的限度里，每个人放羊并不影响其他人同时放羊，然而一旦放羊的头数大于公共草地所能容纳的头数，最后的结局只能是，公共草地被滥用，最终导致大家都放不成羊。

显然，公地悲剧是产权不清晰的“悲剧”。由此，人们悟出了产权在决定资源使用上的重要性。但产权明晰有时候在技术上不可行，或者会引起公平方面的质疑，通过产权排他的成本仍然可能过于高昂，因而由政府供给会是一个不错的选择。

三、公共部门提供的私人物品

除了公共品之外，政府通常还会提供一些私人物品，这称为公共部门提供的私人物品。政府提供私人物品的第一个原因是分配因素，例如，住房。住房具有私人品属性，但由于“住者有其屋”是一种基本生存需要，出于公平分配和社会道义，政府有必要提供公共住房或者廉租房。政府提供私人物品的第二个原因为了降低交易成本。政府集中提供某些私人品时，由于存在规模经济，从而比市场提供更具有效率。例如，保险市场，私人保险的高成本已被视为提供公共保险的一个理由。对于许多种保险来说，私人保险的管理成本（包括销售成本）会超过保险赔偿费的 20%，而公共保险的管理成本（不包括融资过程中征税造成的扭曲）通常不到保险金的 10%。此外，涉及社会稳定和国计民生的物品如食盐、药品、战略储备物资等，也有可能由政府直接提供。

本章小结

1. 本章解释了公共品的定义：纯公共产品兼具非竞争性和非排他性，混合物品则只具有两种特性之一。

2. 导出了公共品的总需求曲线。

3. 公共品有效提供的模型，即公共产品的有效提供要求每个人的边际私人收益之和等于边际社会收益和边际社会成本。

4. 公共部门提供和私人部门提供。

5. 搭便车、俱乐部产品与公地悲剧。

6. 私人产品也可以由政府提供。

复习思考题

1. 以纵轴表示竞争程度，横轴表示排他程度，在图上画出对应位置：沙滩；导弹防御体系；防霍乱疫苗注射；一杯咖啡。

2. 衣食住行，食物应该比道路更重要。但政府向公众提供道路，却很少提供食物。为什么？

3. 在公路上增加一个开车人的边际成本会很高吗？这种状况是否始终不变？请描述一种情况，以确定道路是否为公共品，以及社会应当如何提供道路这种物品。

4. “公共电话和公共汽车等都是公共产品”，这种论断是否正确？

第三章

公共选择理论

本章要点：

首先分析了公共选择的特点、投票规则、选举制度对公共选择和公共决策的影响，最后分析了现实中政府决策机制的特点以及政府失效的表现、原因，并提出相应对策。

市场配置资源的机制是简单而有效的价格机制，通过价格信号的传递及时而准确地反映资源的稀缺和消费者的偏好。由于市场固有的缺陷，政府介入资源配置成为必需，而政府配置资源的机制显然不能市场化，只能通过公共选择程序来实现。

第一节　公共选择的含义及特征

一、公共选择的定义和特征

选择是经济学最基本的主题，在公共经济领域同样如此。理论上，经济个体（个人、家庭和厂商）可以通过市场机制，自由选择如何生产、交换和消费，然而有时候市场不会带来理想的结果，这时就可以通过公共政策和公共财政赋予政府职责。政府依法征税，并且依据公共选择程序，通过集体决策使用税收。但理论上的理想状况与现实中人们对政府干预的种种不满并不吻合。虽然政府的职责来自公众赋予，但即使是民选政府，也很难令公众的集体需求得到满足。其原因就在于公共选择机制与私人选择机制的不同，以及其固有的局限性。

（一）公共选择的定义

狭义的公共选择一般指公共部门在配置公共资源的过程中做出的选择。广义的公共选择又称集体选择或社会选择，指投票者（纳税人）依据一定的规则，共同确定集体行动方案的过程。公共选择的对象是集体事务，目标是实现集体福利最大化。公共选择的程序涉及政治体制，但如何判断公共选择的绩效仍然需要采用经济学分析方法。

（二）公共选择的特征

和私人品市场一样，公共品市场是通过供求双方的相互作用，最后实现均衡。但公共选择与私人选择之间有着显著不同，主要表现在以下几个方面：

1. 供求双方的构成

私人品市场中，供给决策由厂商做出，需求决策由个人或家庭做出。在代议制民主制度下，公共品的需求方为投票者（纳税人）和特殊利益集团，供给方为政治家和官员。

2. 决策方式

私人品的供求是由个人和厂商根据自己的意愿，进行分散选择；公共品则需要将个人对公共品的需求加总，进行公共选择。私人选择以货币为选票表达意愿，公共选择以政治选票来表达意愿。

3. 均衡过程

私人品的市场均衡是在价格机制作用下，供求双方就均衡价格和均衡产量达成一致。公共品的均衡是一种政治均衡，指在一定的（投票）规则下，全体成员就公共产品的供给量及相应税收的分摊达成协议。

（三）公共决策的两大问题

1. 偏好显示问题

公共品的偏好显示即集体成员如何评价公共品。价格机制之所以在公共品的供求中不起作用，根本原因就是消费者对公共品的偏好无法准确显示。私人品市场中，出价最高的人可以独占私人品的收益或效用，这就对消费者按照真实偏好出价形成激励。出价低的人有可能丧失独占权，这也会造成压力。所以私人品不存在偏好显示的阻碍。

公共选择的偏好显示问题包括以下几点：人们可能不愿参与选举活动；投票人有隐瞒或者从低申报自己的偏好的倾向；策略性投票行为；投票无法具体反映偏好的强度差别。通过引入价格歧视，公共品偏好的显示问题能够得到一定程度的纠正，但无法消除。

2. 偏好加总问题

偏好加总，即如何权衡集体成员对公共品不同的评价，形成最后的决定。个人偏好如何汇总成为集体偏好，有以下几种方法：一是约定俗成的非正式制度；二是独裁，即由一个人或少数几个人做出决策，以个人的偏好来代表公众偏好；三是民主投票，在现代民主社会中，投票成为偏好加总的主要方法。

集体决策的过程是一个不同利益群体之间相互较量的过程，要经过反复的讨价还价，一致的达成是困难而又复杂的。一致如何达成，个人决策如何合成为集体决策？首先必须确定基本规则，即立宪。这里存在两种投票选举方式的比较：全体一致和少于全体一致规则，人们只能通过两种成本的权衡比较做出抉择。

在投票过程中，由于规则的局限，会产生循环投票、拒绝投票、投票交易等现象，体现了集体决策的局限。

二、公共选择理论

公共选择理论是用经济学的方法研究政治问题的一种理论。它和财政学有着千丝万缕的关系，而且起源于财政理论。

公共选择理论产生于 20 世纪 40 年代末，英国北威尔士大学的经济学教授邓肯·布莱克（Duncan Black）被尊为“公共选择理论之父”，他于 1948 年发表的《论集体决策原理》一文为公共选择理论奠定了基础。他在 1958 年出版的《委员会和选举理论》被认为是公共选择理论的代表作。公共选择理论的领袖人物当推美国著名经济学家詹姆斯·布坎南（James Buchanan），他因在公共选择理论方面的建树，尤其是提出并论证了经济学和政治决策理论的契约和宪法基础而获得 1986 年诺贝尔经济学奖。

除了上述两位代表人物外，肯尼斯·阿罗（Kenneth Arrow）在《社会选择与个人价值》(1951)、安东尼·道恩斯（Anthony Downs）在《民主的经济理论》(1957)、奥尔森（Olson）在《集体行动的逻辑》（1965）和塔洛克（Tullock）在《同意的计算》(1962) 中也分别发展了公共选择理论。

公共选择理论研究方法的三要素为：方法论上的个人主义；理性经济人假定；交易政治。公共选择理论把经济人假定和成本收益计算引入政治决策之后，政治决策的达成就变得复杂了。在这之前，政府被看做是代表社会的唯一决策单位，政府将所有人的利益统一起来，并致力于社会福利的最大化。

三、民主制度下的投票规则

（一）直接民主制

直接民主制，是指集体决策中所有相关利益的人都能直接参与投票决策的制度。许多国家在进行全国性重大事项决策时，实行全民公决的制度。直接民主制下的投票达成一致的规则，有一致同意和多数同意两种。

1. 一致同意规则

所谓一致同意规则，是指一项集体行动方案只有在所有参与者都同意，或者至少没有任何一个人反对的前提下，才能实现的一种表决方式。此时，每一个参与者都对将要达成的集体决策享有否决权。只有在一致同意的前提下，集体行动（公共选择）才能进行。一般说来，“同意”包括不反对/弃权。

一致同意规则的优点包括：（1）它是一种帕累托改善的选择；（2）参与者平等；（3）能有效避免“搭便车”行为。但是，在涉及人数众多的情况下，要实现一致同意，可能要花费相当长的时间进行沟通，交易成本极高。因此，尽管一致同意保证了大家达成协议的自愿性，是一种帕累托改善，考虑到高昂的决策成本，往往会造成无法做出决策的局面。

2. 多数同意规则

所谓多数同意规则，是指一项集体行动方案，至少有超过半数的人支持或认可（即同意或者不反对）才能实施。多数同意又可以分为简单多数和绝对多数。

简单多数是指赞成和不反对的人数超过一半，绝对多数可以是 2/3，也可以是 3/4,4/5，5/6……在对多个方案选一的表决中，简单多数可以是其中得到支持最多的方案，它甚至不一定得到超过一半的票数。

多数同意规则的优点包括：(1) 增进多数人福利，部分人利益受损，是一种卡尔多改进；(2) 协商成本低，易达成协议。在现实中，多数同意规则经常被采用。

但是由于只需要多数人同意即可做出决策，这种规则先天存在缺陷：(1) 投票人有“搭便车”的倾向；(2) 可能会出现循环投票；(3) 投票交易；(4) 多数同意规则会影响到少数人的利益，容易引起“少数人”是否被忽视或者歧视的争论。

（二）间接民主制

间接民主制也叫做代议制民主，是一种间接的民主政治制度，即公民投票选举代表，代表再就公共事务进行投票表决。西方经济学家认为，在代议制民主体制下，政治制度决策过程中个人发挥着三种主要作用：作为投票者、作为立法者（政治家）、作为管理者，各种大大小小的利益集团则通过游说等方式对这三种个体起着影响作用。

1. 投票人的选择

道恩斯（Downs，1957）根据经济学的理性人假定，提出了理性选民假说。他认为，选民为了自身利益最大化，只会投票给那些能够给他带来最大利益的政治家。但由于存在不确定性，他还要斟酌其投票对最终结果可能产生的影响。一个人是否决定参加投票表决主要取决于投票带来的收益和成本比较，同时还取决于投票表决行为能够在多大程度上帮助提高预期收益。

设 EV 为选民的预期收益，x 为得到选民所偏好的结果，$R(x)$ 为 x 带来的收益，p 为实现 $R(x)$ 的概率，C 为投票的成本。投票表决的成本包括选民们去投票处投票所花费的时间和精力，以及为搜集制定决策所必需的信息而花费的时间、精力和金钱（涉及阅读报纸，参加会议来了解相关问题和候选人的情况等）。

选民的成本收益分析式如下：

$$EV=p\cdot R(x)-C \tag{3—1}$$

只有在 $EV>0$ 的情况下，选民才会选择去投票。

理性选民假说有助于解释各地在选举过程时普遍存在的“选民冷漠”现象，即实际参与投票的选民人数不多的情形。不过，在现实中，有时候即使投票对结果的影响微乎其微，选民仍然会去投票，因为投票行为本身就能够给投票人带来心理上的收益或满足。此时即使投票人所希望采用的议案没有通过，他也可能从中获得收益 D。等式（3—1）可以修改为：

$$EV=p\cdot R(x)-C+D$$

2. 政治家的选择

同样根据理性人假定，道恩斯提出了理性政治人假说，即政治家也是追求自身利益的行为主体，其最大的利益就是当权执政；政治家的目标函数是使自身获得最大的政治势力或政治收益。政治家追求自身利益的行为通常表现为追求选票最大化。

布雷顿（Breton，1974）提出了一个被选出的政治家的效用函数公式，这个函数的变量包括：再次当选（或当选）的概率、个人的金钱收入、个人的权势、自己的历史形象、对崇高的个人理想的追求、个人对公共产品的看法以及政治家特有的其他东西。

3. 政府官员（官僚）的选择

政治家是作为决策者出现，然而真正负责执行的是政府官员。这意味着政府官员对公共品的提供过程拥有实际控制力，相对于政治家和选民，他们有着信息优势，从而能够对公共决策施加影响。一般说来，政治家对于官僚体系的控制能力随官员数目的增加而下降。换言之，当政府规模扩大，政府官员的影响力也随之增长。

根据公共选择经济学理论，政府官僚也是经济理性人，也有各自的动机，他们并非以实现公共利益或社会福利的最大化和最大效率为其目的，而是以个人效用最大化为目的。尼斯坎南（Niskanen，1971）是对官僚行为建立模型的第一位经济学家。他指出，“可以进入官僚效用函数中的几个因变量有：薪水、职务、津贴、公共声誉、权力、任免权、行政机关的产出、易于更迭与易于管理的机构，除最后两个以外的所有这些变量，都是官僚在办公室任职期间总预算的一个单调正相关函数”（Niskanen，1971）。由于这些因变量中有许多都直接与预算规模相关，为追求官僚个人效用最大化，追求最大预算就自然成为官僚的主要目标与动机。

如图3—1所示，G代表公共支出规模，$B(G)$代表公共品的社会收益，$C(G)$代表公共品的成本。根据经济学原理，公共支出的边际收益$B'(G)$递减，而边际成本$C'(G)$递增，两者相等时公共支出规模才是有效的，即图中G^*处。而官员在预算最大化动机驱使下，会一直将预算规模扩大到$B'(G)$等于零，即G_b处。

在公共预算的决策过程中，政治家代表公共品的需求方，官僚代表公共品的供给方。政治家是立法者，官员则垄断了公共品的提供，因此公共品的具体产出取决于双方的谈判，而非价格机制作用下的供求均衡。实际的支出量会在官僚的最优选择G_b和政治家（选民）的最优选择G^*之间。由于政治家并不清楚真正的成本函数，拥有信息优势的官员会努力宣传其活动，以提高提案人和公众对官僚机构收益的评价——使收益曲线向上移动。或者采取孤注一掷的态度：或者接受G_b，或者什么都不干。

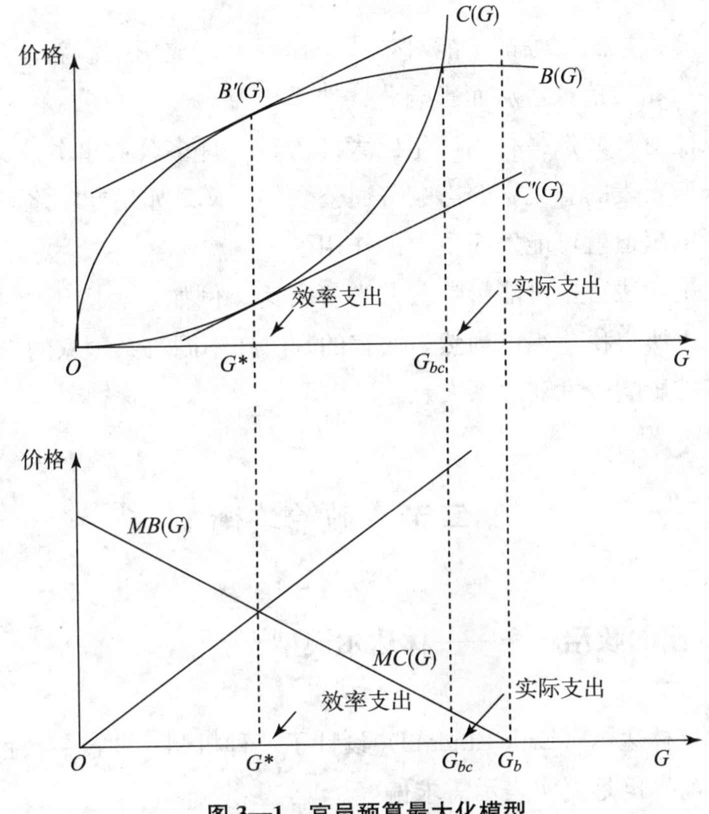

图 3—1　官员预算最大化模型

但正常情况下，选民对财政赤字的容忍度很低，最终的实际支出会在财政收支平衡点即 G_{bc} 处达成一致。

尼斯坎南的官僚预算最大化模型较为简单化，但该模型确实与现实中公共支出增长的趋势相一致，也为考察官僚行为提出了富有启迪的思路。

4. 利益集团

对某项政策或政府行动有特殊的赞同或者反对倾向的人群，组成特殊利益集团。特殊利益集团结成联盟进行竞选，发挥的威力可以远远超过其在人口中的比例。

利益集团形成的基础包括：收入来源，即资本还是劳动；收入规模；行业；地区；人口和个人特征等。个人可以分属于不同的利益集团。集团规模的大小不是集团力量大小的充分条件。一个实行了有效的“选择性激励”的小集团，可能比无法推行选择性激励、“搭便车”问题严重的大集团更有力量。

特殊利益集团往往试图通过说服或打动政府授予其垄断权利，从而获得独占性利益，即所谓“寻租”。所以特殊利益集团的利益很多时候与公共利益不一致。

在西方社会中，有“铁三角”的说法。所谓“铁三角”，是指议员批准一个既定项目，官僚实施这一项目，利益集团则从中获利。

5. 其他人员

新闻记者、专家、法官等都可能对公共选择行为造成影响。新闻记者的报道，可以给投票人更多的相关信息，从而影响公共选择行为。

专家的意见能对公共选择行为产生巨大的影响，许多公共事务决策需要有较为专业的知识。专家所发表的意见，会影响普通公众的选择。如果专家之间的意见不一致，这时候新闻记者的报道就可能发挥更大的作用了。

在美国历史上，法官也可能影响公共选择行为。例如，美国历史上联邦最高法院曾经判决联邦个人所得税违宪。当然，法官的判决在不同法系国家的影响是不一样的，英美法系的法官的影响较大陆法系大。

第二节 政治均衡

一、公共支出的政治均衡——林达尔模型

瑞典经济学家林达尔（Erik Lindahl）设计了一种机制，通过一致性规则决定公共物品的提供，但前提仍是真实表示需求偏好。

这里假设某社会有两个成员，Adam 和 Eve，他们打算燃放烟花（公共品，记为 r）。S^A＝燃放烟花费用中 Adam 的份额，S^E＝燃放烟花费用中 Eve 的份额，$S^A+S^E=1$（用 OO' 表示）。对任一给定的份额 S^A 和 S^E，Adam 和 Eve 对烟花有一定的需求量，用需求曲线表示。D_r^A 和 D_r^E 分别表示 Adam 和 Eve 的纳税份额和烟花需求量的关系。参见图 3—2。

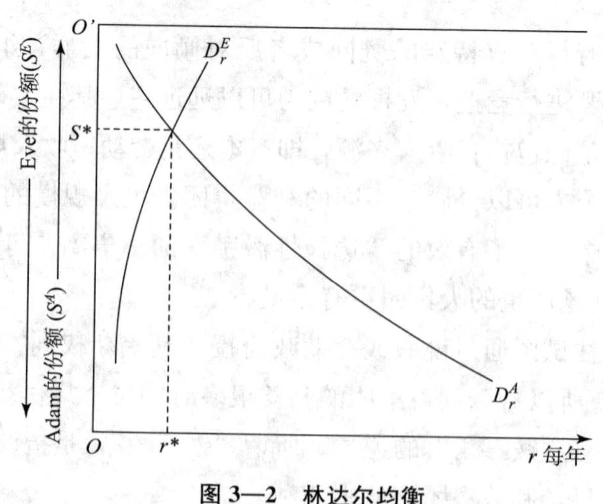

图 3—2 林达尔均衡

对于既定数量的公共品，每个成员面临的不是相同的价格，这是每单位公共品的“个人化价格”，称为林达尔价格（Lindahl prices）。当每个人都愿意投票赞成相同的公共品数量，这时的林达尔价格就实现了均衡。在图中，当公共品数量为 r^* 时为均衡点，Adam 和 Eve 愿意纳税的份额分别为 S^*O 和 $O'S^*$。

林达尔均衡的问题：第一是人们是否诚实地投票，策略行为（例如，隐瞒自己的真实偏好）会破坏林达尔均衡；第二是达成共识可能要很长时间，因为现实生活中远远不止两个纳税人、两个党派。

第三节　集体行动模式

一、消费者自愿

仅仅由政府的强制力量，通过公共选择来解决“搭便车”，依然存在很多限制，例如，强制乘车。从公共产品提供的约束条件看，只要公共产品提供会给每个成员都带来利益，那么公共产品私人提供就有合作的基础，是可以实现的，市场提供公共产品的过程与个人在消费公共产品中的税收负担的自愿达成是一致的。但是这种模式容易陷入囚徒困境，即个人理性的策略导致集体非理性的结局。

在哈丁的“公地悲剧”例子中，我们看到众人为了自身利益最大化，增加了放羊的数量。一旦放羊的头数大于公共草地所能容纳的头数，会导致公共草地被滥用，最终导致大家都放不成羊。现在假设为了避免出现这种悲剧的结局，牧羊人 A 和牧羊人 B 之间达成协议，限制各自的放羊数量，见表 3—1。

表 3—1　　哈丁的放牧人博弈

		牧羊人 B	
		合作	不合作
牧羊人 A	合作	(10，10)	(−1，11)
	不合作	(11，−1)	(0，0)

合作策略是：每人放牧 $L/2$ 的牲畜。背叛策略：每人放牧尽可能多的（$>L/2$）牲畜，成本既定，以期获利最多。如果无力达成有约束力的协约，由每一方独立选择，他们选择的支配策略都会是背叛。

二、集体行动的逻辑

集体行动介于市场和政府之间，是各种具有共同利益的个人所组成的团体内部，就集体事务达成一致的过程。集体行动问题，在一般意义上指的是向不止一个人提供收益和/或要求其分担成本时发生的问题，所以总是需要做出协调的努力。

奥尔森指出："除非一个群体中人数相当少，或者除非存在着强制或其他某种特别的手段，促使个人为他们的共同利益行动，否则，理性的、追求自身利益的个人将不会为实现他们共同的或群体的利益而采取行动"（M. Olson，1965）。

集体的成员之间需要谈判才可达成合作，谈判就意味着必须付出交易成本，且参与者人数越多，交易成本越大，达成合作就越难。谈判须付出的交易费用包括：信息传递费用，监督费用，对策费用。

三、分权与社区自治

以上可见，仅靠消费者的自觉和政府的强制力、分析和解决问题的能力是不够的，需要在集体和政府之间建立协调合作途径。到目前为止，公共选择学派已经提出不少建议，并做了如下尝试：

（一）建立政治竞争

通过建立民主制度，以政治市场的竞争，来体现消费者对公共品的需求，是让消费者显示真实偏好的重要途径。

（二）分权改革

将地方公共品的决策尽可能地下放到最低基层单位，发挥地方积极性，更多更方便地了解消费者偏好，提高公共品提供效率。

（三）社区（公民）自治

奥斯特罗姆（Elinor Ostrom，1990）以小范围的公共池塘资源（近海渔场、较小的牧场、地下水流域、灌溉系统、公共森林等）为对象，进行了建立自治制度运用公共资源的案例研究。她提出了解决"公地悲剧"的第三条道路，即在政府与市场之外自我组织起来的社区亦即公民自治，通过公民社会组织来治理公共资源。这种组织具有民间性和多中心性的特征。奥斯特罗姆的创新之处是把整个制度看成是互动的公共机构构成的体制，而不是由一个人控制的单一的体制。把公共当局看做是一个多元的体制，而不是单一的。

第四节 多数同意规则下的投票选举

一、投票悖论

民主社会采用最多的社会选择规则是多数票原则，即多数规则。多数规则的好处是在少数人反对的情况下也能够得出集体利益，由于集体的偏好代表了多数人的偏好，因此它比较逼近公共利益。而在绝对多数规则条件下，则更为逼近公共利益。但是多数规则的一个根本缺陷就是在实际决策中往往导致循环投票。

例如，有 A，B，C 三人针对 x，y，z 三种选择方案进行投票，其投票次序如表 3—2：

表 3—2

投票者	对不同选择方案的偏好次序
A	x＞y＞z
B	y＞z＞x
C	z＞x＞y

在得多数票获胜的规则下，每个人均按照他的偏好来投票。不难看出，大多数人是偏好 x 胜于 y，同样大多数人也是偏好 y 胜于 z。按照逻辑上的一致性，这种偏好应当是可以传递的，即大多数人偏好 x 胜于 z。但实际上，大多数人也偏好 z 胜于 x。

因此，以投票的多数规则来确定社会或集体的选择会产生循环的结果，这就好像一只狗在追自己的尾巴，会没完没了地循环下去。结果，在这些选择方案中，没有一个能够获得多数票而通过。因此，多数法则存在着某种内在的不一致性，这就是所谓投票悖论。

二、阿罗不可能性定理

投票悖论是由经济学家阿罗的不可能定理衍生出的难题。20 世纪 50 年代初，美国经济学家阿罗在其著作《社会选择与个人价值》中研究了这样一个问题，即给定一些最普遍的、自然的条件，是否至少存在一种社会选择的规则，能够同时满足所有这些条件呢？在此，所谓社会选择的规则，指的是由给定的个人偏好得出集体的或社会的偏好的规则。阿罗列出了从个人偏好推导出社会偏好所需要的五项必备条件：

第一，理性假设。对任何一组既定的社会偏好而言，社会选择规则都必须能够产生一种完整的和可传递的社会秩序。完整性指的是，在每两种可选择的社会状态中，总有一种比另一种更理想或者两者没有什么差别。可传递性指的是，若 x 型社会状态比 y 更理想，y 又比 z 更理想，则 x 比 z 更理想。

第二，不相关选择的独立性。针对一组不同的社会状态做出选择，是只取决于人们对这些选项的排序而非其他因素的。如果选择是在 x 和 y 之间进行，并且 x 和 w 之间的关系发生变化，那么这一变化对 x 和 y 的排序没有影响。同样的，如果选项 w 和 z 的关系改变，这一变化不影响 x 和 y 的排序。不相关选项是指那些不列入议事日程的项目。

第三，帕累托准则。如果一个社会中的每个人都认为 x 只要和 y 一样好，即没有什么差别，但哪怕是有一人认为 x 比 y 好，则社会必须认为 x 比 y 好。当然，如果一个社会中所有的人都认为 x 比 y 好，则社会也应该认为 x 比 y 好。

第四，无限制区域。社会顺序的产生，应当包括所有逻辑上可行的个人顺序。也就是说，不应该通过限制个人顺序的区域，来产生社会顺序。

第五，非个人独裁原则。不存在这样的个人，使得不论社会全体成员的个人偏好如何，社会的或集体的偏好总是同该个人的偏好一致。也就是说，任何人都不是其他个人偏好的规定者，自然也不是其他个人需求曲线的规定者。

阿罗研究的结果是：任何社会选择规则，要同时满足上述所有五个条件是不可能的。这就是著名的阿罗不可能定理。

三、中间投票人定理

（一）单峰偏好与多峰偏好

单峰偏好与多峰偏好解释了何种情况下会还是不会出现投票悖论的问题。

“峰”（又称为“极值”）是一个人的偏好曲线中，比所有邻近点都高的点。如果某投票人偏离他最中意的选择，不论偏离的方向如何，他的效用都将下降，那么该投票人的偏好是单峰的（图 3—3，左图中的 A、B、C 点）。如果该投票人偏离他最中意的选择，其效用是先下降后上升，则其偏好是双峰的。如果多次重复出现这种情形，那么他的偏好是多峰的（图 3—3 右图中的 A 点）。

多峰偏好的出现违反了偏好的可传递性假设，如果个人的偏好呈现单峰形态，投票悖论就不会发生，投票均衡存在。更确切地说，多峰偏好是投票悖论现象发生的必要条件而非充分条件。如图 3—3 右图，由于存在双峰偏好，导致没有任何一种支出规模能够胜出。

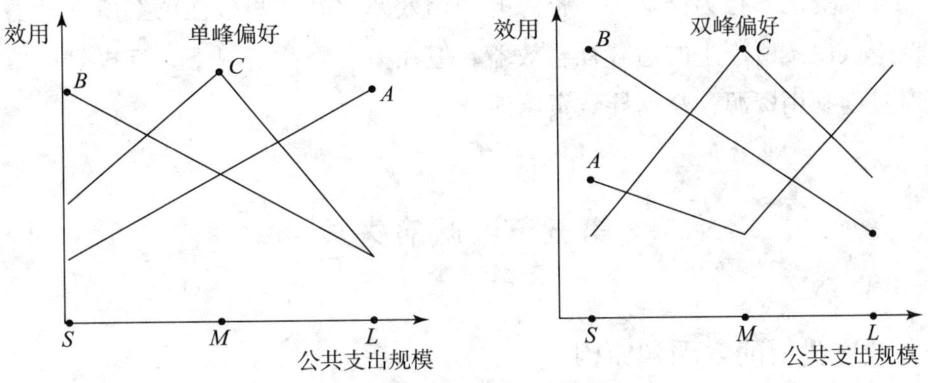

图 3—3 单峰偏好与双峰偏好

（二）中间投票人定理

中间投票人定理解释了在单峰偏好条件下，均衡结果会是什么：如果投票人的偏好都是单峰的，多数同意规则能够产生一个稳定的均衡结果，而且还会确认一种其偏好占优势的特定类型的投票者，即中间投票人获胜。

当所有投票人都按照各自的偏好的预算规模进行排列时，处于中间位置的那一位投票人最偏好的结果，将处于所有投票人最偏好的结果的中间状态。公共选择（集体决策）中，获胜方案正好与其偏好相同。这样的投票人是中间投票人，他们的偏好正好处于所有投票人偏好中间的位置，所以也称为中位投票人。

四、投票交易

当投票者同时对两个以上的议案进行投票表决，且议案中既有他所偏好的内容又有他不赞成的内容，某些投票人就会产生就有关其利益最大化的议案同其他投票人进行选票交易的动机，或称互投赞成票。

互投赞成票明显地提高了某些议案获得通过的机会，特别是那些在简单多数票规则下无法获得通过的议案。例如，假设有两项候选议案需要进行表决，而这两项议案因为只能给少数人带来利益所以不能单独通过。其中一项议案能够明显增加交通行业的收益，另一项议案则会提高外贸行业的收益。假如第一项议案获得通过，交通行业获得的收益远远大于第二项议案通过所带来的损失，那么交通行业就会投票支持外贸行业所偏好的议案，以换取外贸行业对自己偏好的议案进行投票。同时，当第二项议案通过外贸行业所获得的收益大于第一项议案通过所带来的损失，即同时通过两项议案都能给双方带来净收益，双方的投票交易才能达成。只有当不同议案所带来的收益有对称性时，投票人才存在进行投票交易的动机。

有些互投赞成票行为能够提高资源的利用效率，而这些最佳议案所导致的边际社会成本低于该议案所产生的边际社会效益。但在另外一些情况下，互投赞成票还可能促进政府过度利用资源，从而导致资源浪费。

第五节　政府失灵

一、政府失灵的表现和原因

（一）政府失灵的表现

政府在纠正市场失灵、实现社会公平的同时，也可能制造新的无效率以及不公平。自20世纪70年代以来，西方国家经济出现滞胀以后，所谓的“政府失灵”一词开始大量地出现在经济文献中。进入20世纪80年代后，有关政府失灵的问题更是成为西方经济学界的热门话题。政府失灵的表现总体可以概括为以下三种：政府干预经济活动没有达到预期的目标；政府干预活动达到了预期的目标，但是效率低下或成本昂贵；政府干预经济活动达到了预期的目标，效率也很高，但是却带来了不利的没有预先估计到的副作用。

（二）政府失灵的原因

(1) 对于政府作用的范围界定不清，导致政府职能“越位”和“缺位”现象。在一些领域，由于没有能够明确界定政府与市场各自的职能范围，本应该由市场做的事，政府却代替市场去做了，政府做了本来不应该做的事，而本来应该由政府去做的事，政府却没有去做，既存在着政府越位，也存在着政府缺位、政府错位，结果就只能是出现政府失灵。

(2) 政府干预方式不当，干预的程度不合理，或者决策失误。政府并不是万能的，一方面政府的决策受到信息制约，在信息不充分的条件下，政府很难做出合理的决策；另一方面，官僚体系本身有着扩张倾向和风险厌恶特征，这样制定出的政策就不一定是客观存在的诸多方案中的最优选择。

(3) 公共选择程序固有的弱点的影响。第一，选民和政治家都是理性经济人，但作为选民，虽然也有追求自身利益最大化的动机，但是他们既无途径，也无经济实力去获取有关提案的详细内情，因而他们很难有效地运用其选举权来制约政府。第二，简单多数规则下，公共决策体现的只是中间投票人的意志，而不一定是最佳决策。第三，利益集团的影响。利益集团能够利用自己的权势，影响政府的议案与选民的投票选择行为。第四，时滞的影响，即从识别到决策、实施、见效所需要的时间。政府做出一项决策要比私人部门决策慢得多。

（4）政府的低效率。政府机构由于缺乏竞争，官僚作风严重，办事效率极其低下。而这必然影响政策执行的结果。

米尔顿·弗里德曼（Milton Friedman）认为，政府失灵的这几个根源非常重要，足以抵消政府为纠正市场缺陷做出的努力。另外，与市场失灵相比，政府失效不容易发现和改正，原因在于：国家领域太大（与家庭相比）；政府有可能在一定程度上封锁信息；维护政府权威与不改正错误是不容易区分的。

二、寻租行为

（一）寻租的概念

租金，又称“经济租金”，在经济学中，其原意是指一种生产要素的所有者获得的收入中，超过这种要素的机会成本的剩余。如果市场是完全竞争的，也就不会产生租金。

寻租指的是对垄断租金的追逐行为，尤其是指特殊利益集团通过游说、行贿等活动，促使权力拥有者帮助自己确立垄断地位，以获得经济租金的活动。

常见的寻租活动有：通过政府管制的寻租，即劝说政府对某种产品发放特别生产或特别销售许可权；通过关税和进出口配额寻租；政府采购中的寻租。

（二）寻租与寻利的比较

企业家成功开发一项新产品，其企业就可能得到高于其他企业的超额收入。这种活动可称为“创租”或称为“寻利”。寻利是正常的市场竞争机制的表现，其作用是降低成本和开发新产品。该活动的特征是追求新增社会经济利益，因而会增加社会福利。

寻租则是以非生产性的行为谋取超额利润，其行为方式包括游说、奉承、行贿等。寻租本身并不创造财富，只是财富的再分配，其结果会浪费社会资源。在寻租过程中产生的直接成本包括：搜集潜在经济租金信息的成本、游说有关人员的成本、贿赂有关人员的成本、维持垄断地位的成本等。间接成本（福利成本）则是垄断本身所造成的消费者剩余减少，见图 3—4。在图 3—4 中，设垄断产品的需求曲线为 D，供给曲线为 $S=MC$。如果垄断者的价格为 P_m 而不是竞争价格 P_C，就会创造出以长方形 R 表示的垄断租金。与完全竞争的情形相比，整个社会将失去消费者剩余为三角形 L。

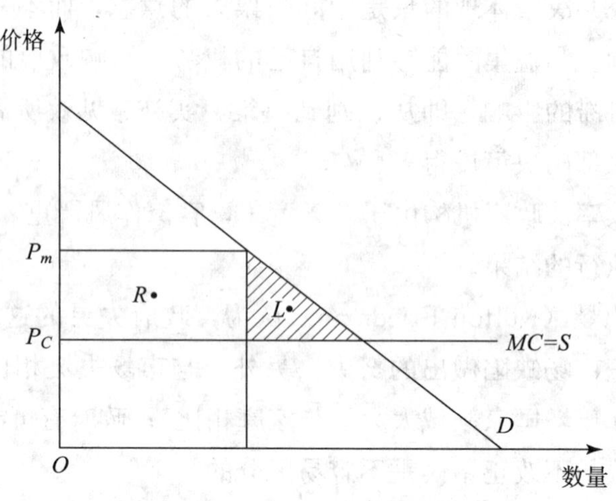

图 3—4　寻租条件下垄断的社会成本

（三）设租

设租是指权力拥有者利用权力获取非生产性经济利益。设租可能是无意的，也可能是一种组织行为。设租可以利用职业优势。

抽租是指政府官员故意提出某项会使私人企业利益受损的政策作为威胁，迫使私人企业割舍一部分既得利益与之分享。

设租总与一定的权力联系在一起。由于政府官员又是权力个体的主要代表，因而设租与"腐败"之间没有实质的区别。因为设租和腐败都是以公共权力谋取私利。

（四）对寻租行为的管理

在政府的管制领域中，政府往往垄断享有一定的管理权，若有任何经济主体想要获得经营权利或者许可权，必须从政府手中购买，这种独一无二的权力是租金产生的前提。而经济主体为了利益，付出租金之后必然会减少支出，节约成本，或者操纵项目。在现实中，由于政府管制不当而产生寻租行为，是难以避免的。要解决权力寻租行为，首先要准确地确定需要政府进行管制的领域，对于不需要管制的领域，政府必须退出；其次，在此基础上，完善政府管制的法律法规，并且通过多种途径提高政府的管制能力和管制水平。

三、矫正政府失灵

防范和纠正政府失灵，应着重从以下三个方面入手：

（一）引入竞争机制

包括：在政府内部重新确定竞争机制；在高层行政管理者中恢复发挥个人积极性

的制度；由私人企业承担公用事业。

（二）改革公共决策制度

布坎南（Buchanan，1975）提出要改造民主政体，进行立宪改革；完善表达民主的方式，发明新的政治技术。

（三）规范政府行为

必须加强法制建设，将政府行为纳入法制轨道，特别是公共决策的法制化及公共政策决策执行的法制化，以最大限度地减少政府行为的任意性及随意性导致的不公正与腐败，提高公共政策制定和执行的质量。而政府也是理性的经济人，所以除了强化政府的自律机制外，还必须加强外部监督约束机制，防止政府腐败和不公正。

本章小结

1. 公共选择理论是将经济学的分析方法运用于政治决策领域。

2. 没有任何一种投票机制能保证公共选择出现效率结果。

3. 政治家也是追求自身利益的行为主体，获得最大的政治势力或政治收益构成政治家的目标函数。

4. 官员追求预算规模的最大化，会导致公共产品的过度供给。

5. 利益集团与寻租、设租理论。

6. 公共决策过程面临种种困难，政府机制同样存在失灵问题。引入竞争机制是矫正政府失灵的重要途径之一。

复习思考题

1. 试分析一致性投票规则的特点和优缺点。

2. 试分析多数性投票规则的特点和优缺点。

3. 单峰偏好与多数人投票的稳定性有什么关系？

4. “个人市场决策者效率和社会公正度都优于多数人投票的集体决策”，你同意这一观点吗？请解释。

5. 为什么选民买卖选票是非法的？互投赞成票应当被禁止吗？如果应该禁止，那么是否容易做到？

第四章 外部效应理论

本章要点：

市场经济中由于市场失灵的存在，政府介入市场是必要与合理的。公共经济学的主要内容之一就是解决市场在资源配置方面的局限性，其中重要的就是针对经济中的外部效应发挥作用。本章主要从经济学的角度分析外部效应的概念、分类及其本质，重点介绍“公地悲剧”概念，从本质上揭示“外部效应”的实质影响。同时，也提供了外部效应可能带来的后果以及政府相应的对策与措施。

第一节 外部效应：概念、分类与本质

一、外部效应的概念及分类

外部效应又称为外部性、外在性，指经济主体（个人、家庭、企业或者其他经济主体）的行为对其他经济主体产生有利或者有害的影响，使其获得利益或者产生额外的成本。比如河流上游修建水库，设计用来发电，同时下游的农田也因此得到了灌溉，这是有益的影响；然而上游建造印刷厂，污水排入河流中，下游的渔民的生产受到影响，这就是有害的影响。

根据以上对其他经济主体的影响，外部效应可以分为正的外部效应和负的外部效应。有利的影响被称为“正的外部效应”，或者正外部性、外部经济；有害的影响被称为“负的外部效应”，或者负外部性、负外部经济。

外部效应的表现形式很多，根据不同的标准可以做出以下分类：

首先，根据外部效应的承受者分类。外部效应的承受者可能是消费者，也可能是生产者，所以外部效应按此标准可以分为对消费的外部效应和对生产的外部效应。

其次，根据外部效应的发起者分类。外部效应的发起者可能是生产单位，也可能是消费单位，所以外部效应按此标准可以分为对生产活动的外部效应和消费活动的外部效应。外部效应的区分见表 4—1。

表 4—1　　外部效应举例

生产/消费 正/负外部性	生　产	消　费
正外部性	生产者承受：养蜂人在果园附近养蜂，给果园生产带来外部效应。 消费者承受：大型企业在某村镇办厂，给附近居民带来地价上升的好处。	生产者承受：消费者改变偏好，增加产品购买，给企业带来好处。 消费者承受：居住在大学校园附近的人可以免费欣赏和享受大学的美景和氛围。
负外部性	生产者承受：河流上游排出的污水给下游渔民带来负的外部效应。 消费者承受：河水湖水污染可能直接导致城市居民饮水卫生安全。	生产者承受：消费者改变偏好，减少产品购买，给企业带来损失。 消费者承受：有人在居民区大声放摇滚音乐，干扰附近居民的正常生活。

另外，外部效应还可以分为技术性外部效应和金钱性外部效应。如果外部效应是通过市场的价格体系传递的，那么就被称为金钱性外部效应。例如，某企业扩大产量，其行为足以引起投入要素的价格上涨，会给其他企业带来负面影响，即负的外部性。现代经济学研究的主要是技术性外部效应。

二、外部效应的本质

外部效应是引起市场失灵的主要因素之一，使得市场在资源配置的某些方面是缺乏效率甚至是无效的。外部效应无法通过市场交易为正的外部效应的收益付费，也无法通过市场交易为获得负外部效应的损失作出赔偿。导致的结果必然是外部效应的当事方只从自己的利益最大化进行决策，而没有动力将外部效应给他人带来的收益或者损失纳入决策的过程，特别是成本上的考虑。

外部效应也表现在对帕累托最优的破坏。存在正的外部效应时，当事方无法得到相应的赔偿，其投资带来的收益被其他人无偿占有，付出的成本无法收回，当事方可能会减少产量，带来产品的供给不足。相反，当存在负外部效应时，当事方给自己带来利益时给其他人带来了损失，同时也无须付费，当事方可能愿意增加生产，导致产品供给过度。这个问题将在下一节详细分析。

第二节　外部效应与资源配置效率

当市场价格等于社会边际成本和社会边际收益时，社会资源能够有效率地配置，而在经济学分析中，只有竞争性市场才能达成这样的效率。当外部效应存在时，作为经济主体决策基础的边际私人成本或收益将会偏离实际的边际社会成本或收益，可能导致经济主体因为自身利益考虑而做出的决策与社会要求相背离，进而使资源配置效率受到影响。

一、负外部效应与供给过剩

负外部效应存在时，商品的价格并没有体现商品真正的边际社会成本。例如，A公司是一家造纸企业，在造纸过程中生产每一单位的纸都伴随着污染物的排放，这些污染物对社会造成了损害。但在纸的交易中买卖双方确定的价格都不会考虑污染物的损害成本，而是由买卖双方之外的第三方（如工厂周围的居民）来承担。公共经济学中我们用边际外部成本（marginal external cost，MEC）来表示每增加一单位的某种商品的生产所带来的由第三方承担的额外成本。MEC 生产任何产品的边际社会成本的一部分，往往都没有反映在商品的价格中。

对于 A 公司而言，其决策的边际成本是生产纸的边际私人成本（marginal private cost，MPC），即只考虑个人的生产成本，而不考虑外部效应的成本。边际私人成本必须加上边际外部成本才等于边际社会成本（marginal social cost，MSC），用公式表示，即

$$MPC+MEC=MSC$$

为了分析的便利性，假设与造纸相关的边际外部成本是个常数。如图 4—1 所示，存在负的外部效应时，A 公司造纸的边际社会成本曲线 *MSC* 位于边际私人成本曲线 *MPC* 的上方，在每一个产量水平上，两条曲线之间的垂直距离就是在该产量上的边际外部成本 *MEC*，这里已经假设是相同的。曲线 *D* 是以边际收益 MB 为基础的需求曲线，需求曲线 *D* 和供给曲线 *S* 相交于 E_0 点时，形成了均衡价格 P_0 和 Q_0。

图中的 E_0 点并非考虑社会成本的均衡点，社会资源配置效率要求制定生产决策时考虑全部的边际社会成本，*S* 线所代表的仅仅是私人的边际成本，即 $S=MPC$，而并没有考虑边际外部成本 *MEC*。真正考虑边际社会成本 *MSC* 的曲线应该是供给曲线 S'，它与供给曲线 *D* 形成新的交点 E^*，E^* 点所表示的均衡才是符合社会资源配置效率的均衡点，即点（P^*，Q^*），在交点 E^*，满足条件的等式应该为：

$$MSC=MPC+MEC=MB$$

通过比较两个均衡点 E_0 和 E^*，实际产量 Q_0 大于社会效率产量 Q^*，如前所述，企业的最优产量大于社会最优产量。

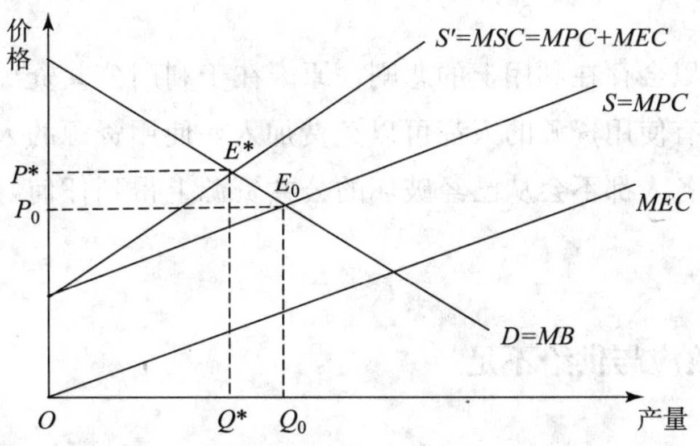

图 4—1 负外部效应的效率损失：供给过剩

二、公地悲剧

“公地悲剧”是一种涉及个人利益与公共利益对资源分配有所冲突的社会陷阱。这个字起源于威廉·福斯特·劳埃德（William Forster Lloyd）在1833年讨论人口的著作中所使用的比喻。1968年，加勒特·哈丁（Garret Hardin）在期刊《科学》上将这个概念加以发表、延伸，称为“公地悲剧”。这样的比喻宣示着有限的资源注定因自由使用和不受限的要求而被过度剥削。这样的情况之所以会发生源自于每一个个体都企求扩大自身可使用的资源，然而资源耗损的代价却转嫁给所有可使用资源的人们。

有一个关于牧民与草地的故事，说的是当草地向牧民完全开放时，每一个牧民都想多养一头牛，因为多养一头牛增加的收益大于其购养成本，是有利润的。尽管因为平均草量下降，增加一头牛可能使整个草地的牛的单位收益下降，但对于单个牧民来说，他增加一头牛是有利的。可是如果所有的牧民都看到这一点，都增加一头牛，那么草地将被过度放牧，从而不能满足牛的需要，导致所有牧民的牛都饿死。这个故事就是公共资源的悲剧。在共享公有物的社会中，每个人，也就是所有人都追求各自的最大利益。这就是悲剧的所在。

从制度经济学来定义，公地悲剧指的是，如果一种资源没有排他性的所有权，就会导致对这种资源的过度使用，即产生了负外部效应。这种资源包括了大家都可以采用的山泉水、可以自由度假的海滩、政府未限制可以自由排污水的河流以及公共道路以及公共照明，等等。这类公共资源具有非排他的所有权，利用这些资源不用支付任何费用，除非政府把这些资源收归国有，不过此时这些资源就变为了国有资源，而不再是公共资源。本节所讨论的是公众可以免费自由利用的严格意义上的公共资源。

公共资源之所以会存在利用上的悲剧，原因在于利用公共资源的人都相当于面对一种困境：如果所有使用资源的人都可以免费加入，使用资源的人会越来越多，最终这种获利会消失，各人都不会从已经破坏的公共资源上得到任何好处，公共资源可能完全被浪费。

三、正外部效应与供给不足

正外部效应存在时，商品的交易价格与该商品的边际社会收益是不一致的。例如，公司的研发部门（R&D）的创意研究工作可能在使自己受益的同时也使其他同类公司受益，是一种典型的正外部效应。因为当科学发现成为社会认知，社会其他经济主体就可以利用更低的成本进行生产（因为它们没有因为研发而付费），而且这种正外部效应是普遍存在的。

如图 4—2 中的分析，曲线 MPB 和 MC 分别是公司的边际私人收益和边际成本，公司的研发水平为 R，在此处 $MPB=MC$，曲线 MEB 代表每单位研发给其他公司带来的边际外部收益（marginal external benefit，MEB），研发的边际社会收益（MSB）为边际私人收益和边际外部收益之和，满足条件的等式为：

$$MPB+MEB=MSB$$

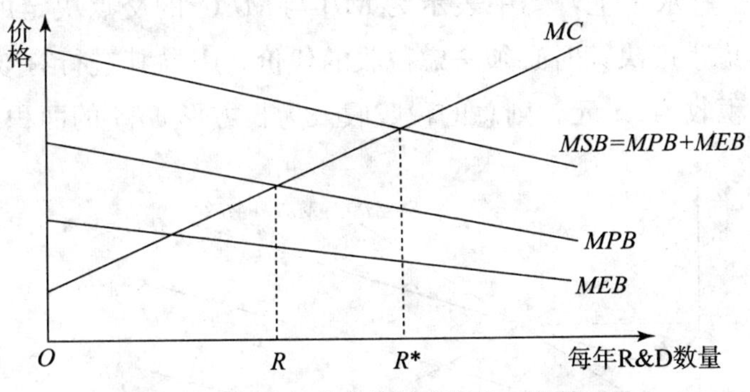

图 4—2　正外部效应的效率损失：供给不足

社会效率要求边际成本等于边际社会收益，也就是在 R^* 的数量水平上。通过对比 R 和 R^*，实际研究开发的数量 R 小于社会效率要求的数量 R^*，从理论分析上来看，研发的数量是不足的。所以，正的外部效应会引起整个社会的产量不足，企业的最优生产数量低于社会最优数量。

第三节　外部效应的矫正

经济学家试图从理论和实际经济活动结合的角度寻找修正外部效应的方法，这些方法可以分为政府途径和私人途径，其中政府途径包括了税收、政府补贴、拍卖许可证以及政府管制，等等。而私人途径包括道德约束、企业合并以及确立产权，等等。

一、税收

征税是把外部效应内部化的重要手段之一。在存在外部成本即对于经济主体有负外部效应时，如果政府在效率产量水平上向污染者征收与边际外部成本相当的税收，私人边际成本被提高到与社会边际成本一致的水平，此时外部成本就转化为污染者的内部成本，这些成本就成为私人决策时考虑的依据，其决策会避免效率损失。

如图4—3所示，距离 cd 为效率产量 Q^* 上的边际外部成本，如果对A造纸企业征收每单位产量 cd 元的税收，这样的税收将提高A企业的边际成本。此时，A企业每增加一个单位产量，既要支付要素提供者成本 MPC，同时要向政府缴税 cd，A企业面临的新的边际成本曲线 MPC' 是在每一产量水平上原来的 MPC 加上 cd 得到的，也就是曲线 MPC 向上移动距离 cd。要实现利润最大化，A企业必须保持在边际收益等于边际成本的生产水平上，图中表示为 MB 与 MPC' 的交点决定的生产水平 Q 上，所以A企业在考虑生产决策时必须考虑税收的代价，引导其进行有效的生产。产量为 id 时每单位上的税收为 cd 元，则总的税收收入为长方形 $cdij$ 的面积。

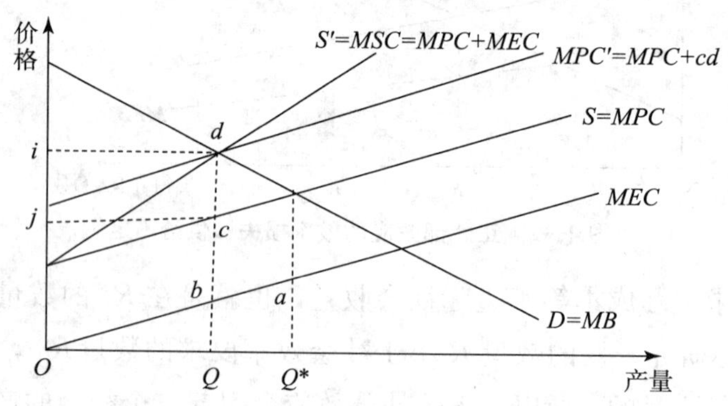

图4—3 矫正外部效应的庇古税分析

通过税收方法来矫正外部效应的方法是英国经济学家庇古（Pigou）首先提出的，所以在经济学中这种税收被称为"庇古税"。庇古税在实际的实施过程中存在很多问题。主要是估计边际外部成本函数很困难，因此找出合适的税率也很难。实际生活中有很多替代的方法，比如汽车排放有害气体，本应该按汽车行驶的里程来征税，但这样的方法不具可行性。一般替代的方法就是对汽车的销售征税，这样的税收不是严格意义的庇古税，但这样的税收有利于改善外部效应的情况。总的看来，征税一定建立在对负外部效应产生以及程度的调查上，但一般也很难做出准确的判断，即使庇古税不是最优的方法，也是优于其他方法的选择。

二、政府补贴

政府补贴也是使外部效应内部化的重要方法之一，特别是对于具有正外部效应的情况十分有效。政府可以考虑最优的产量水平，给生产者发放相当于边际收益的补贴。如图 4—4 所示，政府可以有针对性地对企业每生产单位产品提供补贴 ab，ab 即为最优产量下的边际外部收益，企业的供给曲线向下移动至 $S'=MC-ab$，市场均衡产量达到最优的 R^*，当然给购买商品的消费者提供等额补贴也能得到同样的效果。正外部性的补贴是很多国家的政策导向。政府对有特殊贡献的科技人员发放特殊津贴，鼓励其科学研究活动；通过给居民提供低价树苗鼓励居民种树改善环境。有些补贴有多重作用，可以在考虑正的外部效应时也兼备其他缓解贫困或者贫困救济的考虑。

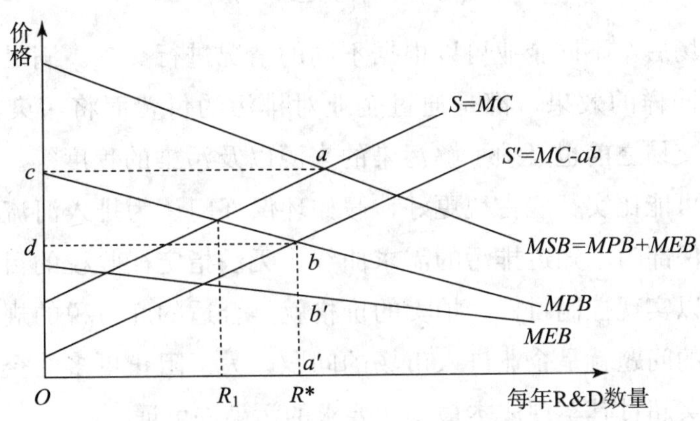

图 4—4　矫正外部效应的庇古补贴分析

三、拍卖许可证

对于负的外部效应，比如实现污染控制的最优水平，政府可以向企业拍卖污染许可证，并且允许排污权在企业之间进行交易，这种做法又被称为排污权交易制度。政府在实行这种制度时，事实上制造了一种新的市场——排污权交易市场，这一市场同样是调节交易的工具，有效地确保特殊的商品（排污权），以高成本减少污染的企业，愿意为污染许可证支付高价格；而可以以低成本减少污染的企业，也愿意出卖它们的污染许可证。

如图 4—5 所示，横轴表示污染权的数量，纵轴表示污染权的价格，政府控制发售的污染权为 R^* 个单位，所以污染权的供给是在 R^* 的一条垂直线。污染权的需求 D_R 向右下方倾斜，每单位污染权的均衡价格是 P_1，那些不愿意为每单位污染支付 P_1 的企业，要么减少产量，要么采用更清洁的技术。

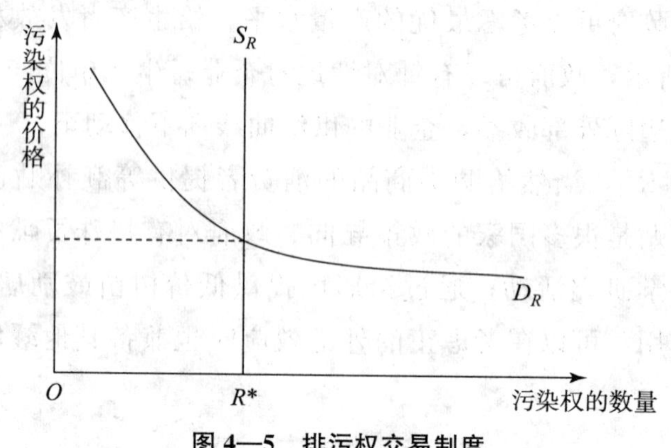

图 4—5　排污权交易制度

形成交易市场后，不同企业可以根据不同的情况进行交易。满足各自的需要许可证与庇古税具有同样的效果，都是通过企业对排污的付费而将污染的外部效应内部化，同样在实施交易之前也必须了解污染的来源以及污染的程度等。有些情况下，排污许可证的交易可能比实行庇古税更好，假如环保部门认为排入河流的废物不应该超过 600 吨，但环保部门不知道排污的需求曲线，无法指定征收税的目标，简单地拍卖污染许可证就可以实现控制目标，拍卖的价格就是合适的庇古税的规模。排污权交易制度的一个可能的问题就是企业进入市场的问题，为了阻止更多的企业进入市场，有些企业可能会购买超过其实现成本最小化要求的污染许可证。

四、确立产权：科斯定理

外部效应产生的主要原因之一就是财产所有权模糊，无法界定产权所有人，可能的解决办法就是把有争议的财产变为私有财产。著名经济学家科斯（Coase）认为，如果假定资源所有者能确定对其财产损害的来源，并且能够合法地防止损害，同时私人各方可以无成本地就资源配置进行协调，那么无论谁获得产权，有关各方总能达成一种协议。通过协议，各方的状况都能够变得更好，其结果是有效率的，这一结论被称为科斯定理（Coase theorem）。科斯试图说明，一旦产权确立，私人经济主体就能有效解决经济体之间的外部效应，从而无须政府的介入和干预。

但在实际的经济生活中，不能把外部效应的全部问题都用科斯定理来解决。第一，科斯定理假设，交易双方在寻求有效率的解决方法时，讨价还价的费用很低。例如，在解决空气污染时，很难说外部效应的当事人的沟通成本很低。第二，科斯定理假设，资源所有者可以确定财产遭受损失的来源，并能从法律上阻止这种损害。空气污染的例子再次说明污染责任确定的难度。可见科斯定理最适用于当事人少，而且造成外部效应的原因很清楚的情况。

五、政府管制

政府管制指政府依据有关的法规，通过许可、禁止等手段，对私人经济活动施加直接影响的行为。比如针对污染造成的负外部效应，政府可以通过制定环境质量标准，规定企业的最大排污限额。例如，在图 4—5 中，政府可以要求企业将排污量减少到 R^*。但存在的问题是，政府的相关部门无法清楚了解不同企业的污染情况，通常实行的是同一的排污标准，如果企业的情况都各不相同，那么政府的管制政策可能是缺乏效率的，下面以两个企业做例子来说明。

假设如图 4—6 所示，企业 C 和 D 都在生产的过程中排放二氧化硫（SO_2），这种气体是造成酸雨的主要原因。在图 4—6 中，MB_C是企业 C 的边际收益曲线，MB_D是企业 D 的边际收益曲线，如果假定两个企业有相同的边际私人成本曲线 MPC，利润最大化的产量也相同，即 $E_1=F_1$。如果假设达到效率产量的边际外部成本为 d 元，社会效率要求两个企业的生产都保持在边际收益曲线与其边际私人成本加上 d 的交点上。

在图 4—6 中，两个企业的效率产量分别是 E^* 和 F^*，由于两个企业的边际收益曲线不同，达到效率的产量也不应该减少相同的污染量。如果等量地要求企业减少污染可能导致的结果是这一数量对于某些企业而言太多，而对于某些企业而言又太少。例如，为不同地区的车辆设定同样的排放标准是不合适的，理论上管制部门可以为不同的污染者设定不同的限制标准，但在实际中是行不通的。

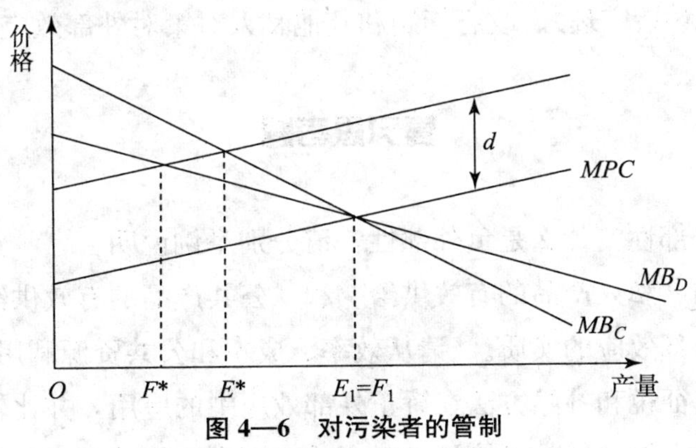

图 4—6　对污染者的管制

六、其他私人对策

外部效应会导致市场无效率，解决问题也不是必须要依靠政府干预，有些问题可以通过私人途径解决。在此举两类例子，分析应对外部效应的私人对策。

一些外部效应问题可以依靠道德规范和社会约束来解决。例如，为什么社会中大多数人不乱扔垃圾，虽然可能有禁止乱扔垃圾的法律，但社会上很少认真执行这些法律。多数人不乱扔垃圾主要是来源于内心的道德约束，因为从小开始，就有人教导我们乱扔垃圾是不负责任和错误的，要考虑自己的行为对别人的影响。用经济学的专业术语来说就是把外部效应"内部化"。

另一类解决的方法是可以采取把不同经营类型的企业结合在一起，使企业合并，外部效应也可以"内部化"。假设有一个果园主人和一个蜂农，他们是邻居，每到花开季节，蜂农的蜜蜂都飞到果园去采花蜜，蜂农可以获得更多的蜂蜜，而果园也因为蜜蜂采蜜花粉到处传播，到秋天的时候水果产量更高。对于双方而言存在互相的正外部性，都有额外的收获。但如果有一方认为对方获得的好处比自己更多，那么可能关系的平衡就会被打破，对双方都没有了正的外部性。最优的选择就是两者合并成一个企业，外部问题内部化，新企业的整体利润会更加丰厚。

本章小结

本章重点分析了作为市场失灵原因之一的经济现象——外部效应。外部效应是社会中经常出现的社会现象，它描述了个人行为对他人产生的利益和成本的影响。外部效应会破坏社会的帕累托最优状态，并导致社会经济资源的配置无效。本章利用经济学的分析工具分析了外部效应可能的结果和影响。政府可以通过税收、补贴、拍卖许可证、确立产权（科斯定理）、政府管制和其他私人对策对外部效应进行矫正。

复习思考题

1. 什么是正外部性？什么是负外部性？请分别举例说明。
2. 请画图说明"私人产品的有效供给"和"公共产品的有效供给"。
3. 归纳说明外部效应的实质。（请从效率、成本和公共资源利用等方面考虑。）
4. 请简单说明征税和补贴方法在矫正外部效应中的应用，并比较两者的异同。
5. 由于江苏省太湖流域的环境污染对当地水产农业造成了极大的破坏，政府尝试实行主要水污染物排污权有偿使用的政策。对占用或者使用环境资源的企业和个人实行收费制度，对由于环境污染而受到影响的企业和个人实行补偿制度。你如何看待这种政策？请结合科斯定理回答这一问题。

第二篇　公共支出

第五章

公共支出概述

本章要点：

1. 公共支出的分类。
2. 瓦格纳定律。
3. 时间形态模型。
4. 发展型增长论。
5. 非均衡增长论。

政府解决市场失灵需要通过公共支出提供公共产品，进而实现马斯格雷夫意义上的资源配置、收入再分配以及宏观经济稳定的职能。公共支出就是公共部门提供公共产品或公共服务的支出。

第一节　公共支出的分类

公共支出可以按政府职能、支出的使用部门和对市场需求的影响来分类。

一、按政府职能分类

公共支出按照政府职能分类也就是按照使用的用途分类。按照2008年财政年鉴的分类，可以将公共支出分为一般公共服务（其中包含国内外债务付息）、外交支出（其中包含对外援助）、国防支出、公共安全支出（其中包含武装警察）、教育支出、科学技术支出、文化体育与传媒支出、社会保障和就业支出、医疗卫生支出、环境保护支出、城乡社区事务支出、农林水事务支出、交通运输支出（其中包含车辆购置税支出）、工业商业金融等事务支出与其他支出（其中包含预备费支出）。与此相对应的是，2007年以及之前的财政年鉴对公共支出的分类却是：基本建设支出，挖潜改造和科技三项费用，流动资金，地质勘探费，工业、交通和流动部门事业费，支农支出（包含农林、水利、气象支出和农业综合开发），城市维护建设支出（包含城市维护建设费、环境保护和城市水资源建设支出），文教、科学技术支出（包含教育支出、科学支出、医疗支出和文体广播事业费），社会保障补助支出，国防支出，行政管理费，公检法司支出，武装警察部队支出，外交外事支出，对外援助支出，支援不发达地区支出，政策性补贴支出（包含粮、棉、油价格补贴支出，平抑物价和储备糖等补贴，肉食价格补贴和其他价格补贴），其他部门的事业费，其他支出，预备费，教育费附加支出，行政事业单位离退休经费，车辆税收入安排的支出与国内外债务付息支出。可以看出，2007年以及之前的分类体现了政府作为经济建设主体的行为，而2008年的分类则表明政府是基本公共服务的提供者。分类的改革体现了政府职能的转变，政府逐步从基本建设的主体向公共服务的提供主体转变，这也是不断完善的市场经济对政府最基本的要求。

二、按支出的使用部门分类

按照公共部门的使用部门分类，亦即按照政府组织机构分类，它表现为公共支出在政府各职能部门之间的配置结构，不同时期和不同国家、地区的政府组织机构并不相同。按照目前中国政府部门，主要包括外交部、国防部、国家发展和改革委员会、教育部 、科学技术部、工业和信息化部、国家民族事务委员会、公安部、国家安全部、监察部、民政部、司法部 、财政部、人力资源和社会保障部 、国土资源部、环境保护部 、住房和城乡建设部、交通运输部、铁道部 、水利部、农业部 、商务部、文化部、卫生部、国家人口和计划生育委员会、中国人民银行、审计署的支出。每一部委的下设机构所产生的支出也属于本部门。因此，还可以对每个部门作进一步的划分。通过使用部门分类，有利于国家了解和把握国民经济各部门的发展状况和优化部门的公共支出结构，也有利于实行部门预算，将本部门预算内和预算外的全部资金做“一本账”，有助于进一步提高公共资金的使用效率。

三、按对市场需求的影响分类

按照对市场需求的影响，可以将公共支出分为购买性支出与转移性支出。其中购买性支出是政府用于购买当前的商品和服务（即劳动力、消费品）、资本品和服务（即道路、学校和医院等公共部门的投资）等方面的支出，它是政府对要素的购买。而转移性支出是公共部门无偿地将一部分资金的所有权转移给他人所形成的支出，比如政府支付给退休人员的养老金支出、为了平抑物价而进行的补贴，等等。转移性支出的经济含义，就是政府从某些私人主体获得资源，然后转给另一些私人经济主体，并不需要私人主体这些接受者给予相应的补偿。这是资源在社会成员之间的重新分配活动。在购买性支出与转移性支出结构中，若购买性支出占较大比重，则执行资源配置的职能较强；反之，则执行收入分配的职能较强。

第二节　公共支出演变的理论分析

自 19 世纪 70 年代工业化以来，各国公共支出的规模都经历了一个从小到大的演变过程，尤其是凯恩斯主义盛行的第二次世界大战后。政府规模在不断扩大的同时，也引发了其他一些问题，比如政府资金使用效率低下、对私人部门的挤出行为，等等。在 20 世纪 80 年代的全球自由化浪潮影响下，英美等发达国家开始进行财政改革和调整，以英国为代表的西方国家进行了国有企业的改革。通过改革，公共支出的规模得以控制，支出增长得到一定程度的遏制。在发展中国家和转型经济体，政府规模的演变则呈现曲线演变态势。

一、瓦格纳法则

德国经济学家阿道夫·瓦格纳（Adolph Wagner，1835—1917）探讨了公共部门的规模问题。在考察了 19 世纪许多西欧国家以及美国、日本的公共部门增长情况之后，瓦格纳认为，决定公共支出的规模是可以用政治因素和经济因素来解释的。早在19世纪，他就对当时的市场失灵和外部性概念做过简单的说明。瓦格纳指出，随着经济的工业化，不断扩张的市场和市场主体之间关系的本质会变得越来越复杂。市场相互作用的复杂性使得商业法则和契约变得很有必要，这就需要建立一套司法制度执行这些法律，即管理制度。城市化和生活密度的提高，导致了外部性和拥挤，这也要求公共部门进行干预和管理。据此，瓦格纳解释了公共部门服务的紧迫性，比如法律、警察和金融。对于公共支出在教育、娱乐和文化、医疗和福利服务方面的增长，瓦格纳注意到这些支出和居民的收入弹性有关。这些服务体现了更高的收入弹性。因此，随着经济中实际收入的提高，对这些服务的公共支出的比例也会提高，这就解释了公共支出相对于国民收入不断增长的事实。后来的经济学家将这些观点称为瓦格纳法则（Wagner's Law）或瓦格纳定律。

关于瓦格纳法则可以加上许多评论。该模型分析的是工业化时期，工业化是经济增长的发动机，也是公共部门扩张的火车头。但是，他解释的到底是公共部门的绝对规模还是相对规模的增长？进一步，如果脱离工业化——比如经济已进入成熟阶段或处在滞胀期，这时该如何解释公共部门的扩张？比如西方国家在20世纪70年代经历了滞胀，进入80年代各国纷纷进行财政改革，公共部门的相对规模也有不同程度地缩小，这一现象与瓦格纳法则并不符合。

模型中还有许多技术决定论（目的论）的成分。收入增长几乎不可避免地会导致公共部门的扩张。这就否定了公共选择的存在。如果做出的选择就是为了追求公共部门的规模缩小，比如通过私有化和承包经营实现实际收入的增长也可以与公共部门规模的下降同时存在。可以看出，瓦格纳在这里没有区分实证与规范分析。

最后，瓦格纳的解释集中于对公共产品的需求方面的解释。事实上，供给方的解释也是影响公共部门规模的一个重要因素。

二、时间形态模型

时间形态模型有时也被称为偶然事件论或梯度渐进增长理论，是由皮考克和怀斯曼（A. T. Peacock and J. Wiseman）于1961年提出的。他们对1890—1955年间英国公共支出的演变情况进行了分析，提出该模型。他们把分析建立在决定公共支出的政治理论基础上，即“政府愿意多花钱，人们不愿意多纳税，因此，政府必须注意纳税人的意愿”。据此他们把对公共支出的分析，转向投票箱的影响上来。

在皮考克和怀斯曼的分析中，选民是享受着公共产品的收益，但却不愿纳税的个人。因此，政府在决定其预算的支出方向时，就密切关注选民对隐含的赋税所做出的反应。他们假设存在一个可容忍的税收水平，它对政府行为起着约束作用。

皮考克和怀斯曼虽然并不明确赞同克拉克的观点，但是他们把税收看做对限制政府支出所设的一道防线，却是无疑的。随着经济增长，收入也随之增长，税收在税率不变的情况下也会增加，这就使公共支出随着 GNP 一起增长。因此，在平常，公共支出渐进增长。然而，到了社会动乱时期，公共支出的逐渐上升趋势便会受到影响，这些时期可能发生战争、饥荒或某些大规模的社会灾难，这些都会导致公共支出剧增。要为公共支出的增长提供资金，政府被迫提高税收水平。但是，在危机时期，税收的提高是选民可以接受的。特殊时期过后，公共支出通常不会回落到原来的水平上，而是会有所增加，在新的水平线上进行新一轮的渐进上升。

上述分析包含了替代效应和意识效应。替代效应是指在危机时期，公共支出会替代私人支出。意识效应是指危机发生后，人们意识到了某些问题的严重性，从而愿意相应地增加公共支出。一般来说，公共支出不会落到原来的水平上。此外，特殊时期，中央政府通常还会加强财政集权，表现为中央政府支出占全部公共支出比重的上升，这就是“集中效应”。

图 5—1 描述了时间形态模型。该图横轴表示时间，纵轴代表财政支出占 GNP 的比重。该图表示特殊时期，财政支出会在更高的起点上按照原来的增长趋势增长；特殊时期过后，财政支出会回落，但是回落的水平比初始时期要高。

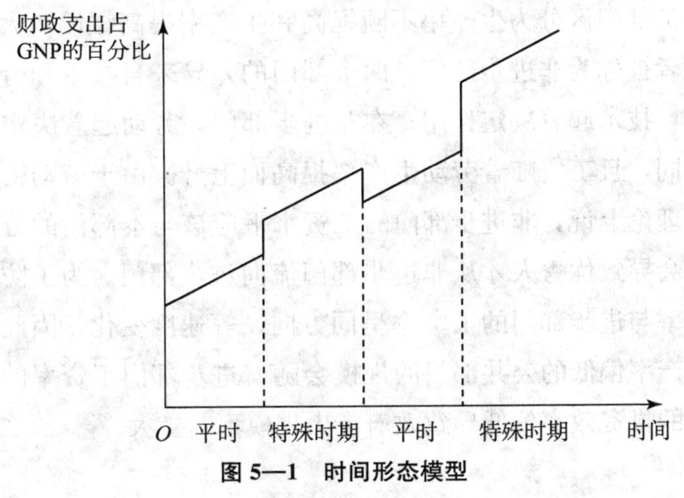

图 5—1 时间形态模型

三、发展型增长论

马斯格雷夫（Richard A. Musgrave）和罗斯托（Walt Whitman Rostow）从经济

发展的角度，分别对公共支出增长进行了分析。

他们认为，在经济增长和发展的初期阶段，公共部门的投资在整个国家经济总投资中占有很高的比重，为社会提供诸如治安、道路、交通、教育和卫生等必不可少的公共产品。这就必须有足够的公共部门投资，来促使经济和社会发展进入“起飞”的中级阶段。到了经济和社会发展的中级阶段后，政府继续进行公共部门投资，此时，公共部门投资已经开始成为日益增长的私人部门投资的补充。但在经济发展的所有阶段，随时都可能出现新的市场失灵并影响社会经济的有效进行。因此，政府还要通过增加公共部门活动来解决市场失灵问题。

马斯格雷夫认为，在经济发展过程中，当总投资占 GNP 的比重增加时，公共部门投资占 GNP 的比重却下降了。罗斯托认为，一旦经济发展进入成熟阶段，公共支出的结构将发生转变，其主要目的由提供社会基础设施转向教育、卫生和福利服务的支出。用于社会保障和收入再分配方面的支出相对于公共支出的其他项目及 GNP 而言，都将会有较大幅度的增长。

四、非均衡增长理论

美国经济学家鲍莫尔通过分析公共部门平均劳动生产率的状况对公共支出增长原因做出解释。

他将国民经济部门区分为生产率不断提高和生产率提高缓慢两大类别，前者被称为进步部门，后者被称为非进步部门。两个部门的差异来自技术和劳动发挥的作用不同，在进步部门，技术起着决定作用；在非进步部门，劳动起着决定作用。假设两个部门工资水平相同，且工资随着劳动生产率提高而上升。由于劳动密集的公共部门是非进步部门，从理论上说，非进步部门的工资水平应该与本部门的劳动生产率保持一致。然而，这样会导致优秀人才从非进步部门流向进步部门。为了防止这种趋势，非进步部门的工资率与进步部门的工资率呈同方向、等速度变化。因此，在其他因素不变的情况下，生产率偏低的公共部门的规模会随着进步部门工资率的增长而增长，换言之，政府部门的投资效率偏低导致政府支出规模不断扩大。

第三节　我国公共支出的规模

衡量公共支出规模一般使用两个指标：绝对指标和相对指标。绝对指标就是以公

共支出的绝对数额进行考察，其特点是能够比较直观地反映公共支出的现状和变化情况。

公共支出的相对指标可以通过两个比率来衡量。一是公共支出总额与其他相关指标，比如GDP、国民收入的比率；二是将公共支出加以分类，考察主要支出项目与GDP的比值。

由于统计口径的原因，我国每年公布的财政支出数据并不是完全意义上的公共支出总规模。纳入官方统计的中国政府支出由两部分组成：一是预算内支出，包括各级政府预算支出；二是预算外支出，主要是地方政府用于社会保障和其他方面的支出。此外，地方政府还存在大量没有被官方统计和认可的制度外支出。这部分支出难以准确统计，根据学者估计，制度外支出高达GDP的4%。与大多数国家一样，中国的政府账户不包括或有负债和税收支出。在中国，或有负债主要来源于政府对银行贷款进行的担保。银行自身不能处理的以及通过资产变卖不能弥补的坏账最终都要由政府承担，从而大幅增加政府的利息支出。税收支出也有相当大的规模，如公司享有的免税和其他税收优惠等。

本章小结

本章主要从政府职能、支出的使用部门和对市场需求的影响来对公共支出进行分类。随着时间的推移，公共支出的总体演变趋势是不断增长的，理论上先后出现了瓦格纳定律、时间形态模型、发展型增长论与非均衡增长论等理论来阐释公共支出的演变规律。本章对这些理论进行了详细解释，并探讨了我国公共支出的规模。

复习思考题

1. 从非均衡增长理论来分析我国公务员的热考现象。
2. 试按照资金使用部门来分类评价我国公共支出的结构。
3. 结合发展型增长理论来分析我国公共支出的演变过程。

第六章

购买性支出

本章要点：

1. 区别购买性支出和转移性支出。
2. 行政管理支出的组成。
3. 政府为什么会广泛参与教育支出。

购买性支出是指政府按照市场等价交换原则购买产品和服务，以便向社会公众提供各种公共产品和服务的支出。购买性支出包括两部分：一是购买各级政府进行日常行政事务活动所需的产品和劳务的支出；一是各级政府用于公共投资的支出。前者称为消费性支出，后者称为投资性支出。但是这一区分是相对的，比如对于教育支出，传统上认为是消费性支出，但是由于其决定人力资本积累进而影响经济增长，越来越多的研究都将教育作为投资性支出。本章主要分析购买性支出中的行政管理支出、国防支出、教育支出与公共投资支出。

第一节 行政管理支出

行政管理支出是国家、政府存在与运转的具体体现，它是公共部门维持正常运转所必需的支出。政府职责的履行，就是通过各种政务和管理活动完成的。市场经济下政府为市场提供公共服务，则是由各种管理工作具体完成的，这就需要付出相应的费用。中国财政用于各级国家权利机关和国家行政机关的支出，构成了财政的行政管理支出。如各级人民代表大会及其常务委员会机关经费、政府机关经费、政协经费、党务机关经费、民主党派机关经费和社会团体经费；武装警察部队支出；公安、检察、法院、司法、安全等经费等。此外，还包括中国驻外使馆等外交外事支出、国际组织经费、捐赠支出等。

行政管理支出在一段时期内相对稳定。由于行政机构的设置是根据政府履行其职能的实际需要确定的，并经过一定法律或制度程序确立。自 1990 年以来，中国的行政管理费用稳步增长。行政管理支出的规模是否合理，取决于经济总量、经济发展水平、通货膨胀水平、财政收支规模、政府机构的设置与行政效率等因素。

第二节 国防支出

国防支出是指一国政府预算中安排的用于军队建设和其他国防建设的支出。早在 1776 年，亚当·斯密就在他的《国富论》中提出君主或国家的费用中包含国防费。他认为君主的义务，首在保护本国社会的安全，使之不受其他独立社会的暴行与侵略。纵观世界各国的公共支出，国防支出都占有非常重要的地位。国防支出包括军费、国防科研事业费、民兵建设费、动员预编经费、招飞事业费和专项工程经费等具体项目。

国防是一种纯公共产品，具有非竞争性与非排他性。一个国家生产多少数量的国防产品取决于其面临的生产约束以及全体公民的偏好。在社会无差异曲线与生产可能性曲线相切的点，生产的国防数量是最佳的，代表着国家和政府在大炮（军用品、公共产品）和黄油（民用品、私人产品）之间的资源配置实现了最优，见图 6—1。

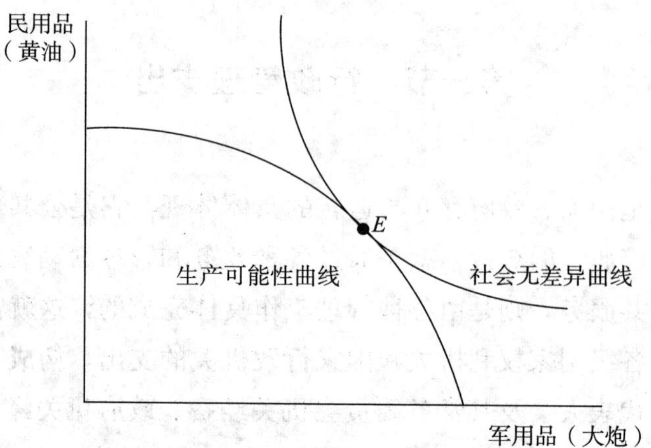

图 6—1　大炮与黄油之间的选择

图中的 E 点如何形成呢？假定社会由三个人组成，每个人消费国防产品的边际收益曲线不同，分别为 MB_a、MB_b 和 MB_c，也就是说他们的需求曲线不同。根据公共产品的纵向加总（价格加总）原理，整个社会对国防的需求曲线为 MB，假定国防产品能以固定成本增加供给，即边际成本曲线为水平线 MC。当 $MB=MC$ 时，可以得到国防产品的有效供给 Q^*（见图 6—2）。在实践中，影响国防规模的因素是多方面的，比如国家安全受到威胁的程度、对安全受到威胁的认识、国家财政收支状况、世界格局的变化以及公民偏好和公共决策过程等。

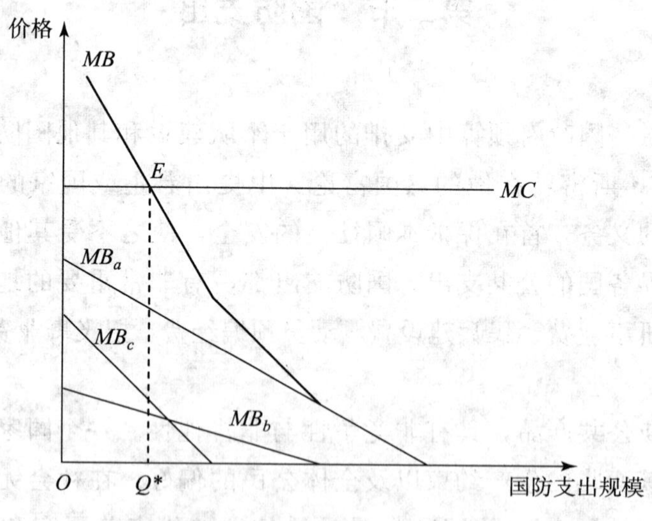

图 6—2　国防支出的有效水平

国防的提供也必须讲求效率。20 世纪 60 年代初期美国的国防部长罗伯特·麦克纳马拉（Robert McNamara）提出了新的编制国防预算的方法——“计划—方案—预算”。这种方法的采用，大大提高了国防预算的效率。

第三节 教育支出

严格地按照公共产品的非竞争性与非排他性的定义来判断，教育并不是一种公共产品。一方面，随着受教育人数的不断增加，提供教育的边际成本并不等于零；另一方面，可以通过收取学费来排除不付费的消费者。然而，世界各国政府都参与了教育产品的供给。在西方国家，在私立学校和教会学校提供教育的同时，公立学校在整个教育体系中占有重要的地位。中国的各种教育服务主要由公共部门来提供，近些年，民办教育得到迅速发展。

为什么公共部门如此广泛参与教育服务？主要理由有：第一，教育具有正的外部性。它会使整个社会因受教育者文化程度的提高而受益。具有正外部性的私人产品，通常市场无法有效提供。第二，教育通常被视为一种“德优产品（或称为有益品，优质品）”。无论从道义还是从社会发展来看，一个人不能因为家庭贫困而无法获得教育机会。第三，公共部门提供教育有助于缩小收入分配差距，有助于社会公平目标的实现。尽管一个人的收入并不完全受到其受教育程度的影响，但通常来看，一个人受教育程度越高，其收入也就越高。第四，资本市场在提供教育贷款上可能无效，因此要求公共部门给予学生相应的资助。

公共部门对教育消费的补助，通常是通过三种形式进行的：对学生本人提供学费补助、对低收入者家庭提供补助和对私立学校进行补助。下面分别用图6—3、图6—4、图6—5分析这三种形式的经济效应。

（1）对学生本人提供学费补助。

（2）对低收入家庭提供补助。

（3）对私立学校提供补助。

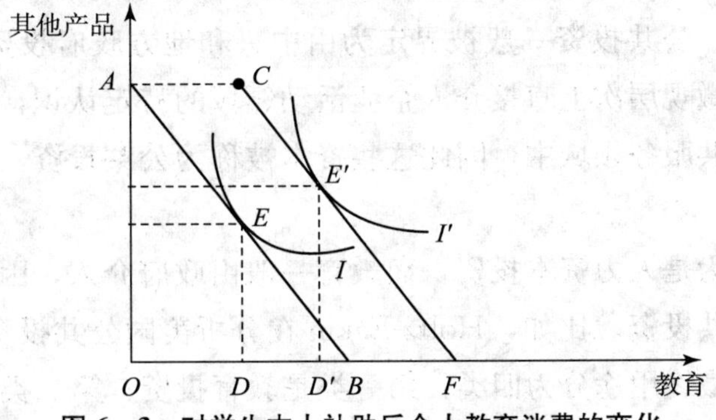

图6—3 对学生本人补助后个人教育消费的变化

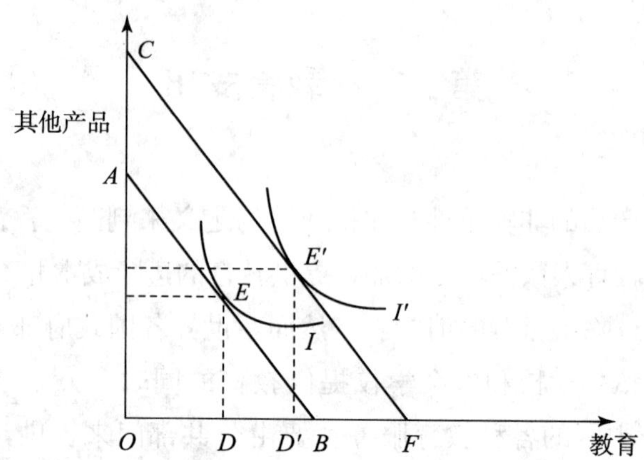

图 6—4 对低收入家庭补助后个人教育消费的变化

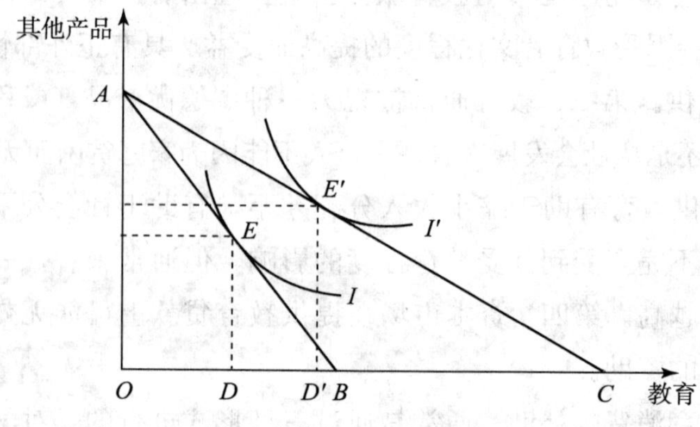

图 6—5 对私立学校补助后个人教育消费的变化

第四节 公共投资支出

政府在进行资源配置的过程中，有时候需要通过公共投资来提供公共产品，比如高速公路的修建等。公共投资一般被界定为由中央和地方政府投资形成的固定资本，由于有政府不能在微观层次上直接介入企业活动领域的特定认识，这些政府投资往往被限定在特定的公共服务领域中，因此这些资本被称为公共投资，有时也被称为政府投资。

由于教育被认为是人力资本投资，而教育一般由政府介入，因此，很多的学者认为教育也是一种公共投资。比如，Holtz-Eakin 在分析美国公共投资的形成与增长时，将公共投资按照其最终用途分为四类：第一类是教育投资；第二类是道路以及高速公路投资；第三类是污水处理设施投资；最后是公用事业投资。

本章小结

按照市场使用情况，一个国家的公共支出可以分为购买性支出和转移性支出。购买性支出具体可以分为行政管理支出、国防支出、科教文卫支出和公共投资支出。本章对这些类别的购买性支出进行了分析。

复习思考题

1. 根据历年财政年鉴资料分析我国教育支出中政府预算的比重情况。
2. 国防支出是否和一个国家的经济增长有显著关系？
3. 比较发展中国家和发达国家的教育支出。

第七章

转移性支出

本章要点：

1. 养老保险筹资模式。
2. 转移性支出的类型。
3. 几种社会救助支出的经济效应。
4. 我国反贫困计划的历史沿革。

竞争市场能够产生帕累托最优的解决方法。但是，该方法并不一定是公平的。如果要获得一个更公平的结果，是否必须放弃竞争市场？福利经济学第二定理认为并不存在这种必然性。该定理表明，如果满足某些确定条件，政府通过购买力再分配并让人们在竞争市场中交易，就能够将经济从一种帕累托最优结果转向另一种。也就是说，存在着一种将经济带向任何所希望的帕累托最优结果的再分配。政府的转移性支付就是为实现一种更公平的帕累托效率结果而采取的直接措施。

转移性支出是指政府按照一定方式，把一部分财政资金无偿地、单方面转移给居民和其他受益者的支出。这些支出将成为受益者的收入，增加受益者购买商品和劳务的能力。它体现的是政府的非市场再分配活动。与购买性支出不同，转移性支出与商品和劳务的购买并没有发生直接联系，而是为了实现社会公平的目的而进行的资金转移。

第一节　转移性支出的构成

一般来说，在经济发展的初级阶段，转移性支出占整个公共支出的比重较低，随着人均国民收入水平的提高，转移性支出的比例也会不断提高，许多发达国家的转移性支出占公共支出的一半左右。转移性支出主要包括社会保障支出、财政补贴、援外支出、债务利息支出和其他支出。在转移性支出中，占比重最大的就是社会保障支出。本章主要介绍社会保障支出。

第二节　社会保障支出

社会保障是指公共部门向丧失劳动能力、失去就业机会、收入未能达到应有的水平，以及由于其他原因面临困难的公众，以货币或实物形式提供基本生活保障的活动。完全竞争的市场即使可以实现帕累托效率，但是并不能保证这种效率是公平的，其导致的结果可能是分配不公。这就需要政府介入，通过建立社会保障制度来干预经济，解决收入分配不公问题。

一、社会保障制度概述

社会保障制度是在政府的管理之下，以国家为主体，依据一定的法律和规定，通过国民收入的再分配，以社会保障基金为依托，对公民在暂时或者永久性失去劳动能力以及由于各种原因生活发生困难时给予物质帮助，用以保障居民的最基本的生活需要。社会保障制度是通过集体投保、个人投保、国家资助、强制储蓄的办法筹集资金，国家对生活水平达不到最低标准者实行救助，对暂时或永久失去劳动能力的人提供基本生活保障，逐步增进全体社会成员的物质和文化福利，保持社会安定，促进经济增长和社会进步。

社会保障制度起源于19世纪末的欧洲工业社会。1601年英国女王颁布了世界上第一部《济贫法》，这是现代社会保障制度的萌芽。现代社会保障制度的核心是为劳动者提供社会保险，第一个建立社会保险制度的是后起的资本主义国家——德国。德国颁布的《疾病社会保险法》、《工伤事故》、《老年和残障》，标志着世界上第一个最完整的保险体系的建立，社会保障制度产生。1935年美国国会通过了综合性的《社会保障法》，“社会保障”一词由此产生，它标志着现代社会保障制度的形成。目前社会保障制度已推行到全世界的160多个国家和地区。建立健全与经济发展水平相适应的社会保障体系，是经济社会协调发展的必然要求，是社会稳定和国家长治久安的重要保证。中国的社会保障体系包括社会保险、社会福利、优抚安置、社会救助和住房保障等。社会保障制度的基本特征是公平性、普遍性、法制性和互济性。

社会保障制度是现代国家最重要的社会经济制度之一。其作用在于保障全社会成员基本生存与生活需要，特别是保障公民在年老、疾病、伤残、失业、生育、死亡、遭遇灾害、面临生活困难时的特殊需要，它是由国家通过国民收入分配和再分配实现的。社会保障制度由社会保险、社会救助、社会福利、社会优抚及安置组成。

（1）社会保险。是一种为丧失劳动能力、暂时失去劳动岗位或因健康原因造成损失的人口提供收入或补偿的一种社会和经济制度。

（2）社会救助。指国家和社会为保证每个公民享有基本生活权利，而对贫困者提供物质帮助。

（3）社会福利。广义上与社会保障同义，狭义上指由国家或社会在法律和政策范围内向全体公民普遍地提供资金帮助和优化服务。

（4）社会优抚及安置。指国家依法定的形式和政府行为，对有特殊贡献的军人及其眷属实行的具有褒扬和优待赈恤性质的社会保障。

社会保障中最重要的是社会保险和社会救助。下面分别介绍这两种社会保障支出。

二、社会保险支出

社会保险支出包含养老保险、医疗保险、失业保险、生育以及工伤保险。

（一）养老保险的含义及其筹资模式

1. 养老保险的含义

养老保险是社会保障制度的重要组成部分，是社会保险五大险种中最重要的险种之一。所谓养老保险（或养老保险制度）是国家和社会根据一定的法律和法规，为解决劳动者在达到国家规定的解除劳动义务的劳动年龄界限，或因年老丧失劳动能力退出劳动岗位后的基本生活而建立的一种社会保险制度。

2. 养老保险的筹资模式

历史上和现实中的养老保险的筹资模式主要有现收现付制、完全积累制和部分积累制。

(1) 现收现付制。

现收现付制是指以同一个时期正在工作的一代人的缴费来支付已经退休的一代人的养老金的保险财务模式。它根据每年养老金的实际需要，从工资中提取相应比例的养老金，本期征收，本期使用，不为以后使用提供储备。

现收现付制的优点是费率调整灵活，社会共济性强，基本上不存在基金受投资风险影响的问题，具有较强的代际分配功能，在政治上也较容易得到支持。但是随着老龄化的出现，这一模式很难可持续。原因是：第一，由于人口老龄化，要保证退休老人的生活水平，税率只有不断上升，这样增加了年轻人的负担。除非劳动生产率能够大幅度提高，但是一般来说，受技术的影响，劳动生产率在短期不可能提高很快。第二，现收现付制过于强调社会互济和代际赡养，忽视了个人的自我保障责任，使个人容易产生过度依赖政府的心理。

在实践中，现收现付制一般采取社会统筹形式，社会统筹是指政府通过工薪税或社会保险税筹集资金，计入专门的社会统筹账户，作为公共养老基金，并由政府将这些基金用于退休职工的养老开支。这需要养老金的给付水平事先确定。

(2) 完全积累制。

完全积累制，即完全用过去积累的缴款所挣取的利息收入提供保险金的制度。具体说来，就是一个人在就业期间向政府管理的基金缴款，该基金随着时间的推移不断生息增值，当这个人退休后，其所获养老金来自于该基金的利息收入。其优点是：第一，基金来源稳定，有大量积累；第二，费率稳定；第三，透明度高，便于监督管理；第四，激励性强；第五，增加社会储蓄，促进经济发展。同时，完全积累制也有一些缺点，主要为：第一，没有互济性；第二，基金保值增值困难；第三，基金运行风险大；第四，费率测算困难。完全积累制以智利和新加坡为代表。该制度强调的是效率而非公平。

完全积累制采取个人账户形式，个人账户是指由政府推行的职工在职期间的强制储蓄制度，个人账户基金属于个人所有。个人账户往往在设立之初确定缴费标准，但养老金的给付水平却是不确定的，它取决于个人缴费状况及基金运营状况，尤其是投资收益。我国在 20 世纪 50 年代建立了企业职工养老保险制度就采取现收现付制的模式。这一模式之所以在当时比较有效，是由于当时的人口年龄结构中年轻人较多，这一模式也能得到当时计划经济的支持。随着人口老龄化问题越来越严重，这种模式要想可持续，劳动生产率必须要有大幅度的提高，但是劳动生产率的持续提高在一段时期内是非常困难的，这就对现收现付制的社会保障提出了改革的要求。

(3) 部分积累制。

鉴于现收现付制和完全积累制各有优缺点，近年来，包括我国在内的一些国家采取了将近期横向收付平衡原则与远期纵向收付平衡原则相结合的筹资模式，即部分积累制。它在通过现收现付制满足当前支付需要的前提下，留出一定的储备以适应未来的支出需要。这一方式被认为是从现收现付制向完全积累制转变的过渡模式。由于部分积累制的两个组成部分（满足当前支付需要的部分和用于积累的部分）必须采取不同的原则分别管理，因此，能否既防止人口老龄化带来的支付危机，又有助于实现从现收现付制向完全积累制的平稳过渡，需要政策更好地协调。

部分积累制同时采用社会统筹和个人账户两种形式。1991 年 6 月，中国政府颁布了《国务院关于企业职工养老保险制度改革的决定》，渐进改革社会保障制度；中共中央十四届三中全会进一步明确提出，要建立一个企业职工社会养老保险统筹和个人账户相结合的制度。目前，我国的养老保险模式就是社会统筹与个人账户结合，社会统筹部分实行现收现付制，个人账户部分实行基金积累制。个人账户部分的资金由个人缴费形成，属于参保人员个人所有，而社会统筹部分的资金由企业缴费形成，属于统筹区的所有参保人员。个人账户部分体现差异，社会统筹部分体现平均；社会统筹部分针对现实需要，个人账户部分针对历史积累。只有这两部分结合起来，养老保险才能完整。国务院（1997）规定，从 2000 年起，在职职工的缴费率为 8%，企业统筹缴费率为 20%。个人缴费全部计入个人账户，企业缴费纳入每个职工基本养老保险个人账户的比例为本人缴费工资的 11%。基本养老金的给付分为基础养老金和个人账户养老金两个部分，基础养老金月标准为上年度社会月平均工资的 20%，个人账户养老金月标准为本人账户累计数额除以 120 得到。

（二）医疗保险

医疗保险是为补偿疾病所带来的医疗费用的一种保险，是职工因疾病、负伤，由社会或企业提供必要的医疗服务或物质帮助的社会保险。

医疗保险起源于西欧，可追溯到中世纪。随着资产阶级革命的成功，家庭作坊被大工业所取代，出现了近代产业队伍。由于工作环境的恶劣，流行疾病、工伤事故的发生使工人要求相应的医疗照顾。可是他们的工资较低，个人难以支付医疗费用。于是许多地方的工人便自发地组织起来，筹集一部分资金，用于生病时的开支。但这种形式并不很稳定，而且是小范围的，抵御风险的能力很低。18 世纪末 19 世纪初，民间保险在西欧发展起来，并成为国家筹集医疗经费的重要途径。

中国的公费医疗、劳保医疗就属于医疗保险。中国职工的医疗费用由国家、单位和个人共同负担。

（三）失业保险

失业保险是指国家通过立法强制实行的，由社会集中建立基金，对因失业而暂时中断生活来源的劳动者提供物质帮助的制度。它是社会保障体系的重要组成部分，是社会保险的主要项目之一。失业保险主要有以下特征：

一是普遍性。它主要是为了保障有工资收入的劳动者失业后的基本生活而建立的，其覆盖范围包括劳动力队伍中的大部分成员。因此，在确定适用范围时，参保单位应不分部门和行业，不分所有制性质，其职工应不分用工形式，不分家住城镇、农村，解除或终止劳动关系后，只要本人符合条件，都有享受失业保险待遇的权利。分析我国失业保险适用范围的变化情况，呈逐步扩大的趋势，从国营企业的四种人到国有企业的七类九种人和企业化管理的事业单位职工，再到《失业保险条例》规定的城镇所有企业事业单位及其职工，充分体现普遍性原则。

二是强制性。它是通过国家制定法律、法规来强制实施的。按照规定，在失业保险制度覆盖范围内的单位及其职工必须参加失业保险并履行缴费义务。根据有关规定，不履行缴费义务的单位和个人都应当承担相应的法律责任。

三是互济性。失业保险基金主要来源于社会筹集，由单位、个人和国家三方共同负担，缴费比例、缴费方式相对稳定，筹集的失业保险费，不分来源渠道，不分缴费单位的性质，全部并入失业保险基金，在统筹地区内统一调度使用以发挥互济功能。

（四）生育以及工伤保险

（1）生育保险。生育保险是国家通过立法，在怀孕和分娩的妇女劳动者暂时中断劳动时，由国家和社会提供医疗服务、生育津贴和产假的一种社会保险制度，是国家或社会对生育的职工给予必要的经济补偿和医疗保健的社会保险制度。

（2）工伤保险。是指劳动者在工作中或在规定的特殊情况下，遭受意外伤害或患职业病导致暂时或永久丧失劳动能力以及死亡时，劳动者或其遗属从国家和社会获得物质帮助的一种社会保险制度。

三、社会救助支出

（一）政府反贫困计划

社会救助支出是反贫困的一种措施。中国是一个发展中国家，其贫困问题是中国经济和发展面临的一个长期问题，正如阿马蒂亚·森认为，贫困是一种基本能力的剥夺。中国为此制定了农村反贫困计划和城市反贫困计划。农村反贫困计划从1994年以来主要有1994—2000年的八七扶贫攻坚计划和2001—2010年间的新世纪扶贫计划。

国家八七扶贫攻坚计划力争用七年时间，基本解决当时全国农村贫困人口的温饱问题。中国政府在财力有限的情况下，逐年加大扶贫投入，由1994年的97.58亿元人民币增加到2000年的248.15亿元，累计投入中央扶贫资金1 127亿元。

在实施八七扶贫攻坚计划期间，中国的592个国家贫困县生产生活条件明显改善，累计修建基本农田6 012万亩，新增公路32万公里，架设输变电线路36万公里，解决了5 351万人和4 836万头牲畜的饮水问题，通电、通路、通邮、通电话的行政村分别达到95.5%、89%、69%和67.7%。

城市反贫困要比农村反贫困晚些时候。1993年，上海市开始实施城镇居民最低生活保障制度。1997年，国务院颁布了《关于在各地建立城市最低生活保障制度的通知》，全国的城市反贫困工作普遍展开。最低生活保障制度是我国城镇反贫困的一项重要内容，也是社会救助支出的重要部分。它是指国家对家庭人均收入低于当地政府公告的最低生活标准的人口给予一定现金资助，以保证该家庭成员基本生活所需的社会保障制度。最低生活保障线也即贫困线，是对达到贫困线的人口给予相应补助以保证其基本生活的做法。实际上，社会救助还可以通过负所得税制度和实物转移来体现。

（二）社会救助支出的经济效应

1. 最低生活保障的经济效应（详见图7—1、图7—2、图7—3）

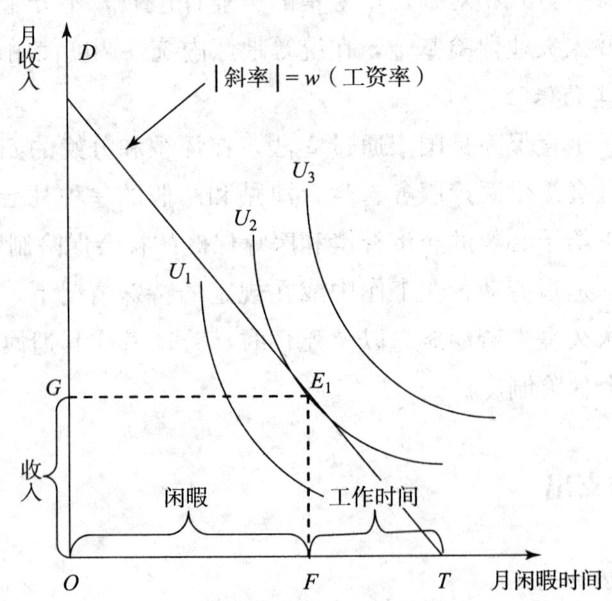

图7—1　效用最大化时的闲暇和收入选择

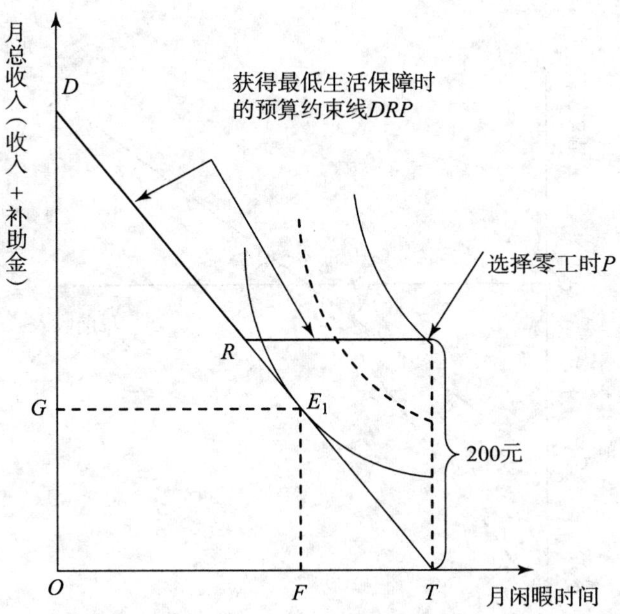

图 7—2　在救助制度下选择不工作

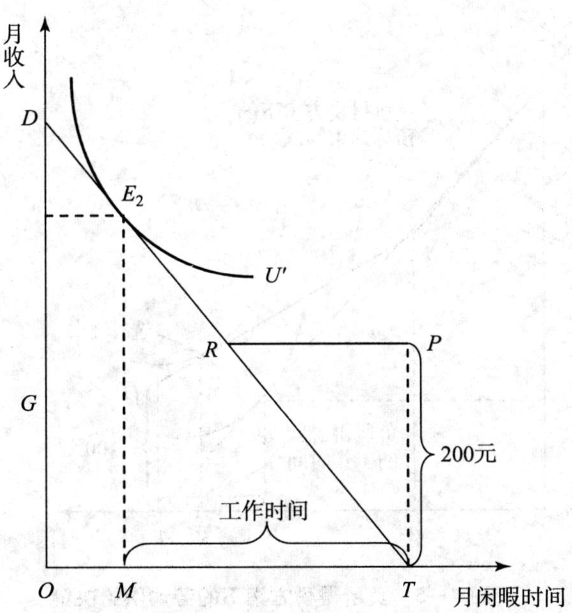

图 7—3　在救助制度下选择工作

2. 负所得税的经济效应（详见图 7—4、图 7—5）

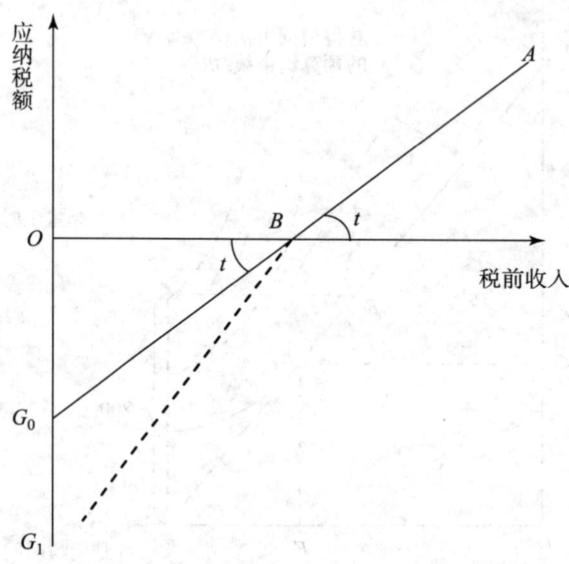

图 7—4　负所得税方案

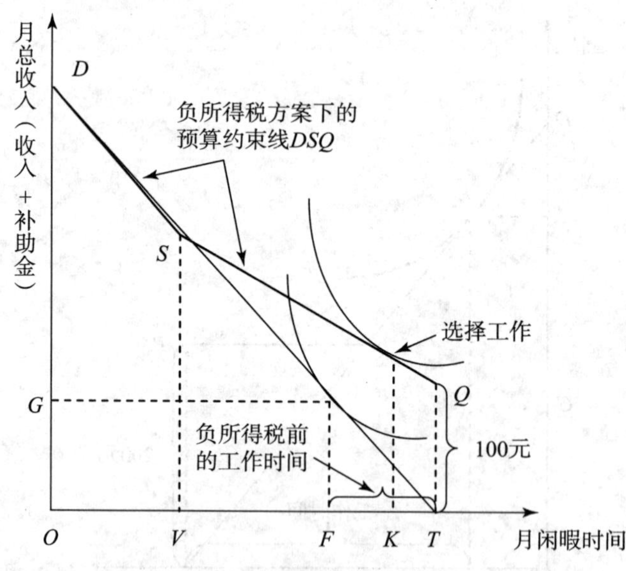

图 7—5　负所得税方案下的劳动供给决策

3. 实物转移的经济效应（详见图 7—6、图 7—7）

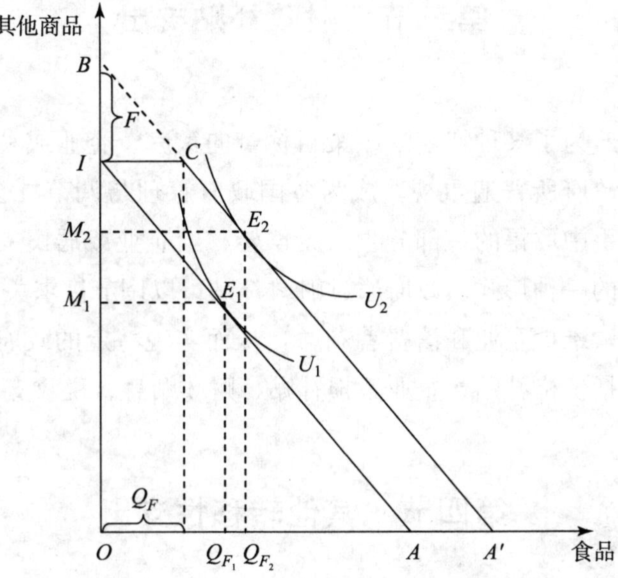

图 7—6　实物转移与现金补助产生的效用水平相同

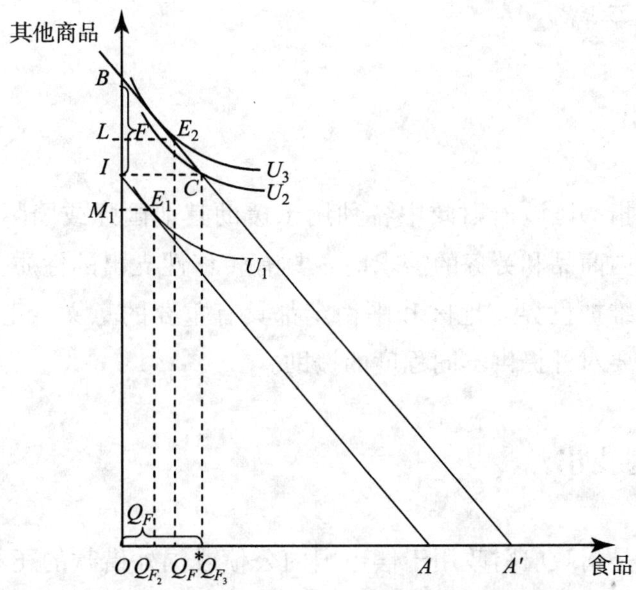

图 7—7　实物转移比现金补助产生的效用水平低

第三节　财政补贴支出

财政补贴是政府为了某种特定的政策目标，向家庭、企业或私人提供的补助和津贴。它为世界各国政府所普遍重视，成为各国政府管理与调节社会经济的重要工具。它是政府从纳税人手中取得的一部分收入无偿转移给企业或居民支配使用，是政府财政进行收入再分配的一种形式。政府通过财政补贴可以调节供求关系，稳定市场价格，促进特定产业发展，维护企业和消费者利益，从而实现特定的政府职能。财政补贴有多种形式，主要包括价格补贴、企业亏损补贴、财政贴息、税收支出等形式。

第四节　其他转移性支出

转移性支出中除社会保险支出与救助支出以外，还有其他一些支出。主要有援外支出、债务支出，等等。

一、援外支出

援外支出，是指一国政府财政中各种用于援助其他国际或国际组织的项目支出。它在不直接形成国内商品和劳务的需求时，具有转移性支出的性质。援外支出对于加快本国经济发展，维护世界与地区和平稳定都具有重要的意义。正如接受外援一样，一个国家很自然地要对外提供不同程度的援助。

二、债务利息支出

债务利息支出是指政府财政用于偿还国内公债或国外借款的还本付息的支出。债务利息支出属于转移性支出范畴。国家债务的利息支出，并不对国内资源和要素（商品和劳务）形成直接的需求压力，从这个意义上说，债务利息支出具有转移性支出的性质。

本章小结

社会保障支出是一个国家最重要的政府转移性支出。本章分析了社会保障的构成。其中养老保险最为重要，本章因此分析了养老保险的筹资模式。在我国，正在形成个人账户+社会统筹的部分积累制。此外，本章还分析了其他的转移支出形式，比如社会救助支出、补贴支出以及其他支出。

复习思考题

1. 我国目前的养老保险制度还存在哪些问题?
2. 养老保险资金是否应该进入股市？试讨论。
3. 比较美国、中国和智利的养老保险制度。

第三篇　公共收入

第八章

公共收入概述

本章要点：

财政收入是满足社会公共需要的物质基础，并对经济过程产生一系列影响。政府取得财政收入的方式主要有：税收、公共收费、国有资产收益、公债收入。本章重点分析财政收入的一般理论和原理。

第一节　公共收入：概念、分类与规模

公共收入是满足社会公共需要的物质基础，并对经济过程产生一系列影响。政府取得公共收入的方式主要有：税收、公共收费、国有资产收益、公债收入。本章重点分析公共收入的一般理论和原理。

一、公共收入的概念

政府提供公共品的过程，实际上也是耗费或运用物质财富的过程，公共支出即反映政府对社会财富的支用，显然这种支用是以政府占有一定的财力为前提。公共收入即表明政府获取社会财富的状况，它是政府为实现其职能的需要，在一定时期内以一定方式取得的可供其支配的财力。由于政府支出是连续不断的过程，从而政府组织公共收入的活动也是连续不断的。

社会物质财富是公共收入的实质内容，但在不同的历史条件下，公共收入的形态存在很大的区别。在商品货币经济获得充分发展以前，公共收入主要以劳役和实物的形态存在，如在奴隶社会和封建社会，以征力役和实物取得公共收入曾是主要现象。随着商品货币经济的逐步发展，尤其在资本主义经济制度出现以后，公共收入一般以货币形式取得。在现代社会，公共收入均表现为一定量的货币收入。

政府取得公共收入主要凭借公共权力，包括政治管理、公共资产所有或占有权、公共信用等，其中政治管理权是核心，这是由政府供给的公共商品的性质所决定的。公共商品受益的普遍性使大部分这类产品的供给无法采用经营性方式进行，因而只能凭借政府的政治管理权对社会成员课征收入来补偿公共商品的成本。凭借政府其他权力取得的收入则随政府活动内容、范围、方式和需要的变化而变化，以实现政府活动的特定目标。

政府取得公共收入不仅是政府自身的行为，其影响是广泛的。公共收入的规模、构成、方式等，对利益分配关系、经济主体的行为选择、商品的供需结构以至经济活动的总量等，均有重要的制约作用。因此，政府组织公共收入应当有确定的收入政策，以协调各方面的利益关系，界定公共需要的范围，促进资源的合理配置和经济的正常发展。

二、公共收入的分类

公共收入是一个复杂的体系，为便于对公共收入进行分析，有必要按一定标准对公共收入加以分类。

（一）按公共收入的形式分类

公共收入的形式分类通常以公共收入的形成依据为标准来划分。收入依据不同，其表现形式也不同，一般有税收、公共收费、国有资产收益、债务收入和其他收入等

形式。税收收入的形成依据是国家的政治管理权，在公共收入中占据主导地位，它为一般公共支出提供基本的资金来源，同时也是政府实施经济管理和调控的重要手段。其他形式的公共收入统称为非税收入，各有其特定的形成依据，反映不同的收入关系。在本书的以后章节中，将根据公共收入的形式分类，分别讨论税收、公共收费、国有资产收益、公债等问题。至于其他收入，主要是捐赠、罚没等偶然和零星收入，将不作具体论述。

需要指出的是，在中国，根据财政制度的规定，国有企业亏损补贴是作为预算的收入项目安排的，即表现为一项负收入。这种处理既有一定的历史原因，即在计划经济时期，一直把对企业的各类补贴以冲减收入的方式安排，尽管后来将价格补贴转为预算支出项目，但企业亏损补贴则仍沿用原来的做法，同时这种安排也有把对各国有企业的收益作整体核算的考虑。但企业亏损补贴实质上属于公共资金的耗用，可以说，按现有的制度安排，它是一种隐性的公共支出。

（二）按公共收入的来源分类

公共收入总体上看来源于国民生产总值，而国民生产总值是由不同的单位、部门、地区创造的，按公共收入的具体来源对其进行分类，有助于充分认识财政与经济的关系，把握经济活动及其结构对公共收入规模及构成的决定作用，以及公共收入政策对经济运行的影响。按公共收入来源对公共收入进行分类可以选择不同的标准：一是按公共收入来源的所有制结构，分为国有经济收入、集体经济收入、股份制经济收入、私营经济收入、外商投资和外商独资经济收入、个体经济收入等。二是按公共收入来源的部门结构，分为工业部门收入、农业部门收入、商业部门收入、交通运输部门收入、建筑部门收入、服务部门收入、其他部门收入，或第一产业收入、第二产业收入、第三产业收入等。三是按公共收入来源的地区结构，分为各区域或行政区划提供的公共收入。按不同标准对公共收入来源进行划分有不同的分析性意义，有关问题将在“公共收入结构”部分作进一步论述。

（三）按公共收入的管理要求分类

按公共收入的管理要求不同，可分为预算内公共收入和预算外公共收入。预算内公共收入是指列入政府一般预算中的公共收入，预算外公共收入即为置于政府一般预算以外单独管理的公共收入。但预算外收入的内涵和范围在各国并不完全相同，如美国的预算外（off-budget）收入是按法律规定不包括在政府预算总额中的财政活动，如社会保障信托基金、邮政服务收支等，这些所谓“预算外的财政活动”均限定在特定的领域，并有反映其收支状况的相对独立的预算，在必要时也可以与政府预算合并。

中国的预算外收入是指按国家财政制度的规定可以不纳入预算管理，由收入部门或单位自收自支的公共资金。相对而言，中国的预算外收入范围较广，规模较大，资金较分散，管理要求较低，几乎每个政府部门或单位均掌握有一定数额的预算外资金，这不利于对政府收入的规范管理。近年来，还出现了所谓“制度外”公共收入，即由政府部门的非政策性收费、摊派、集资形成，既不属于预算内也不属于预算外的公共性收入，从而进一步扩大了公共非预算资金的规模。

三、公共收入规模

（一）衡量公共收入规模的指标

公共收入规模是一定时期内（通常为1年）公共收入来源的总量。公共收入规模的大小，可以采用绝对量和相对量两类指标加以反映，前者适用于公共收入计划指标的确定、完成情况的考核及公共收入规模变化的纵向比较，后者适用于衡量公共收入水平、分析公共收入的动态变化及进行公共收入规模的纵横向比较分析。

由于衡量公共收入规模的相对指标反映政府对一定时期内新创造的社会产品价值总量的集中程度，因而具有较强的分析意义。这一指标一般表示为：

$$\text{公共收入占国民生产总值比重}=\frac{\text{一定时期内（1年）财政收入总额}}{\text{同期国民生产总值}}\times 100\%$$

其中分子根据反映对象和分析目的的不同，可以运用不同口径的指标，如中央政府公共收入、各级政府公共总收入、预算内公共收入、预算内和预算外公共总收入等，常用的是各级政府预算内公共总收入。同样的，分母也可运用不同口径的指标，如国内生产总值、国民收入等，分别表明公共收入占国内生产总值或国民收入的比重。

（二）影响公共收入规模的因素

谋求公共收入的增长，通常是一国政府财政活动的重要目标之一，尤其是在公共需求范围日益扩大的现代社会，保证公共收入增长更为各国政府所重视。但公共收入能有多大规模，能以何种速度增长，不是或不完全是以政府的意愿为转移的，它受各种经济和社会因素的制约和影响。这些因素主要有以下几个方面。

1. 生产力发展水平

生产力发展水平是影响公共收入规模的决定性因素。生产力发展对公共收入规模的影响表现为：生产力发展状况决定一国社会产品丰裕程度及其经济实力，它是形成公共收入的物质基础。从推动生产力发展的因素看，技术进步和经济管理水平的提高最为关键，它不仅增加社会产品及其净值——国民生产总值，而且降低消耗，提高人均产出比率和社会剩余产品价值率，因此，促进技术进步和提高经济管理水平将为公共收入的增长及收入水平的提高提供充分的财源。生产力发展与公共收入的关系表现为：前者是源，后者是流，源远则流长。

各国公共收入增长的实际情况表明，公共收入水平会随着经济的发展而逐步提高。如英、法、美等西方主要国家，19 世纪末公共收入占国民生产总值的比重一般为10%左右，而到 20 世纪末，则上升到 30%以上。从横向比较看，经济发展水平较高的发达国家公共收入水平一般要高于经济发展水平较低的发展中国家。根据世界银行发展报告统计，1995 年公共收入占国内生产总值的比重，低收入国家平均为 20.7%，下中等收入国家平均为 25.3%，上中等收入国家平均为 27.8%，高收入国家平均为 39%。

2. 经济管理体制和收入分配政策

在生产力发展水平一定的条件下，公共收入能有多大规模，还取决于一国的经济管理体制和收入分配政策。一般来说，实行计划经济体制的国家，政府在资源配置和收入分配上起主导作用，并会采取相应的收入分配政策使政府在一定的国民生产总值中掌握和支配较大的份额，从而公共收入规模较大，例如苏联、东欧国家以及改革开放前的中国。而实行市场经济体制的国家，政府活动定位于满足公共需要，市场机制在资源配置及收入决定中发挥基础性作用，收入分配政策的选择和实施以弥补市场缺陷为主，公共收入规模就相对较小。

即使在经济体制模式相似且经济发展水平相当的国家，由于社会传统、文化观念等的差别，政府也会实行不同的分配政策，从而在公共收入水平上体现出差别。如同为发达的市场经济国家，北欧各国与北美、西欧国家相比，前者的公共收入水平较高。再如，中国由于实行市场经济体制以及与之相适应的收入分配政策，公共收入占 GNP 的比重出现逐步下滑的局面，由原来的 30%以上，下降到目前的 15%以下。

3. 政府的职能范围

公共收入的筹集是为了满足政府实现其职能的需要，因而政府职能的宽窄影响公共收入的规模。从市场经济的发展看，公共需要呈逐步扩展的趋势，政府职能范围也在相应扩大，从而要求有更多的公共财力为政府活动提供保障。但在不同的国家或同一国家的不同历史时期，由于政治、经济、文化等原因，政府职能的范围存在着较大差别，公共收入的规模也会有较大差异。

4. 经济周期循环与宏观经济调控

经济增长不会总是均衡稳定的。在经济增长速度较快时期，经济活动会为公共收入提供较多的财源，而在经济增长率下降或出现负增长时，公共收入的增长会受到相应限制。同时，在一定的税制结构和公共收入体系下，公共收入的增长与经济周期的变化一般不会完全同步，如在以累进所得税为主的公共收入制度下，纳税人的适用税率会随其收入的变化而升降，因而在经济加速增长时，公共收入会以更快的速度上扬，而在经济增长速度减缓或下降时，公共收入同比会有更多的下滑。

为了保持经济稳定和促进经济增长，在经济周期的不同阶段，政府会采用不同的财政政策对宏观经济运行进行调控。一般是在经济衰退时期，采取降低税率、减轻税负的方式来刺激经济；在经济过热时期，实行增加税收的办法来抑制需求，从而使公共收入水平发生相应变化。

5. 价格因素

由于公共收入是在一定价格体系下形成的货币收入，因而价格水平及比价关系的变化会影响公共收入规模。价格水平的上涨或下跌会引起公共收入的虚增或虚减，在一定的公共收入制度下，当商品的比价关系向有利于高税商品变动时，公共收入会有更快的增长，反之，则会减少公共收入的份额。

此外，特定时期的社会政治状况也会引起公共收入规模的变化，如在发生内外战争时，国家必须动用各种财力以稳固政权或维护国家利益，因而公共收入规模会急剧扩大。

四、公共收入结构

公共收入的形式结构反映政府以税收和各种非税方式取得公共收入的构成状况。对公共收入进行结构分析，除了能充分把握公共收入的主导形式外，还有助于对各种收入形式的地位与作用的充分认识。

（一）公共收入的形式结构

1. 税收

在市场经济条件下，税收是公共收入的主要形式。在发达国家，税收一般占政府经常性预算收入总额的90%以上，是公共资金的主要来源。中国在向市场经济转轨的过程中，税收收入占政府预算收入的比重迅速上升，特别是在1983年、1984年实行两步“利改税”后，税收收入即成为预算收入的基本形式，占政府预算收入的比重达95%左右。

2. 公共收费

通过公共收费取得部分公共收入是各国通行的做法，合理的公共收费不仅有助于补偿政府的资金耗费，而且有利于公共费用的合理分担，并促使公共资源的合理利用。公共收费与地方政府的活动有较多的联系，因为公共收费是政府的一种准市场性行为，而地方政府的服务供给与受益者的联系较直接，因此可以较多地使用这一收入手段。如美国州及地方政府收费性收入占公共收入的比重通常达到15%左右，而联邦政府的收费性收入一般不超过10%。在中国，反映在预算内的公共收费（包括基金收入）规模并不大，但由各种政府性收费尤其是地方政府收费组成的预算外和制度外资金规模已经接近预算内资金规模，而且呈日益膨胀的趋势。

3. 国有资产收益

这是国家以生产资料所有者身份取得的收入。国有资产收益并非是公共的必然收入形式，尤其是从公共财政和效率的角度看，政府不应该从事以营利为目的的生产经营活动。政府提供公共商品的资金应通过税收或公共收费方式解决。但在现实中，一些国家（尤其是社会主义国家）的相当一部分公共收入都来自国有资产收益。因此，本书有关章节对生产性国有资产的论述并非在于理论上的合理性，而在于现实的必要性。

国有资产收益的规模和结构与一国的经济管理体制、收入分配制度和国有经济运行效益有关。如中国在计划经济时期，国有经济占据绝对优势，且政府对国有企业实行“统收统支”的做法，政府预算中由国有企业上缴利润形成的“企业收入”占有较高的比重，甚至超过了税收收入。但随着体制的转换、非国有经济成分的不断壮大以及国有企业利润分配制度的改革，国有资产收益在公共收入中的比重迅速下降，目前反映在预算内的“企业收入”已微乎其微。

4. 公债收入

无论是税收、公共收费还是国有资产收益，都属于公共的“现时”收入，当这种“现时”收入无法满足“现时”支出需要时，就有必要预支“未来”的收入，预支“未来”收入的主要形式就是发行公债。公债通常被视为一种非经常性公共收入，主要用于弥补公共收支的缺口。在现代经济生活中，公债发行的规模不仅取决于一般公共收支的状况，更重要的是取决于宏观经济调控的需要。因此，公债收入规模会呈现一定的波动性，即根据公共支出（包括偿债支出）或调控需要的不同而起伏。一般来说，当政府债务收入比重较高时，说明公共状况较差或财政宏观调控力度加大，相反，则财政状况较好或财政宏观调控力度减缓。

（二）公共收入的所有制结构

公共收入的所有制结构是指不同经济成分提供的公共收入的比重及其变化情况。通过对公共收入的所有制结构进行分析，有助于说明国民经济所有制构成及其变动对公共收入规模和结构的影响，从而采用相应的符合经济发展要求的公共收入政策。

显然，一个国家公共收入的所有制结构直接决定于该国的所有制结构。对于私有制国家而言，非公有制经济是国家经济的基础，也是财政最主要的收入来源；而对于公有制经济占主体的国家（如社会主义国家），公有制经济，尤其是国有经济就成为公共收入的主要来源。如在中国，国有经济是国民经济的主导，公共收入的50%以上来自国有经济，因此国有经济的运行状况及其效益对公共收入规模有重大影响。

随着一国社会经济的发展，尤其是政府职能的重新定位和国家经济布局的战略性调整，国民经济的所有制结构会发生相应变化，其中国有经济将逐步淡出一般竞争性产业，而主要集中于公共性、基础性和战略性产业，非国有及非公有制经济会有更大的发展空间。这种变化一方面制约公共收入的所有制结构；另一方面要求公共的收入政策和收入管理进行相应调整，以均衡财政负担，促进公平竞争，保证公共收入增长的稳定性和持续性。

（三）公共收入的部门结构

公共收入的部门结构主要反映国民经济各部门为政府提供收入的情况。对公共收入的部门结构分析可以从两个角度进行，一是按传统的部门划分方法分析工业、农业、商业、交通运输业、建筑业、服务业等提供公共收入的情况；二是按现代的部门划分方法分析第一产业、第二产业和第三产业提供公共收入的情况。这种分析不仅说明各经济部门对公共收入的贡献及贡献程度，而且能充分认识经济部门结构变动对公共收入的影响，把握财源建设的重点领域及其方向。

公共收入的部门结构与经济中的部门结构具有直接联系。在一般的农业国家里，农业比重较高，公共收入主要由农业部门提供；随着工业化的不断推进，工业部门提供的公共收入会相应增加，并成为公共收入的主要来源；在工业化走向现代化的过程中，商业服务业等第三产业会有更快的增长，其提供公共收入的比重也会迅速上升。

在一定的经济结构状况下，公共收入的部门构成还与价格体系与收入政策有关，最典型的是农业。农业是国民经济的基础，没有农业的发展，其他部门的发展及所能提供的公共收入都将受到制约。从这个意义上说，农业也是公共收入的基础。但农业从整体上看属于“弱质”产业，农产品在商品交换中也往往处于弱势地位，因此农业创造的价值通常会有一部分转移到工业或其他部门。在这种情况下，财政来自农业的账面收入就会低于其实际贡献程度。

现代的部门结构分类与传统的部门分类所依据的标准不同，但又是相互交叉的。一般理解，第一产业包括农业（包括种植业、养殖业和渔业）和采掘业，第二产业包括加工业和建筑业，第三产业包括上述部门以外的其他部门。把国民经济分为第一产业、第二产业和第三产业是国际通行的做法。从国际比较看，在发达国家，第三产业占GDP的比重已达60%以上，提供的公共收入占全部公共收入50%以上。目前，中国的第三产业还不够发达，但增长较快，占GDP的比重已超过30%，成为政府越来越重要的财源。

（四）公共收入的地区结构

公共收入按来源地的不同可以分为不同地域或行政区划提供的公共收入。从这一角度分析公共收入结构可以看出公共收入的地域分布状态，如一定量的中央公共收入来自各地区的比例，不同行政区划公共收入规模或水平的对比状态等。这种分析是认识区域经济差异和财政差异的重要途径，也是制定区域经济发展战略和公共分配政策的重要依据。

由于受历史机遇、地理条件、人口素质、经济政策及其他因素的影响，必然产生地区经济发展的不平衡，因此一国各地区的公共收入规模和结构必定存在差距。在中国，按东部、中部、西部三个地带划分，东部地区的公共收入水平明显高于中西部地区，而西部地区的收入水平最低。据测算，中央公共收入的70%以上来自东部地区。

地区间的经济发展和公共收入水平差距过大，既不利于资源的有效利用和收入的公平分配，也不利于社会政治局面的稳定。因此，各国大都采用税收政策、政府投资、转移支付等手段来促进经济相对落后地区开发，协调区域经济发展。如在中国实施的西部大开发战略，对于逐步缩小东西部地区之间的经济和公共收入差距都具有重大意义。

公共收入结构分析还可以从其他角度进行，如按公共收入是否进入政府预算进行预算内与预算外收入的关系分析，按公共收入级次分析中央财政与地方财政以及地方各级财政的关系，等等。这些分析均有其特定的意义和作用。

第二节　我国公共收入的态势

一、我国目前公共收入规模水平的分析和判断

（一）公共收入（预算内）规模水平

我们先来分析预算内的公共收入规模目前已达到的水平。从上面的分析我们得知，我国改革开放后预算内公共收入规模的变化经历了一个逐年下降而又逐年回升的历程，从1978年的31.2%，下降到1995年的10.7%，而后回升到2000年的15.0%、2001年的17.1%和2002年的18.5%。如果将公共收入中的企业亏损补贴（负收入）调整为列收列支，则2000年和2001年分别为16.66%和17.39%。如何评估一个国家的公共收入规模的高低？如同评估公共支出规模一样，一个国家的公共收入规模取决

于政治、经济、社会以及各国的历史文化传统和特殊国情等多种因素，所以各国的公共收入规模水平各不相同，而且差距很大，没有一种统一的和绝对的标准，也不可能有一种精确的模型来测算每个国家的公共收入规模的合理水平。一般的分析，只是采取同本国自身的纵向比较和同外国的横向比较的方法，分析公共收入规模的发展趋势，作为合理确定公共收入规模的参考值，最终仍然需要根据本国的国情通过政治程序来确定。

我国在改革开放前实行计划经济体制，国民收入分配实行统收统支体制，根据当时的实践曾总结出 2、3、4 的比例关系，即积累占国民收入的比重为 20%，公共收入占国民收入的比重为 30%，基建支出占公共支出的比重为 40%。由于当时是统收统支体制，公共收入占 GDP 的比重较高，最高年份曾达 39.3%（1960 年），改革开放前夕的 1978 年为 31.2%，所以市场化改革以后有所下降是必然的，只不过是下降的速度过快了一些，下降的幅度过大了一些，目前已经回升到接近 20%的水平，那么是否还要继续上升，或者说什么水平才是市场经济体制下的合理水平，这是我国当前需要思考和研究的一个重要的战略性问题，而我国曾经达到的最高水平是思考和研究这一问题的重要参考值。

从国际横向比较来看，1990 年这一比重美国为 34%，法国为 46.3%，英国为 44.4%，泰国为 21.3%，印度 1987 年为 20.5%，韩国 1992 年为 18.5%。我国仅就预算内公共收入的规模而言，目前仍然明显偏低，既低于发达国家，也还略低于发展中国家。当然，进行国际比较必须考虑统计口径的差异。主要是发达国家公共收入中社会保障类收入的比重较大，如美国 1990 年社会保障捐助占中央政府公共收入的 34.6%，占全部公共收入的比重大体为 20%左右，而我国的社会保障收入仍未纳入预算内统计。同发展中国家比较可以不考虑这一因素，因为这些国家的公共收入中往往没有这部分收入或者比重很小。

（二）政府收入（包括预算外）规模水平

问题还在于，分析我国的公共收入规模不能仅分析预算内的公共收入，因为还存在规模不小的预算外收入。我国 2000 年全部政府收入达 18 586.8 亿元，占 GDP 的比重已达 20.8%，其中预算内收入占 15%，预算外收入占 5.8%。如果再将企业亏损补贴调整为列收列支，则预算内收入占 GDP 的比重为 16.7%，全部政府收入占 GDP 的比重达 22.5%。此外，还要将没有统计数字的制度外收入这个因素考虑在内，因为制度外收入也归政府部门使用，并构成企业和居民的负担。如果根据我国全部政府收入占 GDP 的比重来判断，实际上已经接近我国计划经济时期公共收入规模的水平，也接近公共收入规模比较低的发达国家——美国的水平，已经高出发展中国家的平均水平。可以判断，我国公共收入规模虽然仍存在继续提高的余地，但结合全部政府收入规模来考察，则继续提高的空间已经不大，因此，思考和研究符合我国实际的合理的公共收入规模水平，已经提到战略性安排的议事日程。

二、合理调节公共收入规模的基本政策思路

（一）全面建设小康社会的奋斗目标，仍需适当增大国家财力，健全国家财政

我国改革开放后经过 20 多年的经济建设和经济改革，已经胜利实现了现代化建设“三步走”战略的第一步和第二步目标，人民生活总体上达到小康水平，这是中华民族发展史上的一个新的里程碑。但是，我国将长期处于社会主义初级阶段，目前的小康水平仍是低水平的、不全面的、发展很不平衡的小康，人民日益增长的物质文化需要同落后的社会生产之间的矛盾仍是我国社会的主要矛盾。生产力和科技教育还比较落后，工业化和现代化还需要较长的路程，城乡二元结构和地区差距尚未扭转，人口总量较大并面临人口老龄化的来临，就业和社会保障的压力增大，生态环境保护的任务日益加重，市场经济体制及相应的管理制度还不够完善，民主法制建设和思想建设以及全民素质还存在一些不容忽视的问题。中共十六大提出全面建设小康社会的经济目标是 GDP 到 2020 年力争比 2000 年翻两番，综合国力和国际竞争力增强。为了实现全面建设小康社会的目标，还提出 21 世纪前 20 年经济建设和改革的主要任务：走新型工业化道路，大力实施科教兴国战略和可持续发展战略，推进产业结构优化升级；全面繁荣农村经济，加快城镇化进程；积极推进西部大开发，促进区域经济协调发展；坚持和完善基本经济制度，深化国有资产管理体制改革；健全现代市场体系，加强和完善宏观调控；深化分配制度改革，健全社会保障体系；坚持“引进来”和“走出去”，全面提高对外开放水平；千方百计扩大就业，不断改善人民生活。为了实现全面建设小康社会的战略目标和完成 21 世纪前 20 年的主要任务，必须动员全社会力量多方面筹集建设资金，加大投入，而其中科教兴国、产业结构优化升级、农村发展、推进西部大开发和促进区域经济协调及健全社会保障体系等各方面，又必然要求加大政府的投入，因而近期内继续适度提高公共收入占 GDP 的比重仍然是必要的。

（二）进一步完善社会主义市场经济体制，要求合理调节公共收入占 GDP 的比重

社会主义市场经济体制的一个核心问题是使市场在资源配置中发挥基础性作用，而正确处理政府与市场在资源配置中的关系又是关键，为此必须继续完善国家宏观调控体系，加快政府职能的转变，切实把政府经济管理职能转到为市场主体服务和创造良好发展环境上来。坚持实行政企分开，将政府不该办的或者市场能够办的事情交给

市场来办，加快投融资体制改革，确立企业投资主体地位，行政审批制度走向制度化和规范化。因此，从完善市场经济体制的角度考虑，我国的公共收入规模不宜过大，目前过快的提升速度应适当加以调节，使公共收入规模控制在适当的空间。

所谓社会主义市场经济体制是要使市场在资源配置中发挥基础性作用，简要地说，就是凡是市场能做而且可以做得好的事情，都交给市场去做。我国市政公用事业市场化改革的制度创新，是一个很有借鉴意义的例证。众所周知，城市公用事业是一种公共服务性行业，经营得好也只应保本和微利，是否可能吸引民间投资呢？其实，民间投资的特性不只是追逐高利，而且更注重投资的安全性，而城市公用事业投资的风险很小，不愁没有市场，只要保持参照银行长期贷款利率水平的微利并给予必要的补贴，就足以吸引民间投资。民间投资参与多了，自然就可以削减政府投资，但这里的关键是转换政府的角色。过去政府是直接的投资者和经营者，又是管理者和调控者，集运动员和裁判员于一身，现在主要是管理者和调控者，政府的职责主要是制定符合市场经济运行的法规和政策，明确产权关系，公布招标法，确定合理价格（收费）与回报的关系，建立必要的补贴机制，实施有效的管理和监督等。

（三）调节公共收入规模的关键在于调节公共收入增长弹性和增长边际倾向

公共收入规模是用公共收入占 GDP 的比重来表示的，而每年的公共收入规模是由公共收入增长弹性和增长边际倾向决定的，我国公共收入增长弹性和边际倾向的变化是不规则、不稳定的。总的来说，增长弹性和增长边际倾向与公共收入占 GDP 比重呈正向关系，1979 年增长弹性和增长边际倾向陡降，公共收入占 GDP 比重下降了 2.85 个百分点，1996 年以后增长弹性和增长边际倾向持续上升，公共收入占 GDP 比重也持续上升。

（四）坚决取缔乱收费，继续进行税费改革，控制预算外收入增长

根据 2000 年数据计算，可计算的预算外收入占全部政府收入的 32.3%，占公共收入的 38.8%，对预算外资金，一是要加强“收支两条线”管理，切实纳入预算控制之内；二是继续进行税费改革，将可以规范为税收的收费纳入预算内。还要继续清理整顿没有确实统计数字的制度外收入，增加税基，保证税收的合理增长。

（五）对现行税制和税收政策继续进行有增有减的结构性调整

预算内公共收入主要来自税收收入，而近年来税收收入的快速增长带来了公共收入的快速增长，对近几年税收的快速增长必须有清醒的认识。我国税收收入占 GDP 的比重变化的趋势，同样是在改革开放初期一路下滑，从 1996 年开始转为上升，这种恢复性上升也是正常的，但随后直线上升，每年几乎上升 1 个多百分点，这种超常增长现象不能视为一种规律性。税收增长率与 GDP 增长率之间的弹性系数，从 1997 年起

开始大于1，1998—2002年5年间平均为2.43（2001年高达2.96），看来这种超常增长的势头短期内不会减退，这个弹性系数显然偏大，不应当也不可能长期继续下去。因为税收增长大幅度超出GDP的增长是一定时期特有的现象，而不是普遍规律。当我国市场经济体制基本建成时，经济发展走向健康稳定增长，税收征管趋于完善和规范，税收与GDP将趋于同步增长，即税收收入主要依靠经济增长带来的自然增长，税收占GDP的比重将趋于相对稳定。但是，根据目前的政治经济形势又不适于实行全面减税政策，最佳途径是对现行税制进行有增有减的结构性调整。有增有减的结构性调整，不是全面的减税，而是通过税基和税率的调整适当地控制税收大幅度增长。

（六）兼顾“以收定支”和“以支定收”方针，确定公共收入规模的合理区间

从上面的分析可知，一个国家的公共收入规模受经济的、政治的、社会的以及历史文化和特殊国情各方面多种因素的影响，不可能用一个简单的数字来确定，而是必须全面考虑各种影响因素的综合作用。我国从古至今，一向存在所谓“以收定支”还是“以支定收”的争论，这种争论犹如蛋生鸡还是鸡生蛋的争论一样，不会有任何结论，也无助于解决合理的公共收入规模问题。其实，收与支是矛盾统一的两个方面，不存在谁决定谁的问题，而是相互制约、相互牵动的关系，以收定支和以支定收不是绝对的，二者都是一定时期和一定条件下的政策问题。比如，计划经济时期，一切取决于统一的计划，所以执行以收定支、略有结余的方针，在预算安排上不允许打赤字，是毋庸置疑的。改革开放以后，进入由计划经济体制向市场经济体制的转轨时期，在经济体制转轨时期的一个核心问题是要合理处理政府与市场的关系，这样就需要先调整好政府与市场的关系，在此基础上确定公共支出规模，而后再确定税收的负担水平；当税收制度和税收征管走向法制化和规范化之后，税收收入规模又反过来制约政府支出规模。

从总体上看，我国长远的经济发展战略、目前的经济发展水平和当前的方针政策，同时以纵向对比和横向对比作为参照值，是确定我国合理公共收入规模的主要依据。我国虽然仍是一个发展中国家，但我国是一个大国，人均收入已经达到中等收入国家水平，目前又处于奔向全面小康的快速发展时期，因而我国的公共收入规模适当高于发展中国家的平均水平是必要和可能的，但又不应高出我国计划经济时期的水平（1978年公共收入占GDP的比重为31.2%）和发达国家中较低水平的国家——美国的水平，如加入社会保障收入为35%左右。由此判断，我国公共收入规模可定为30%上下的区间为宜，如果加入社会保障收入则最高不宜超过35%。

本章小结

1. 政府取得财政收入的形式有税收、行政收入、公债、国有资产收益等，其中，税收是一国财政收入最主要的形式。

2. 在现代经济生活中，公债发行的规模不仅取决于一般财政收支的状况，更重要的是取决于宏观经济调控的需要。因此，公债收入规模会呈现一定的波动性，即根据财政支出（包括偿债支出）或调控需要的不同而起伏。一般来说，当政府债务收入比重较高时，说明财政状况较差或财政宏观调控力度加大，相反，则财政状况较好或财政宏观调控力度减缓。

3. 由于受历史机遇、地理条件、人口素质、经济政策及其他因素的影响，必然产生地区经济发展的不平衡，因此一国各地区的财政收入规模和结构必定存在差距。在中国，按东部、中部、西部三个地带划分，东部地区的财政收入水平明显高于中西部地区，而西部地区的收入水平最低。据测算，中央财政收入的70%以上是来自东部地区。

4. 谋求财政收入的增长，通常是一国政府财政活动的重要目标之一，尤其是在公共需求范围日益扩大的现代社会，保证财政收入增长更为各国政府所重视。但财政收入能有多大规模，能以何种速度增长，不是或不完全是以政府的意愿为转移的，它受各种经济和社会因素的制约和影响。

名词解释和思考题

一、名词解释

财政收入　　国有资产收益　　规费收入　　财政收入结构　　公债　　税收

二、思考题

1. 简述我国财政收入占GDP比重的变化趋势。
2. 为什么说经济发展水平和技术进步对财政收入规模起决定作用？
3. 分析价格变化对财政收入的影响。
4. 从财政收入结构分析来思考我国增加财政收入的途径。

第九章

税收及税收制度

本章要点：

通过本章的教学，应使学生掌握税收的概念、税收的原则、最适课税等基本理论问题；弄清影响税收负担水平的因素及税收负担运动的一般规律；理解税收公平原则中的利益说与支付能力说，税收超额负担的概念及影响因素等。

第一节　税收基本原理

一、税收的概念和基本特征

（一）税收的概念

税收是国家为实现其职能，凭借政治权力，按照法律规定，通过税收工具强制地、无偿地参与国民收入和社会产品的分配和再分配取得财政收入的一种形式。取得财政收入的手段多种多样，如税收、发行货币、发行国债、收费、罚没，等等。而税收则由政府征收，取之于民、用之于民。

（二）税收的基本特征

税收的基本特征包括三个方面，即税收的强制性、无偿性和固定性。这“三性”是税收区别于其他财政收入的基本特征，不同时具备“三性”的财政收入就不能称其为税收。

1. 税收的强制性

税收的强制性指的是征税凭借国家政治权力，通常颁布法令实施，任何单位和个人都不得违抗。负有纳税义务的社会集团和社会成员，都必须遵守国家强制性的税收法令，在国家税法规定的限度内，纳税人必须依法纳税，否则就要受到法律的制裁，这是税收具有法律地位的体现。强制性特征体现在两个方面：一方面税收分配关系的建立具有强制性，即税收征收完全是凭借国家拥有的政治权力；另一方面是税收的征收过程具有强制性，即如果出现了税务违法行为，国家可以依法进行处罚。税收的强制性是税收作为一种财政范畴的前提条件，也是国家满足社会公共需要的必要保证。

2. 税收的无偿性

税收的无偿性指的是国家征税以后，税款即为国家所有，既不需要偿还，也不需要对纳税人付出任何代价。无偿性体现在两个方面：一方面是指政府获得税收收入后无须向纳税人直接支付任何报酬；另一方面是指政府征得的税收收入不再直接返还给纳税人。税收无偿性是税收的本质体现，它反映的是一种社会产品所有权、支配权的单方面转移关系，而不是等价交换关系。税收的无偿性并不是绝对的，针对具体的纳税人来说，纳税后并未获得任何报酬，从这个意义上来说，税收不具有偿还性；但若从财政活动的整体来考察，税收的无偿性与财政支出的无偿性是并存的，这里又反映出有偿性的一面。

3. 税收的固定性

税收的固定性指的是征税前就以法律的形式规定了征税对象以及统一的税率比例或数额，并只能按预定的标准征税。即纳税人、课税对象、税目、税率、计价办法和期限等都是税收法令预先规定了的，有一个比较稳定的使用期间，是一种固定的连续收入。对于税收预先规定的标准，征税和纳税双方都必须共同遵守，非经国家法令修订或调整，征纳双方都不得违背或改变这个固定的比例或数额以及其他制度规定。但对税收的固定性也不能绝对化。课税标准的改动是必然的，因为唯此才能使税收制度更为合理和科学。所以税收的固定性实质上是指征税有一定的标准，而这个标准又具有相对稳定性。

二、税收术语

(一) 纳税人

纳税人又称为纳税主体，它是指税法规定的负有纳税义务的单位和个人。纳税人可以是自然人，也可以是法人。所谓自然人，一般是指公民或居民个人，如月工资达到应税所得额的我国公民，就是个人所得税的纳税人。所谓法人，是指依法成立并能独立行使法定权利和承担法定义务的社会组织，主要是各类企业，如我国的国有企业、集体企业和私人企业等都是企业所得税的纳税人。与纳税人有联系的一个概念是负税人。负税人是指最终负担税款的单位和个人，它与纳税人有时是一致的，如在税负不能转嫁的条件下；有时是分离的，如在税负可以转嫁的条件下。

(二) 课税对象

课税对象又称税收客体，它是指税法规定的征税的目的物，是征税的根据。每一种税都必须明确对什么征税，每种税的课税对象都不会完全一致。课税对象是一种税区别于另一种税的主要标志。与课税对象相联系的一个概念是税源。税源是指税收的经济来源或最终出处，各种税有不同的经济来源。与课税对象相联系的另一个概念是税目。税目是课税对象的具体项目或课税对象的具体划分。税目规定了一个税种的征税范围，反映了征税的广度。

(三) 课税标准

课税标准指的是国家征税时的实际依据，或称课税依据。如所得额、商品流转额、财产净值等。征税对象形态各异，有的是商品，有的是所得，有的是财产，而仅就商品而言，又有不同的种类，国家征税必须以统一的标准对课税对象进行计量，如将商品按其货币价值统一衡量，否则便无法进行。同时，国家出于政治和经济政策的考虑，并不是对课税对象的全部课税，往往允许纳税人在税前扣除某些项目，如个人所得中的基本生计费用部分，因而也需要对课税对象予以计量，核算出实际征税的依据。确定课税标准，是国家实际征税的重要步骤。

(四) 税率

税率是指国家征税的比率。课税对象与税率的乘积就是应征税额，反过来说，税额与课税对象之比即为税率。税率是国家税收制度的核心，它反映征税的深度，体现国家的税收政策。一般来说，税率可划分为比例税率、定额税率和累进税率三类。

1. 比例税率

比例税率是对同一课税收象，不论其数额大小，统一按一个比例征税。同一课税对象的不同纳税人税负相同。在具体运用上，又分为行业比例税率、产品比例税率和地区差别比例税率几类。比例税率具有鼓励生产、计算简便、便于征管的优点，一般应用于流转课税；其缺点是有悖于量能纳税原则，且具有累退性质。

2. 定额税率

定额税率也称固定税额，它是按课税收象的一定计量单位直接规定一个固定的税额，而不规定征收比例。按征税对象的计量单位直接规定应纳税额的税率形式，征税对象的计量单位可以是自然单位，也可以是特殊规定的复合单位。如现行税制的资源税中盐以吨数作为计量单位，天然气以立方米为计量单位。采用定额税率征税，税额的多少同征税对象的数量成正比。

3. 累进税率

累进税率是按课税对象数额的大小，划分若干等级，每个等级由低到高规定相应的税率，课税对象数额越大税率越高，数额越小税率越低。累进税率因计算方法的不同，又分为全额累进税率和超额累进税率两种。全额累进税率是把课税对象的全部按照与之相对应的税率征税，即按课税对象适应的最高级次的税率统一征税。超额累进税率是把课税对象按数额大小划分为不同的等级，每个等级由低到高分别规定税率，各等级分别计算税额，一定数额的课税对象同时使用几个税率。

比例税率、定额税率、累进税率都是法律上的税率形式，即税法中可能采用的税率。若从经济分析的角度考察税率，则有另外的种类或形式，主要包括名义税率、实际税率、边际税率、平均税率等。名义税率即为税率表所列的税率，是纳税人实际纳税时适用的税率。实际税率是纳税人真实负担的有效税率，在没有税负转嫁的情况下，它等于税收负担率。有些税种由于实行免税额、税前扣除和超额累进征收制度，纳税人负担的税款低于按税率表上所列税率计算的税款，形成名义税率与实际税率偏离。边际税率本来是指按照边际效用相等原则设计的一种理论化税率模式，其主要功能是使社会福利牺牲最小，实质上是按照纳税人收益多寡分等级课税的税率。

（五）起征点与免征额

1. 起征点

起征点，又称“征税起点”或“起税点”，是指税法规定对课税对象开始征税的起点数额。课税对象的数额未达到起征点的不予征税，达到起征点的就全部数额征税。根据起征界限的不同，起征点分为起征价额和起征税额。以课税对象的价值金额作为开始征税起点数额的，称为起征价额；以应征税额作为开始征税起点数额的，称为起征税额。根据起征界限的数额不同，起征点又可分为幅度起征点和额度起征点。对课税对象的价值金额只规定一定幅度作为开始征税起点的，称为幅度起征点；对课税对象的价值金额规定具体数额作为开始征税起点的，称为额度起征点。

2. 免征额

免征额是税法规定的课税对象全部数额中免予征税的数额，是对所有纳税人的照顾。规定免征额是为了照顾纳税人的最低需要，使税收负担更加合理和公平。课税对象的数额小于免征额时不予征税，大于免征额时对课税对象超过免征额部分的部分数额征税。凡规定有免征额的税种，在征税时应先从纳税人的全部课税对象数额中扣除免征额，然后就其超过免征额的部分，按照规定的税率计算应纳税额。

起征点与免征额有相同点，即当课税对象小于起征点和免征额时，都不予征税。两者也有不同点，即当课税对象大于起征点和免征额时，采用起征点制度的要对课税对象的全部数额征税，采用免征额制度的仅对课税对象超过免征额部分征税。在税法中规定起征点和免征额是对纳税人的一种照顾，但两者照顾的侧重点显然不同，前者照顾的是低收入者，后者则是对所有纳税人的照顾。

（六）课税基础

课税基础又简称税基，指建立某种税或一种税制的经济基础或依据。税基不同于课税对象，如商品课税的课税对象是商品，但其税基则是厂家的销售收入或消费的货币支出。税基也不同于税源，税源总是以收入的形式存在的，但税基却可能是支出。税基、课税对象、税源在一定情况下可能是一致的，但这三个概念在含义上的差别是明显的。税基选择是税制设计的重要内容，它包括两个方面的问题：其一是以什么为税基，现代税收理论认为以收益、财产为税基是合理的，但也有一种观点认为以支出为税基更为科学；其二是税基的宽窄问题，税基宽则税源厚，税款多，但也会造成较大的副作用；税基窄则税源薄，税款少，但对经济的不利影响也较小。正确界定税基是保证税收作用充分发挥的必要条件。如果仅从税基宽窄角度考虑问题，税基大体相当于征税范围，即征税广度。

三、税收分类

（一）根据课税对象的性质分类：所得课税、流转课税和财产课税

按照课税对象的性质可将各税种分为所得课税、流转课税和财产课税三大类。所得课税是指以纳税人的净所得（纯收益或纯收入）为课税对象的税收，一般包括个人所得税、企业所得税等。在西方国家，社会保障税、资本利得税等一般也划入此类。流转课税包括所有以商品为课税对象的税种，如增值税、营业税、消费税、关税等。财产课税是指以各类动产和不动产为课税对象的税收，如一般财产税、遗产税、赠与

税等。我国税种一般分为所得课税、流转课税、资源课税、行为课税和财产课税五大类。

（二）根据税负能否转嫁分类：直接税与间接税

直接税与间接税的划分是以税负能否转嫁为标准，凡是税负能够转嫁的税种，归属于间接税，凡是税负不能转嫁的税种，归属于直接税。一般认为，所得税和财产税属于直接税，流转税属于间接税。税收分类标准的这一变化，使将税种分为直接税和间接税这种划分方法，由过去仅是对税制的简单描述上升为一种经济分析理论。

（三）根据课税标准分类：从量税与从价税

按照课税标准分类，可将税收划分为从量税和从价税。按课税对象的数量、重量、容量或体积等计算的税种称为从量税；按课税对象的价格计算的税种称为从价税。从量税的税额随课税对象数量的变化而变化，计算简便，但税负水平是固定的，是不尽合理的，因而只有少数税种采用这种计税方法，如我国的资源税、车船税等。比较而言，从价税更适应商品经济的要求，同时也有利于贯彻国家税收政策，因而大部分税种都采用这一计税方法。

（四）根据税收与价格的关系分类：价内税与价外税

以税收与价格的关系为标准，可将税收分为价内税和价外税。凡税金构成价格组成部分的，称为价内税，凡税金作为价格之外附加的，称为价外税；与之相适应，价内税的计税依据称为含税价格，价外税的计税依据称为不含税价格。一般认为，价外税比价内税更容易转嫁，价内税课征的侧重点为厂家或生产者，价外税课征的侧重点是消费者。

（五）根据税种的隶属关系分类：中央税与地方税

中央税和地方税是按税种的隶属关系划分的。中央税和地方税的划分方法因国家政体和管理体制的不同而有所不同。有些国家的地方政府（州、省、县等）拥有税收立法权，可以自行设立税种，这类税种显然就是地方税，而中央政府开征的税种就是中央税，中央税与地方税的隶属关系是十分明确的。有些国家的税种是由中央政府统一设立的，但根据财政管理上的需要，特别是为了调动地方的积极性，划出一部分税种给地方，其管理权和使用权限也相应下放给地方，从而形成另外一种类型的地方税。此外有的国家还设立共享税，这样税收收入由中央和地方按一定比例分成。

四、税收原则

（一）税收应以公平为本

公平合理是税收的基本原则和税制建设的目标。一般地理解税收公平包括普遍征

税和平等征税两个方面。

1. 普遍征税

所谓普遍征税，通常指征税遍及税收管辖权之内的所有法人和自然人，换言之，所有有纳税能力的人都应毫无例外地纳税。所谓的普遍征税原则也称税收普遍原则，它是税收原则之一。普遍征税原则要求在纳税义务方面没有特权阶层，对所有人一视同仁征税，排除各类区别对待措施，只以是否发生纳税义务作为判定是否交税的标准。但是普遍征税的原则也非绝对，国家出于政治、经济、国际交往等方面的考虑，也会给予某些特殊的纳税人以减免税照顾，这只是对普遍征税原则的灵活运用，例如对外交使节的税收豁免待遇就是出于避免国际双重征税的需要。

2. 平等征税

所谓平等征税，通常指国家征税的比例或数额与纳税人的负担能力相称。具体有两个方面的含义：纳税能力相同的人同等纳税，即所谓“横向公平”；纳税能力不同的人纳税不同，即所谓“纵向公平”。必须说明，上面所提到的纳税能力，一般是以所得为代表。

（二）征税必须考虑效率的要求

征税不仅应是公平的，而且应是有效率的。这里的效率包括两层意义：一是指征税过程本身的效率，即较少的征收费用、便利的征收方法等；二是指征税对经济运行效率的影响，宗旨是征税必须有利于促进经济效率的提高，有效地发挥税收的经济调节功能。

征税过程本身必须有效率，必须以尽可能少的征收费用获得尽可能多的税收收入，征收费用与税收收入的比值越小越好。通过征税促进经济效率的提高是更高层次的税收效率。税收作为一种重要的再分配工具，可以在促进资源配置合理化、刺激经济增长等方面发挥作用，但也可能扭曲资源配置格局，阻碍经济发展。如果税收起的是前一种作用，就是有效率的，如果税收的作用属于后一种，就是无效率的。税收是否有效率必须结合经济运行本身的效率考察，假如经济运行本身已是高效率的，税收活动就应以不干扰经济运行为有效率，假如经济运行是低效率乃至无效率的，税收效率则体现在它对经济运行的影响和干预上。

（三）税收的公平与效率的两难选择

1. 税收的公平与效率密切相关

税收的公平与效率是密切相关的，从总体上讲，税收的公平与效率是互相促进、互为条件的统一体。

2. 效率是公平的前提

税收效率原则是指税收活动要有利于经济效率的提高。如果税收活动阻碍了经济发展，影响了GDP的增长，尽管是公平的，也是没有意义的。因为税收作为一种分配手段是以丰裕的社会产品为基础的，而没有效率的公平便成了无本之木。所以，真正的公平必须融合了效率的要求，必须是有效率的公平。

3. 公平是效率的必要条件

税收公平原则是指纳税人的法律地位必须平等，税收负担在纳税人之间进行公平分配。尽管公平必须以效率为前提，但失去了公平的税收也不会是高效率的。因为税收不公平必然会挫伤企业和个人的积极性，甚至还会引致社会矛盾，从而使社会生产缺少动力和活力，自然也就无效率可言。因此，真正的税收效率必须体现公平的要求，至少必须是大体公平的。

4. 同时兼顾公平与效率两个方面的税制才是最好的税制

只有同时兼顾公平与效率两个方面的税制才是最好的税制，这是无须证明的。但就具体的税种来说，往往不是低效率、高公平，就是高效率、低公平，高效率、高公平的最优结合是少有的。就某一具体的财政政策来说，往往不是以效率为主导，就是以公平为核心，两者并重并不一定是理想状态。因此，对税收公平与效率的研究必须跳出具体的一个税种或某项税收政策的圈子，而要从整个税制或税收总政策来思考。

5. “效率型”税制更适合发展中国家，“公平型”税制更适合发达国家

发展中国家实行“效率型”税制比之实行“兼顾型”税制更能促进本国经济腾飞，发达国家实行“公平型”税制更有益于社会安定。总之，把税制的设计同本国的具体情况和长远发展战略结合起来，显然是对公平与效率二者更深层次和更高层次的兼顾。

第二节　税收制度

一、税收制度的概念和类型

（一）税收制度的概念

税收制度是指一国征收一种税还是多种税的税制。在一个税收管辖权范围内，只征收一种税的税制称为单一税制，同时征收两种以上税种的税制称为复合税制。当今世界各国普遍实行的是复合税制。

（二）税收制度的类型

1. 单一税制

单一税制并没有在哪个国家真正实施过，只是在理论上不断出现这种主张。单一

税制的理论主张较多，有单一消费税、单一土地税、单一财产税、单一所得税等。这些单一税制论都与不同时期的政治主张、经济学说相呼应，其理论依据及其经济基础各有差异。

2. 复合税制

复合税制是世界各国普遍采用的税制，其原因主要是这种税制符合经济运行的要求。就复合税制本身而言，在税制体系内部税种之间，有相互协调、相辅相成的作用。就财政收入而言，税源广、灵活性大、弹性充分。就税收政策而言，具有平均社会财富、稳定国民经济的功能。就税收负担而言，既公平合理又普遍。因此，复合税制是一种比较科学的税收制度。当然，复合税制也不是一出现就很完备，既有它的历史发展过程，又有它的完善条件或标准。

二、税制结构

（一）税制结构的概念

税制结构是指一国各税种的总体安排。只有在复合税制类型条件下才有税制结构问题。在税制结构中，不同税种的相对重要性差异很大，形成了不同的税制模式。税制模式是指在一国的税制结构中以哪类税作为主体税种。税制结构特别是其中的主体税种（税制模式），决定着税制系统的总体功能。

（二）税制结构的演变

纵观人类社会经济发展的历史，税制结构的演变过程是：以简单的直接税为主的税制结构，发展到以间接税为主的税制结构，再发展到以现代直接税为主的税制结构。

1. 以简单的直接税为主的税制结构

这是早期奴隶制和封建制国家实行的税制模式。在当时自然经济处于统治地位，商品经济处于从属地位的情况下，国家无法从其他方面课征足够的税收，只能以土地和人口作为征税对象，采用直接对人或物课征的人头税、土地税、房屋税、户税等直接税形式保证政府取得必要的收入。

2. 以间接税为主的税制结构

资本主义发展之初，西方国家奉行自由放任的经济政策，税收政策主要遵循中性原则，把追求经济效率作为首要目标。一方面对国内生产、销售的消费品课征国内消费税，以代替原先对工商产业直接征收的工商业税，从而减轻了资本家的税收负担；另一方面，为保护本国资本主义工商业，对国外制造和运输的进口工业品课以关税。这时的税制结构，一般称为以关税为中心的间接税制。

3. 以现代直接税（所得税）为主的税制结构

随着资本主义的日益发展，以关税为主的间接税制逐渐暴露出了其与资产阶级利益之间的冲突：保护关税成了资本主义自由发展和向外扩张的桎梏；对生活必需品课税，保护了自给的小生产者，不利于资本主义完全占领国际市场；间接税的增加还会提高物价，容易引起人民的反抗，动摇资产阶级的统治，更满足不了战争对财政的巨大需求。与此同时，资本主义经济的高度发展，也带来了所得额稳定上升的丰裕税源，为实行所得税创造了前提条件。因此，第一次世界大战前后，西方各国相继建立了以所得税为主体税种的税制结构。

（三）税制结构的决定因素

综观世界各国税制结构的历史演变和现状，决定税制结构的主要因素可以概括为经济发展水平、征收管理能力、财政支出结构、税收政策目标以及相邻国家的示范效应等。

1. 经济发展水平

经济发展水平越高（低），人均收入越高（低），所得税和社会保障税的收入占税收收入总额的比重越高（低）。这在很大程度上说明了为什么工业化国家以所得税为主，而大多数发展中国家以商品税为主的原因。

2. 征收管理能力

会计制度越完善，征收管理手段越先进，诚信纳税程度越高，所得税的收入比重越高；相比之下，商品税的收入比重在发展中国家比较高，其中的一个重要原因是商品课税在管理上要比所得课税更容易些。

3. 财政支出结构

财政支出结构对税制结构的影响，主要体现在专税专用的情况下，如果某项财政支出的需求较大且所占份额较高，那么，为此融资的相应税种的收入比重也会随之较高。最典型的例子就是社会保障税。

4. 税收政策目标

理论上一般认为，间接税比所得税更有利于经济增长，而所得税比间接税更有利于公平收入分配。所以，旨在促进经济增长的发展中国家，一般采取以间接税为主的税制结构；旨在公平收入分配的发达国家，一般采取以所得税和社会保障税为主的税制结构。

5. 相邻国家的示范效应

一国的税制结构在一定程度上也受周边国家税制结构的影响，这种示范效应涉及资本、劳动力、商品在相邻国家间的流动。

（四）各国税制结构的趋同趋势

各国在经济全球化背景下的各种经济政策和体制变革，如市场取向改革趋势，新兴“政府市场观”在政府经济决策中的积极作用，应对多边规则进行的各种经济政策的适应性调整等，必然导致各国税制结构的趋同化。就税制与税种的基本结构而言，长期以来，发达国家多以所得税为主体税种（包括个人所得税和公司所得税），发展中国家多以流转税（包括增值税、货物与劳务税等）为主体税种。这是由各自不同的经济、社会和文化条件决定的。但随着经济全球化进程的推进，发达国家与发展中国家的税制差异正在缩小。

就主体税种与税制结构的变化而言，20 世纪 90 年代以来，各国税制经过不断改革和调整，已出现了趋同化倾向。表现在：发达国家在原以所得税（个人所得税）为主体的基础上增加了间接税的比重；发展中国家在原以间接税（增值税）为主体的基础上引入直接税，发挥其“内在稳定器”等调节功能调节社会收入分配。各国税制不同程度地出现双主体的趋同性，兼重直接税和间接税的聚财与调节功能。另一个重要趋同点是，社会保障税受到各国的普遍重视，有扩大征收趋势。目前发展中国家已普遍开始重视社会保障税，但发展仍不平衡。该税种对于经济发展和社会稳定所起的作用，受到各国政府的高度重视。此外，世界各国还普遍开征了财产税、遗产税和赠与税等。

第三节　税制体系

现行税制体系是以流转税与所得税并重，其他税类为辅助税种的复税制体系。这个复税制体系可以使我国税收多环节、多层次地发挥作用。

一、流转税

（一）流转税概述

1. 流转税的定义

所谓流转税，也称商品流转税，是指对商品的流转额和非商品营业额（提供个人和企业消费的商品和劳务）课征的各税种的统称。商品流转额，是指在商品生产和经营过程中，由于销售或购进商品而发生的货币金额，即商品销售收入额或购进商品所支付的金额；非商品流转额，是指非商品经营的各种劳务所发生的货币金额，即提供劳务所取得的营业服务收入额或取得劳务所支付的货币金额。当前中国开征的增值税、消费税、营业税和关税等都属于商品流转税。

2. 流转税的特点

(1) 税收负担的间接性。一般地，政府对企业课征流转税，企业再通过市场交易，将税负全部或部分转嫁给消费者，因此，对于消费者个人来说，税收负担具有间接性。流转税的纳税人经常与负税人分离，因此，其税负的承担者往往并不直接感受到自己是税收的实际交纳者，而纳税人只不过是整个税收活动的中间者而已。同时，负税人对于税负增减的感受程度，也相对弱于所得税的负税人。增加流转税所受到的反对程度相对较小，原因就在于此。

(2) 流转税直接影响市场活动。流转税是对商品和劳务的市场活动直接征税，纳税环节的确定、差别税率的运用、税收的减免等，都会直接影响商品和劳务的供需对比状况，促进或阻碍政府的产业政策目标和其他目标的实现。

(3) 流转税一般具有累退性质。流转税一般实行比例税率，纳税人的税负随着消费的增加而下降，随着个人收入的增加而下降。这是因为，同样的消费，穷人要用自己较大份额的收入去承担税负，而富人只要用其收入的较少份额就足以应付税收的课征。从这个意义上说，穷人的税负重。因此，当社会公平问题被予以较多关注时，必须注意降低此类税收在税制结构中的地位。

(4) 税收征管相对简便。流转税主要是对生产经营的企业课征的。由于企业规模较大，税源相对集中，征收管理也比较方便，因此，相对于个人课征的所得税而言，流转税的计算是较为简单方便的。

(5) 流转税收入较为稳定。与所得税相比，流转税的税收收入较为稳定。这是因为，流转税只要有市场交易行为发生就要课税，因而不受或较少受到生产经营成本的影响；而所得税只有在市场交易行为之后有净收入时才能课税，一旦亏损就不用纳税。

3. 流转税的分类

根据不同的标准，可以对流转税进行多种分类。

(1) 根据课税范围大小分类。根据课税范围的大小，可以将流转税分为三种：一是对大部分的消费品课税；二是对全部的消费品课税，而不对资本品课税；三是对部分选定的消费品课税，如只对烟、酒和汽油等消费品课税。

(2) 根据课税环节分类。根据课税环节的多少，可以分为单环节课税和多环节课税。前者是指在商品的生产、批发、零售三个环节中任选一个环节进行课税，而非对商品从产到销的整个过程的所有环节都进行课税。后者是指在产品从产到销的整个过程中，就其两个或两个以上的环节课税。

（3）根据计税方式分类。根据课税的计税方式的选择，可以分为从价税和从量税。前者是以商品和劳务的价格作为课税标准。后者则以商品和劳务的数量、重量、容量和容积等为课税标准，按照一定的单位进行计征，又称单位税。与从价税相比，从量税比较简单易行，只要对其数量乘以相应的单位税额就可以了。从量税与价格无关，它不会随物价的变动而相应地变动。

（4）按课税方法分类。根据课税方法的不同，可以分为对商品生产过程中的生产数量（金额）计征的流转税和根据课税商品流通的实际数量（金额）计征的流转税。

近几十年来，流转税表现出两个演变趋势：一是从周转税向增值税过渡；二是随着增值税的推广，流转税在各国税制中的重要性得到增强。

（二）增值税

1. 增值税的概念

所谓增值税（value-added tax，VAT），是流转税的一种形式，其课税依据是课税商品或劳务在产销的每一阶段新增的价值。换言之，增值税是以商品和劳务价值的增值中的增值额为课税对象而征收的一种流转税。增值税是针对周转税的缺点而设计的一种新税。周转税尽管有着征收多环节间接税的简便易行、税收收入有保证等优点，但又是与效率原则相悖的。而增值税与周转税相比较，避免了重复征税，更符合税收的中性原则。目前国际上增值税已经形成相当系统、完善和规范的课征制度。

2. 增值税的种类

根据计税时企业购买的固定资产金额能否扣除以及如何扣除，可以将增值税分为三种类型：（1）生产型增值税，又称毛入型增值税。企业不能扣除购入的固定资产总额，也不能扣减折旧。（2）收入型增值税，也称净收入型增值税。企业只能扣除固定资产的折旧额计税。（3）消费型增值税。企业可以扣除包括购入固定资产在内的所有金额进行计税。理想的增值税就是这种类型的增值税。以上示例中的增值税就属于消费型增值税。

3. 增值税的缺陷

增值税的缺陷主要有：（1）受种种因素干扰，增值税在实行过程中不得不允许多种减免与扣除，增值税税率难以实行单一税率，这在某种程度上抵消了增值税经济作用的发挥。（2）增值税无法解决间接税的累退性问题，特别是理想中税基较广的增值税就更是如此。而且增值税作为一种间接税，其税负也将通过转嫁而最终由消费者所承担。广税基的增值税又导致了税负较多地由穷人承担，加剧了增值税的不符合公平的程度。（3）增值税在征管上，既有其优点，又有缺点。增值税在所有流转税类中征收管理的难度最大，要求有较高的征收管理水平。如果没有较高的征收管理水平，在所有流转税类中增值税税收收入最容易流失。

4. 增值税的基本计算办法

(1) 加法。增值税的加法计算方法，是直接将企业一定期间的工资、租金、利息和利润加在一起，得出增值额，乘以税率后得到税额。其基本计算公式为：

应纳税额=(工资+利息+租金+利润+其他增值项目)×增值税适用税率

(2) 减法。增值税的减法计算方法，要求以销售收入减去购货支出，作为增值额，乘以税率后得到税额。其基本计算公式为：

应纳税额=(销售金额－非增值项目金额)×增值税适用税率

(3) 抵免法。增值税计算的抵免法，是企业就本期销售收入乘以税率，得出税额；再从中减去同期各项进货已纳税额，得出应纳税净额。这种方法不必计算出增值额，适应现实，较为简便易行，得到广泛的运用。中国增值税制也采用此法。抵免法，也称发票法 (invoice method)，它往往要求在各企业之间的销售发票上，单独开列税款，以便买方在计算自己应纳税款时知道应该抵免多少税额。每一企业在办理抵免税款时，必须以销售方的纳税发票作为依据。这样，发票法因可以督促购买方向销售方索取发票，起到自我约束、互相牵制的作用。因发票可以起到抵免税额的作用，发票法的顺利实行要求准确填列相关发票并防止假发票的出现。中国在增值税制的实行过程中，就因为增值税专用发票的问题，而导致相当大税额的流失。

(三) 营业税

1. 营业税的概念

营业税是流转税的一种形式。企业有了商品销售行为，一般要交纳营业税，所以营业税也称为销售税或营业行为税。营业税的征收环节有单一环节和多环节之分。多环节营业税，要求在商品流通的所有环节课税，因此又称为周转税。由于多环节课征会造成重复征税，因此现代国家课征的营业税，多为单一环节的营业税。从理论上说，它是对从事商品生产、经营的企业和个人，选择产制、批发、零售的某一环节，以产品销售收入全额，按比例税率课征的流转税。营业税实行单环节课税，按课税环节可以分为产制营业税、批发营业税和零售营业税。但每一国家的运作情况不同，美国只是在零售环节课征营业税。

2. 营业税的计算方法

纳税人提供应税劳务、转让无形资产或者销售不动产，应当以其营业额为计税依据，按照规定的使用税率计算应纳营业税额。应纳营业税额的计算公式为：

应纳税额=营业额×适用税率

在一般情况下，营业额为纳税人提供应税劳务、转让无形资产、销售不动产向对

方收取的全部价款和价外费用（包括手续费、基金、集资费、代收款项、代垫款项、纳税人因为对方违约而从对方取得的赔偿金等）。

3. 开征营业税的主要原因

作为流转税，营业税同样具备其易于征管和保证收入稳定等优点。这是营业税开征的重要原因。除此之外，营业税的流行还有以下原因。

（1）避免多环节征收抬高物价。商品从产制到零售的整个流通过程中，只要有买卖，就有营业行为。如果对每一次商品交易都课征营业税，就必然会抬高每次交易后的价格，从而增加下一次购货人的进货成本与其资本垫支数额，最终增加消费者的负担。同样的，如果税负不能完全转嫁出去，企业的利润和经济活动也会受到影响。

（2）避免不同的流转次数对市场竞争的负面影响。同一商品的流通次数未必相同。若对每次交易都征税一次，则流通次数多的，负担重于流通次数少的。若商品在市场上的价格相同，则税负轻的获利多。这样，大企业或全能企业就比小企业或专业企业获得更大的竞争优势。单一环节课征可以在很大程度上避免这一不利局面的出现。在营业税制度下，购买商品就会产生纳税义务。一般营业税对所有商品的购买，都按同一税率课税。选择性营业税，也称消费税（consumption tax）、货物税（excise tax）或差别商品税，是对不同商品按不同税率课征的一种税收（其中有些税率可以为零）。营业税是选择课征的，因此政府可以通过它来限制消费那些给社会带来负外部性的商品。政府对奢侈品进行课税，可以达到收入再分配的目的。政府还可以通过营业税来征集使用费（例如，用燃油税替代公路收费等）。

（3）营业税的效率与公平作用。从效率的角度来看，实际的营业税率应能够保证额外负担降到最低水平。如果所有税率相同，那么这肯定是没有效率的，但另一方面，在目前无法取得为确定完全有效率的税率所需资料的情况下（也可能是永远无法取得），统一税率也可能不是一件坏事。如果出于政治而非平等或效率的考虑而要求差别税率，那么，坚持统一税率可能堵住这个漏洞。从公平的角度来看，传统观点认为一般营业税是累退的；而选择性营业税主要取决于哪些商品的税率较低（甚至为零）。

（四）消费税

1. 消费税的定义

消费税是以消费品（消费行为）的流转额作为课税对象的各种税收的统称。它是政府向消费品征收的税项，可向批发商或零售商征收，是典型的间接税。消费税是在对货物普遍征收增值税的基础上，选择少数消费品再征收的一个税种，主要是为了调节产品结构，引导消费方向，保证国家财政收入。现行消费税的征收范围主要包括：烟、酒及酒精，鞭炮、焰火，化妆品，贵重首饰，小汽车等税目，有的税目还进一步划分为若干子目。

2. 消费税的特点

(1) 消费税以税法规定的特定产品为征税对象，即国家可以根据宏观产业政策和消费政策的要求，有目的地、有重点地选择一些消费品征收消费税，以适当地限制某些特殊消费品的消费需求。

(2) 按不同的产品设计不同的税率，同一产品同等纳税。

(3) 消费税是价内税，是价格的组成部分。

(4) 消费税实行从价定率和从量定额以及从价从量复合计征三种方法征税。

(5) 消费税征收环节具有单一性。

(6) 消费税具有税收负担转嫁性，最终都转嫁到消费者身上。

(五) 关税

流转税类除了营业税、增值税和消费税外，关税也是其重要的一种类型。所谓关税，是指在一个国家或地区，在边境、沿海口岸指定的其他水、陆、空国际交往通道的关口，对进出国境或关境的货物或物品征收的一种税。从征收的目的来看，关税可分为财政关税和保护关税两大类。所谓财政关税，是指主要为了发挥关税的财政职能，以取得一部分财政收入为目的而开征的关税。财政关税一般把税源大即进口商品数量多、消费大的商品列入征税对象范围，从而使收入充足可靠。在美国历史上，关税曾是最大的财政收入来源。不过，现在世界上的许多国家，关税都不是主要财政收入来源。所谓保护关税，主要是指为了发挥关税的经济职能，以保护本国产业为目的而开征的一类关税。保护关税一般把那些本国需要发展，但尚不具备国际竞争力的产品列为征税范围。通过设置合理的关税税率，使关税税额等于或略高于进口商品成本与本国同类商品成本之间的差额。

二、所得税

(一) 所得税概述

1. 所得税概念及特点

所得税是对所得额课征的税。所得税类有着它不同于其他税类的特点，这些特点主要有：

(1) 以一定的所得额为课税对象。对所得额征税，不仅针对开展盈利性经济活动的市场经营所取得的作为纯收益的利润，还包括对利息、股息、红利、工资、薪金、劳务报酬、财产租赁转让收入、专利权收入、特许权使用费等的各种所得的课征。由于“所得”是一个内容广泛多样的概念，因此要开征所得税，所得额的规定和测算就成为所得税制的关键所在。

(2) 体现了税收公平原则。所得税制经常要选择累进税率，而且其立法普遍依据的原则是“多得多征、少得少征、无所得不征”。这使得亏损企业和无收入的个人不用缴纳所得税，这点与流转税的比例征收完全不同。流转税不管纳税人是盈还是亏，只要发生市场营业行为就要纳税。正因如此，所得税在保证财政收入上不如流转税，但其征收是建立在真实可靠的税基之上的，从而能够更好地针对纳税人的实际纳税能力来确定税收负担，并针对纳税人的贫富程度来调剂社会的收入和财富的分布公平状态，税收的公平原则因此得到较好的体现。

(3) 应纳税所得额的计算通常较为复杂。所得税依纳税人实际的纳税能力征收，要求对实际所得额进行相关程序的处理，以获得应纳税所得额，这无疑增添了计税的复杂性。

2. 所得税的类型

所得税类依据其课税对象的规定可以分为以下几类：

(1) 分类所得税。所谓分类所得税，是针对各种不同性质的所得，如对工资和薪金、利息和股息等，分别规定不同的税率进行课征的那一类所得税。也就是其计税依据的基础是法律所确定的各项所得，而不是个人的总所得。这类所得税的税率多为比例税率或较低的超额累进税率，并且按照不同性质的所得分别课征，实行区别对待，政府政策意图的贯彻较为直接和明显。但其缺点是不能体现税负公平的原则。所以，西方的所得税制经历了一个从分类所得税向综合所得税的转变过程。目前纯粹采用分类所得税的国家已经很少，即使采用也是将其与综合所得税配合使用。

(2) 综合所得税。所谓综合所得税，是将纳税人的各项不同性质的所得加以合并，综合计征的那一类所得税。这类所得税通常是将纳税人的综合所得，按其家庭情况准予扣除不同项目的免税额，再以其余额衡量纳税人的纳税能力按超额累进税率课税。这种税制比较符合税收的支付能力原则，但征纳手续比较繁杂。如果人们没有纳税义务的观念，政府又缺乏有效的税收征稽能力，则逃税现象可能较严重。

(3) 分类综合所得税。所谓分类综合所得税，是对一定收入数量以下的所得，采用分类所得税办法征收，而当其各类所得数额之和达到某一规定标准时，再加征综合所得税。这类所得税兼收分类所得税和综合所得税的优点，既可以具有分类所得税征纳方便、能够依据不同收入来源的性质实行区别对待的优点，又可以获取综合所得税按支付能力课征较为符合公平要求的好处，因而成为世界上广泛采用的一种所得税类的课税类型。

3. 所得税的演变趋势

所得税在其发展过程中，表现出以下几个发展趋势：

(1) 从临时税发展为永久税。一般而言，所得税还具有只对富裕阶层征收的特点，它直接减少了资本可用于自身发展的财力，这将对资本的发展具有直接的阻碍和抑制作用，因而对比负税人相对模糊的间接税类来说，所得税开征的阻力更大。

(2) 从比例税演变为累进税。各国在实行所得税制的初期多选择比例税率，以后才逐步演变为累进税率。

(3) 从分类所得税转变为综合所得税。各国的所得税之所以从分类所得税转向综合所得税，一是由于分类所得税按所得源泉分别列举分别课征。随着市场经济的发展，人们的收入来源渐趋多样化，要对各种收入逐一列举已日益困难。二是由于分类课征难以综合反映出一个人的实际负税能力，从而难以有效地制定累进税率，难以充分发挥所得税公平社会收入的作用。这些都决定了所得税从分类征收向综合转化的趋势。

(二) 个人所得税

1. 个人所得税概述

个人所得税是以符合条件的个人所得额作为课税对象。具体说来，它包括工资薪金所得、劳务报酬所得、股息红利所得、利息所得、财产租赁所得、特许权使用费所得、不动产所得等。

在国际上，个人所得税的纳税人并不一定是作为自然人的个人，也可以是家庭。个人所得税的课税对象虽然是个人的所得额，但并非全部。计算课税依据时还必须从个人所得额中扣除必要的费用后才是应税所得。

2. 中国的个人所得税制

计划经济时期中国基本上没有开征个人所得税，现行的个人所得税制是改革开放的产物，经过20余年的不断变革和修订，形成了现行的个人所得税制。它主要包括以下基本构成要素。

(1) 个人所得税的纳税人。根据《中华人民共和国个人所得税法》的规定，凡在中华人民共和国境内有住所，或者无住所而在境内居住满一年的个人，以及在中国境内无住所又不居住或者无住所而在境内居住不满一年的个人，只要达到中国税法规定的纳税标准，都是个人所得税的纳税人。个人所得税以取得收入的个人为纳税义务人，以支付所得的单位或个人为扣缴义务人。在两处或两处以上取得工资薪金所得以及没有扣缴义务人的，由纳税人自行申报纳税。

(2) 个人所得税的征税对象。个人所得税以个人取得的各项所得为征税对象，其具体征税项目包括工资、薪金所得，个体工商户的生产经营所得，对企事业单位的承

包经营、承租经营所得，劳务报酬所得，稿酬所得，特许权使用费所得，利息、股息、红利所得，财产租赁所得，财产转让所得，偶然所得以及国务院规定的其他所得。

(3) 个人所得税的税率。中国个人所得税采用分类所得税制，不同的收入项目分别采用不同的税率形式和税率：工资、薪金所得采用超额累进税率，税率为5%～45%；个体工商户的生产、经营所得和对企事业单位的承包经营、承租经营所得采用超额累进税率，税率为5%～35%；其余应税项目适用比例税率，税率为20%；对劳务报酬所得一次收入畸高的，实行加成征税办法；对稿酬所得，实行减征30%税款的做法。

(4) 个人所得税应纳税额的计算和征收。个人所得税应纳税额以应纳税所得额为计税依据，其基本计算公式为：

应纳税额=应纳税所得额×适用税率－速算扣除数

(三) 企业(公司)所得税概述

1. 概念与范围

企业(公司)所得税是对企业所得按照一定税率课征的税。根据企业组织形式的特点，可以将企业分为独资企业、合伙企业和公司三种组织形式。独资企业是由一人投资，企业为个人所有，企业规模较小，一般由业主直接从事企业经营，利润归业主，业主对企业债务负无限清偿责任。合伙企业是由两人或两人以上共同投资，企业归合伙人共同所有，企业规模较小，一般由合伙人直接从事经营，通过合同协议的方式来确定投资者的权利和义务，合伙人对企业债务也要负无限清偿责任。公司是由两人或两人以上共同投资，按公司法组建，是独立的法人。公司依据投资来确定投资者在公司中的股份，并通过股份来确定股东的权利和义务。公司作为独立法人，股东对公司债务只负有限责任，以股东出资额或公司资本额为限。

相应地，根据课税范围的不同，企业所得税可以分为企业所得税、公司所得税两种类型。前者以企业所得为课税对象征收，其特点是不分企业性质和组织形式，把各种类型的企业都纳入企业所得税的课税范围。后者是以公司所得为课税对象进行计征，其特点是区别企业的性质和组织形式，只对公司课征。而对于独资企业和合伙企业，只征收个人所得税。两种类型各有利弊。前者由于将所有企业都纳入企业所得税课税体系，有利于企业间税负的公平，但由于这两种企业个人财产与企业财产的不可分，给税收征管也带来了困难。后者只对公司课税，虽有利于克服前者的弊端，但公司企业与非公司企业税负的不均容易导致不公平竞争。另外，公司所得既要征收公司所得税，在分配给股东个人时还要课征个人所得税，有可能增加税收负担。

2. 公司所得税制的基本结构

（1）公司所得税的税基。公司所得税的税基是产生于公司部门的主要以利润形式出现的所得。

（2）公司所得税的应税净所得额。确定应税净所得额的基本原则从理论上说相当简单，即公司形成的毛利润所得（公司所得税税基）减去因经营而引起的费用支出，剩下的就是应税净所得额（先假设不存在任何政策性税负减免措施）。

（3）公司所得税的税率。一般来说，发达国家公司所得税税率结构有两种情形：一是执行全国统一的累进税率制；二是对不同类别的行业制定不同的税率结构。

（4）公司所得税的主要激励措施。长期以来，公司所得税被绝大多数发达国家视为调节经济的主要杠杆，因而具体税制中有多种激励措施。这种税收杠杆的运用是双向的，即在经济衰退时对投资等提供各种税负抵免或其他优惠规定，促进经济复苏；而在经济过热时则通过公司所得税规定的变化适当加以降温。归纳起来，公司所得税制中可用于刺激投资、促进公司发展的方法有三种：一是直接降低公司所得税税率；二是缩减税基，其中最主要是缩减与资本支出折旧有关的部分；三是提供投资税收抵免。

三、社会保障税

（一）社会保障税的概念与特点

所谓社会保障税，一般是以工薪所得为课税依据征收的并主要用于社会保障的一种税。它具有以下特点：第一，社会保障税是一种目的税。其收入专门用于社会保障支出，这种专款专用的性质不同于其他所得课税。社会保障税的最大优点就在于能为社会保障制度的实施提供资金来源，有利于解决养老、失业等社会问题。第二，社会保障税是一种具有累退性质的税。这与个人所得税完全不同。由于社会保障税采用比例税率，并对应税所得额采取封顶做法，因此，工资较高者纳税额相对较少，这是不符合税收纵向公平原则的。第三，通过工资征收的社会保障税的纳税范围很广泛，且纳税人没有逃避税收的机会，因此，具有征收简便的特点。

（二）社会保障税的归宿

社会保障税一般以工资支付额为课税对象，由雇主和职工双方按工资的一定比例各出一部分。也有的国家只向雇主一方征收。社会保障税没有最低生活费标准，也不进行其他减免，但是对超过最高限额的工资部分则不征税。

社会保障税中雇员上交的部分，其归宿是雇员自己，但雇主上交部分的归宿问题引起了争论。因为名义上向雇主征收，但无法阻止它们将税收转嫁出去。社会保障税是对工资收入征收的，代表了雇主劳动力成本的增加，它对于雇主行为的影响，类似在最高应税收入界限之下按比例的工资增加的影响，这就促使雇主用高收入的劳动力代替低收入的劳动力，使劳动力需求降低。若劳动力总供给保持不变，必然导致工资率趋于下降。按照这一推理，社会保障税中雇主上交的部分有相当部分转嫁给雇员，即雇主上交的大部分是以低工资的形式由雇员支付的。

（三）社会保障税的发展

随着社会保障制度的发展，社会保障税也逐渐浮出水面，并成为众多国家的主要税种。目前中国通过收费的形式筹集社会保障经费，由于这种收费形式各地区各自为政，导致其管理混乱，因此，以社会保障税取代收费的呼声越来越高。

四、其他税收

（一）财产税

1. 财产税概念

财产税是古老的税系之一，财产税对纳税人所拥有或支配的财产课征。财产税分为动产和不动产，动产进而又分为有形动产与无形动产。财产税已从单一的土地财产税发展为广泛的一般意义上的财产税。

2. 财产税的种类

按财产税的征收范围，可以将其分为一般财产税和特别财产税。以课税对象为标准，财产税可以分为静态财产税和动态财产税。一般财产税和特别财产税都属于静态财产税。这样就可以把财产税分为三种类型：一是一般财产税。它是对财产所有者某一时点所拥有的全部财产进行课征，税率多采用比例税率。其纳税人多为个人。一般财产税允许扣除负债，并对一定数量的财产和生活必需品进行免税。二是特别财产税。它是对特别选定的对纳税人所拥有的某些类财产分别课征，主要有土地税、房屋税或房产税、房地产税、不动产税等。三是财产转移税。它是对财产所有权的变更进行的课征，包括土地或房产交易税、遗产税、赠与税等。

3. 财产税的优点

(1) 它符合税收的有支付能力原则。财产作为私人的拥有物，直接意味着拥有者经济实力的大小，也直接反映出有产者的纳税能力的高低。因此，它可以作为测度个人纳税能力很好的尺度，而不论是以纳税人的财产价值，还是以纳税人的财产收益作为计税依据都如此。

(2) 有助于提高财产利用效率。财产税可以起到财产所有者提高财产使用效率的作用，因为不管财产是否使用，都要依法纳税。

(3) 它有助于促进社会公平。财产税的税负难以转嫁，有助于削弱社会财富分布的不公平状态。财产在使用时不与他人发生经济关系，也就难以转嫁。由于财产税是以人们拥有的财产为课税对象的，这就只能对有产者课征，简便易行，有助于促进社会公平。

4. 财产税的缺点

(1) 它的纳税能力难以测度。在经济发展的早期，人们的财产主要是有形财产，此时财产的测度较为容易。随着经济的发展和进入现代社会，人们的无形资产日益增多，而无形资产的测度较难，这就大大限制了对财产课税的征收。要评估这些财产的市场价值，纳税人和税务部门可能需要花费较多的资源，并且大大增加课征的难度。

(2) 它难以成为广泛的普及性税收。财产税的征税对象通常只能是不动产和有形动产，而无形动产的课税较难。

(3) 它的收入弹性较小。财产税对财政收入的弹性较小，这就不宜随着财政需要的多寡缓急而增减收入。

(4) 财产税有碍于资本的形成。资本的形成有许多时候是财产转化而来的。对财产课税，必然会影响到资本的形成。

(二) 土地税

土地税是以土地为课税对象的税收，是世界上施行最广泛的特别财产税。课征土地税的国家采用了各种名称，如土地税、农地税、荒地税、城市土地税等，除此之外还有土地转让税、土地增值税、地价税等属于土地收益和所得的税种。总的说来，这些税种可以分为三类。一类是以财产税方式征收的土地财产税；另一类是以土地收益额为课税标准征收的土地所得税。土地所得税的征税类似所得税，一般有宽免规定，可扣除经营费用，采用差别或累进税率。此外，还有一类是以土地增值额为课税标准而征收的税，又可分为土地转移增益税和土地定期增值税。前者是在土地所有权转移时，对出卖土地的价格高于购入土地价格的超额部分进行征税，后者是在一定时期内土地价格有所增加时就其增加部分进行征税。

上述三种类型的土地税，从税收公平的原则来看，土地财产税优于土地所得税，土地所得税又优于土地增值税。从课征手续和征收时间来看，土地财产税优于土地所得税，土地所得税又优于土地增值税。

我国在1988年开始征收城镇土地使用税，目的是促进和合理节约使用土地，调节土地级差收益，并为地方税收体系的建立创造条件。此外，我国还征收耕地占有税以限制滥用耕地，保护农用土地资源。这一税收的收入全部用于农业，作为农业综合开发资金的重要来源。

（三）遗产税

1. 遗产税概念

广义的遗产税，也称死亡税，就是对死亡课税的意思。死亡税以及与此相关的税收可以分为三类：一是总遗产税，即狭义的遗产税，它是对死亡者遗留的财产总值课税而不论遗产如何分配；二是分遗产税，或称继承税，即对各个遗产份额课征的税，而不论总遗产是大还是小；三是赠与税，它严格说来并不是对遗产或死亡课税，而是对财产所有者生前对人赠与所课征的税。

2. 开征遗产税的原因

关于开征遗产税的理论主要有："溯往课税说"（back-tax theory）、"国家共同继承说"（state co-heriship theory）、"劳务费用说"（cost of service theory）、"没收无遗嘱的财产税说"（doctrine of intestate escheat）、"分散财富说"（diffusion of wealth theory）和"能力说"等。

（1）促进社会公平。若不课征遗产税，则可能无法遏制财产在少数人手中集中的趋势，这将加剧社会的不公平。也许一代人手中积累起来的财产是有限的，但如果经过数代的积累，积聚起来的财产就可能很多，使得社会贫富分化更为严重。因此，出于社会公平考虑，需要课征遗产税。

（2）激励作用。遗产使继承人不劳而获，增益其财富，遗产税可能使潜在的继承人更多地工作。同时，遗产税也能为社会上的个人创造更多的平等机会。

（3）健全税制作用。所得税和流转税的征收主要与货币交易有关。部分财产项目难以查实或不参加货币交易，这就使得无论是所得税还是流转税，都无法对这部分财产和交易课税。这样，这部分由于主客观原因而少交的税款在财产所有者死亡时课征的遗产税就能够补征上来，起到健全税制的作用。

（4）促进社会慈善事业的发展。一般各国遗产税制都有这样的规定，即遗产所有者或继承人若将财产捐赠给公共团体、学校、慈善机构等，可获得免税待遇。这会鼓励财产所有者以其所有的财产贡献给社会慈善事业和公益事业。

3. 遗产税的类型

依据不同的标准，同样可以将遗产税分为若干类型。

（1）总遗产税制。所谓总遗产税，是对遗嘱执行人或遗产管理人，就被继承人死亡时所遗留的财产净额课征的遗产税。总遗产税制度下，遗产处理实行"先税后分"，即在课征遗产税之后才能将财产分配给法定继承人。

（2）分遗产税制。分遗产税制又称继承税制，是对遗产继承人或遗产受赠人就其所分得的遗产净值的一种遗产税。分遗产税的纳税人为遗产继承人或遗产的受赠人。

（3）混合遗产税制。所谓混合遗产税制，就是先对遗嘱执行人或遗产管理人就被继承人所留遗产总价值扣除债务、丧葬费等项目后的净值课征一道总遗产税，税后遗产分配给各继承人时，再对各继承人就其获得的继承份额课征一道继承税。它将总遗产税制和分遗产税制综合起来。

（四）资源税类

1. 资源税概念

所谓资源税，是对各种自然资源及其级差收入为课税对象的一种税类。自然资源的种类很多，如土地资源、矿藏资源、水产资源、生物资源、海洋资源以及阳光、空气、风能等地面、地下和海底的一切资源。列入征税对象的自然资源，主要是一些开采、利用价值高，级差收益大，经济发展所需要的重要物资。在税率设计上，一般根据资源的丰瘠程度和级差收入的多少，按不同开采区设计高低不同的定额税率，也有采用超额或超率累进税率的。

2. 资源税种类

在税收制度设计上，资源税类包括在资源生产和消费两个环节课税。

（1）资源生产课税。中国目前的资源税，就是对资源生产课征的。以下介绍我国的资源税制：A. 资源税的征税对象范围。资源税的征收范围，应当包括一切开发和利用的资源。因考虑到中国开征资源税还缺乏经验，所以《中华人民共和国资源税暂行条例》（以下简称《条例》）规定征税的范围仅限于矿产品、盐等。其中，矿产品包括原油、天然气、煤炭、金属矿产品和其他非金属矿产品等；盐包括固体盐和液体盐。B. 资源税的纳税人。根据《条例》规定，凡在中华人民共和国境内开采属于资源税征税范围的矿产品，以及生产盐的单位和个人，都是资源税的纳税人，均应按有关规定缴纳资源税。C. 资源税的税率。资源税实行从量定额计征，采用差别定额税率。由于中国目前把资源税当作调节资源级差的税种，因此，应税品种之间和主要品种开采者之间税额应体现出差别。资源条件好的，税额高些；条件差的，税额低些。D. 资源税的应纳税额计算。资源税应纳税额，按应税产品的课税对象数量依照规定的单位税额计算，其计算公式为：

应纳税额＝课税数量×单位税额

（2）资源消费课税。资源消费课税往往蕴涵着更为丰富的政府政策意图。实践表明，资源消费课税至少可以在以下几个方面发挥作用：一是筹集财政收入。在工业经济体系中，资源产品要比任何一种产品的消费更普遍、更广泛，税基更为普遍，税源更加充足，因此成为政府筹集财政收入的一种形式。二是通过资源消费课税，实现公共设施和服务的收费，保证公共设施和服务的成本补偿。为了提高公共经济中的资源配置效益，各国政府对所提供的各种公共服务，普遍实行收费制度。其中，同资源消费相联系的公共服务收费往往采取以征集资源消费税的形式课征。例如，对公路使用的收费，就有许多国家是以燃油税的方式征收的，中国目前也正在酝酿实施燃油税制。三是筹集环境保护经费。在某些情况下，资源消费者是规模狭义的企业和分散的个人，它们不可能像大企业那样，投入充足的资金和技术力量，对资源消费中所释放的污染物进行净化、处理和整治，而需要借助于社会力量来组织污染控制。这是由于就单纯的污染课税，对分散的中小污染者并不能起到刺激其改进技术，采取无污染生产消费方式的作用。

（五）印花税

所谓印花税，是对经济活动和经济交往中书立、领受《印花税暂行条例》列举的凭证征收的一种税。它是采用在凭证上粘贴印花税票的办法进行征税，故称为印花税。

印花税1642年始征于荷兰。由于它具有税源广泛、收入稳定、纳税人易于接受等特点，很快为世界其他国家所采用。中国在新中国成立初期即开征过此税，但在1958年简化税制的改革中，将该税并入了工商统一税中。改革开放以来，经济交往中书立各种凭证的现象日益普遍，于是1988年中国又重新开征了印花税。印花税不是一个重要的税种，但有些年份，中国印花税征收数量较大，这主要是因为股市交易活跃、印花税率较高的结果。

第四节　税收负担与税收的转嫁与归宿

一、税收负担的概念及税收的一般趋势

税收负担是指税收收入与可供征税的税基之间的比例关系。税收负担可分为宏观税负和微观税负，前者指税收总收入占GDP的比率，也称税收比率；后者指纳税人的纳税额占计税依据的比率。

税收比率的一般趋势是：税收比率的高低与经济发展水平高度相关。一般而言，经济发达国家税收比率高于发展中国家，随人均收入的升高而依次递升，但升幅是递减的；从各类国家的纵向对比看，税收比率呈上升趋势，而且以中等收入国家上升的幅度较大；即使人均收入大体相同的国家，因国情不同，税收比率会呈现很大差异。

二、税负转嫁与归宿的含义

（一）税负转嫁的概念

税负转嫁是指商品交换过程中，纳税人通过提高销售价格或压低购进价格的方法，将税负转移给购买者或供应者的一种经济现象。税负转嫁是一个客观的经济运动过程，其中不包括任何感情因素。至于纳税人是主动去提高或降低价格，还是被动地接受价格的涨落，都与税负转嫁无关。其经济实质是每个人所占有的国民收入的再分配。没有国民收入的再分配，不构成税收负担的转嫁。

（二）税负转嫁机制的特征

税负转嫁机制的特征：一是税负转嫁是和价格的升降直接联系的，而且价格的升降是由税负转移引起的；二是税负转嫁是各经济主体之间税负的再分配，也就是经济利益的再分配，税负转嫁的结果必然导致纳税人与负税人的不一致；三是税负转嫁是纳税人的一般行为倾向，是纳税人的主动行为，因为课税是对纳税人经济利益的强制性征收，在利益机制的驱动下，纳税人必然千方百计地将税负转移给他人，以维护和增加自身的利益。

（三）税收归宿的概念

税收归宿一般指处于转嫁中的税负的最终落脚点。税负转嫁往往不是一次的，如同一笔税款，厂家转嫁给批发商，批发商转嫁给零售商，零售商再转嫁给消费者，从而形成一个经济过程；但税负转嫁也并不是无穷尽的，总存在一个不可能再转嫁而要自己负担税款的阶层，如消费者，这一阶层即为税收归宿。

（四）税负转嫁与逃税的区别

与税负转嫁相联系的另一个范畴是逃税。逃税指个人或企业以不合法的方式逃避纳税义务，包括偷税、漏税和抗税等。逃税与税负转嫁不同，税负转嫁只会导致税收归宿的变化，引致纳税人与负税人的不一致，税收并未减少或损失。但逃税的结果是无人承担纳税义务，必然造成税收的减少或损失。逃税是一种违法行为。

三、税负转嫁的方式与条件

（一）税负转嫁的方式

1. 前转

前转又称为顺转，指纳税人通过抬高销售价格将税负转嫁给购买者。作为从事特

定经营活动的纳税人，往往可以抬高已税商品的价格并把这类商品销售出去，从而把该商品的负税转移给下一环节的经营者或消费者。如果加价额度等于税款，则商品售出后即实现了充分的转嫁。如果加价额度大于税款，则不仅实现了税负转嫁，纳税人还可以得到额外的利润，谓之超额转嫁。如果加价额度小于税款，则纳税人自身仍要负担部分税收，称为不完全转嫁。

2. 后转

后转又称为逆转，指在纳税人无法实现前转时，通过压低进货的价格以转嫁税负的方式。例如，对汽车销售商的课税，如果无法提高售价只好压低汽车进货价格，将税款全部或部分地转给汽车制造者，则为后转。后转往往通过厂商和销售商以谈判的方式解决。

3. 消转

消转是指纳税人通过改进生产工艺，提高劳动生产率，自我消化税款。从税收转嫁的本意上说，消转并不成为一种税负转嫁方式。消转既不是提高销售价格的前转，也不是压低购价的后转，而是通过改善经营管理、提高劳动生产效率等措施降低成本，增加利润而抵消税负。消转要具备一定的条件，如生产成本能递减，商品销售量能扩大，生产技术与方法有发展与改善的余地，以及税负不重等。消转实际上是生产者应得的超额利润抵补税负，实际上不转嫁，由纳税人自己负担。

4. 税收资本化

税收资本化，即税收可折入资本，冲抵资本价格的一部分，指对某些能够增值的商品（如土地、房屋、股票）的课税，预先从商品价格中扣除，然后再从事交易的方式。当然，税收资本化是有条件的。首先，交易的财产必须具有资本价值，可长时间使用，并有年利和租金，如房屋、土地等。这类财产税款长年征收，如为其他商品一次征税后即转入商品价格，则无须折入资本。其次，冲抵资本的价值可能获取的利益应与转移的税负相同或相近。

（二）税负转嫁条件

在价格可以自由浮动的前提下，税负转嫁的程度还受诸多因素的制约，主要有供求弹性的大小、税种的不同、课税范围的宽窄以及税负转嫁与企业利润增减的关系等。

1. 供求弹性的大小

供给弹性较大、需求弹性较小的商品的课税较易转嫁，供给弹性较小、需求弹性较大的商品的课税不易转嫁。一般来说，供给弹性较大的商品，生产者可灵活调整生产数量，最终得以在所期望的价格水平上销售出去，因而所纳税款完全可以作为价格的一个组成部分转嫁出去；而供给弹性较小的商品，生产者调整生产数量的可行性较小，从而难以控制价格水平，税负转嫁困难。

2. 税种的性质不同

商品课税较易转嫁，所得课税一般不能转嫁。税负转嫁的最主要方式是变动商品的价格，因而以商品为课税对象，与商品价格关系密切的增值税、消费税、关税等比较容易转嫁，而与商品及商品价格关系不密切或距离较远的所得课税往往难以转嫁。

3. 课税范围的宽窄

课税范围宽的商品较易转嫁，课税范围窄的难以转嫁。因为课税范围宽，消费者难以找到应税商品的替代品，只能购买因征税而加了价的商品。税负转嫁必然引致商品价格的升高，若另外的商品可以替代加价的商品，消费者往往会转而代之，从而使税负转嫁失效。但若一种税收课税范围很广，甚至波及同类商品的全部，消费者无法找到价格不变的代用品时，只好承受税负转嫁的损失。

4. 税负转嫁与经营者利润的增减关系

生产者利润目标与税负转嫁也有一定关系。经营者为了全部转嫁税负必须把商品售价提高到一定水平，而售价提高就会影响销量，进而影响经营总利润。此时，经营者必须比较税负转嫁所得与商品销量减少的损失，若后者大于前者，则经营者宁愿负担一部分税款以保证商品销量。

四、税负转嫁的影响

（一）税负转嫁是税收负担的再分配

税负转嫁是税收负担的再分配，也就是物质利益的再分配，消费者会因税负转嫁而增加负担，商品的生产和经营者会因税负转嫁而改变在竞争中的地位。例如，对价格放开的生活必需品课以重税，由于需求弹性小，物价虽上涨消费者也不能不购买，纳税人很容易把税负转嫁给消费者，增加消费者的负担。税负转嫁的经济实质是每个人所占有的国民收入的再分配。没有国民收入的再分配，不构成税收负担的转嫁。

（二）税负转嫁与制定税收政策及设计税收制度有密切关系

假如原定的税收政策和税收制度是合理的，既有利于资源优化配置，又符合公平原则，但税负转嫁可能改变预定税负分配格局，抵消税收的经济调节作用或造成税负的不公平。因此在制定税收政策和设计税收制度时，必须充分考虑各类商品的供求状况和价格趋势，并合理选择税种、税率以及课征范围。

（三）税负转嫁会强化纳税人的逃税动机

当税负转嫁不易实现时，纳税人极有可能转向逃税来取代税负转嫁，破坏税收的

严肃性，腐蚀纳税人依法纳税的自觉性。所以，税务机关在防止任意转嫁税负的同时，还必须采取经济手段、法律手段和行政手段加强税收征管工作。

第五节 税收的经济效应

政府向纳税人征税以后，纳税人的行为选择可能会因税收负担的轻重而有所不同。不同的税收负担对纳税人各方面的决策将产生不同的影响。

一、税收的效应

税种的设置以及税率的设计对纳税人行为选择的影响主要表现在两个方面，也就是税收的两个效应：一是税收的收入效应；二是税收的替代效应。

（一）税收的收入效应

所谓税收的收入效应是指政府向纳税人征税以后，纳税人的收入境况变差，从而使纳税人更加努力工作，以保持其税前的收入状况，或者通过更加努力的工作而获得比原来更多的收益。

在税收收入效应的情况下，纳税人在工作努力方面的决策发生了变化，具体可能有以下几种表现形式：以加班加点的方式来延长工作时间，在正常的工作岗位之外寻找和从事第二份甚至第三份工作，推迟退休的时间等。无论是以哪一种形式表现的税收的收入效应，都意味着纳税人不能享受与过去一样多的闲暇时间，为保持或提高收入水平，他必须在工作上花费更多的时间。

税收的收入效应往往产生在纳税人的整体税收负担较轻的时候。在税收收入效应的情况下，劳动力的供给因此而增加，社会经济活动由此而得到加强。这不仅有利于经济的发展，而且培育了税基、开辟了财源，为政府税收的进一步增加打下了一个良好的基础。可以说，税收的收入效应对经济的发展以及维护微观经济主体的利益来说都是有益的。

（二）税收的替代效应

所谓税收的替代效应是指政府对纳税人进行征税以后，纳税人将改变自己的行为选择，即以非征税活动代替原来的、政府参与征税的经济活动。税收的替代效应往往是在税收负担较重的情况下发生的。

税收的替代效应产生的一个前提条件是：政府并非对所有的活动都进行征税，或者对所有的活动都进行征税但税收负担存在着差异。厂商和居民从事的各种经济、社会活动，有的是要征税的，税收负担有重有轻，而有的经济、社会活动则是免税的。纳税人在对自己的行为选择做出决策的时候，一般都会尽可能地避开政府参与征税的活动，尤其是税收负担重的经济活动。

如果政府向纳税人征收的税收过于繁重，以至于超过了纳税人的承受能力，使纳税人感到其劳动所得与其工作努力不相匹配，即纳税人更加努力工作的机会成本（向政府交纳的税收）过高，这种税收就会产生替代效应：纳税人选择闲暇代替更加努力地工作。

如果政府对某一种消费品征税，而对可替代的其他消费品不征税，因征税而会使税收转嫁的行为发生，此时的商品购买者就会选择非征税商品来代替征税商品。纳税人（包括名义纳税人和实际纳税人）用非征税活动来替代征税活动以达到逃避政府税收的行为，就是税收的替代效应。

当税收的替代效应发生的时候，由于纳税人行为选择的变化，必然使劳动者的供给减少，经济活动也会因此而趋于萎缩，这不仅对纳税人自身利益带来不良影响，也使政府的税基和财源难以拓展，更重要的是对一国经济保持长期、稳定的发展是极为不利的。

另外，在西方财政学界还有一种税收效应，即税收的中性效应。所谓税收的中性效应是指政府的征税并不打乱市场经济对纳税人行为选择的调节作用。具有中性效应的税种不改变人们对商品的抉择，不改变人们在支出与储蓄之间的抉择，也不改变人们在工作努力和闲暇之间的选择。中性的税收对商品的定价和生产的决策没有影响，是一种不存在过重负担的税收。

二、征税成本

税收的成本有广义和狭义之分，狭义的征税成本是指税务机关的稽征成本和纳税人的执行成本。前者包括税务机关在税款计算、征收、稽查、管理等一系列过程中所发生的一切费用；后者包括纳税人在缴纳税款以及避税过程中所投入的财力。广义的税收成本所包含的内容除了狭义的内容以外，还涉及税收的社会成本，即由政府设计和实施的税制造成的、超过税收收入的额外经济损失，主要包括税制造成的资源配置方面的效率损失和经济运行机制方面的额外损失。在实际的经济运行中，税收的社会成本较难以衡量。

从狭义的税收成本来看，可采用两个指标进行衡量：一是税收成本率，即征税成本在税收收入中所占的比重；二是人均征税额。西方国家的税收成本率一般不到 2%，如美国为 0.6%，日本是 0.8%，法国为 1.9%，加拿大为 1.6%。我国没有征税成本率的全国数据，但从一些地方的情况来看，该比重要比西方国家高得多，如 1988 年广东省的综合征税成本率为 3.74%，有的地方这一比重更高。从人均征税额来看，我国比发达国家低得多。如日本的国税人员是我国国税人员的 1/9，但征税额是我国的 10 倍。与其他国家相比，我国的人均征税额也低得多。由于征税的成本过高，导致一部分税款在系统内被消耗了。如果边际税收成本低于边际税收，征税是可行的，但如果边际征税成本高于边际税收收入，那么会导致税收收入占 GDP 的比重下降得更快。显然，当边际征税成本等于或大于边际税收收入的时候，政府的征税活动不仅没有财政意义，而且会造成更大的社会经济损失。

三、税收对个人和家庭决策的影响

政府向纳税人征税（包括法人纳税人和自然人纳税人）会对个人以及家庭各方面的决策产生影响。政府对企业进行征税，企业一般通过税收转嫁的方式将其应该负担的税款转移给消费者，由此而对个人的各种决策直接或间接产生影响。政府对个人的所得及行为进行征税，更是直接地影响到个人及家庭的各项决策。

（一）税收对劳动供给的影响

政府对个人纳税人的所得及其他收入征税，会对劳动的供给产生影响。由于征税使劳动者税后收入降低，因此税收具有在低工资时减少劳动供给、高工资时增加劳动供给的效应。税率的变动对劳动的供给将产生较大影响。一般情况下，随着税率提高，劳动供给会减少；而税率降低，劳动供给会增加。税收对劳动供给的影响具体表现在以下两个方面。

1. 税收对现期劳动供给的影响

（1）税收对劳动者的工作努力程度产生影响，从而对劳动的供给产生影响。如对个人的收入或各项所得实行负担适中或偏低的比例税率。劳动者为了保持税前的收入状况，因此放弃更多的闲暇时间，而将更多的时间投放于工作。他可能采用加班加点的方式来延长原来的工作时间，也可能采用从事正常工作岗位以外的职业来增加收入。如果对个人的劳动所得采用累进税率进行征税，随着边际税率的提高，人们的工作努力程度将逐步减弱，劳动的供给也将随之减少。

（2）税收对家庭成员的劳动供给决策也将产生影响。如果政府向劳动者征税以后产生的是收入效应，那么家庭里的第一劳动力不仅将更加努力地工作，增加劳动工作时间，而且家庭的其他成员也将可能放弃原来不工作的选择，而变成家庭的第二、第三劳动力。比如为了增加税后工资收入，家庭中的丈夫将增加工作时数，原来从事家务活动的妻子也可能会走出家庭，选择有劳动报酬的工作。当然，如果政府征税以后产生的是替代效应，那么不仅家庭的第一劳动力将选择更多的闲暇代替工作，而且家庭的第二劳动力也可能放弃有劳动报酬的工作而回到家庭之中。

2. 税收对未来劳动供给的影响

政府对个人的劳动所得进行征税，对未来的劳动供给的影响主要表现在劳动者对自己退休时间的确定上。如果政府征税后出现的是税收的收入效应，那么劳动者可能会推迟自己的退休时间，使劳动时间得以延长，这样劳动的供给就会增加；如果政府征税以后出现的是替代效应，那么劳动者可能选择提前退休，劳动的供给由此将减少。当然，税收仅仅是影响劳动供给的重要因素之一，至于说劳动者是选择更加努力地工作从而增加劳动的供给，还是选择更多的闲暇从而使劳动供给减少，还会受到很多其他的经济和非经济因素的影响。如劳动者的健康状况、个人的财富状况、个人和家庭的整体收入水平（一般认为，当收入达到一定水平后，税收对劳动供给的影响是有限的）、个人所从事的职业（有的职业收入即使免税，从业者也将选择更多的工作时间，如政治家）、政府法规以及雇主或工会对劳动时数的限制，还有社会保障制度等。

（二）税收对消费需求的影响

政府无论是对企业征税，还是对消费者的收入及财富进行征税，都会影响到消费者的消费需求。

1. 向企业征税对消费需求的影响

企业交纳税收以后，不管是哪一税种都可以通过税收负担转嫁的方式将其税收转移给他人负担，尤其是当企业所生产的商品供不应求的时候，就可以采用税收负担后转的方式，最终将税收转嫁给消费者负担。这样消费者在进行自己的消费决策的时候，可能会因为所需要消费的商品价格过高而使自己的消费行为趋于慎重，由此可能会在一定程度上抑制自己的消费需求。

2. 向消费者征税对消费需求的影响

政府对消费者的财产和收入进行征税，消费者的可支配收入会因此而减少，消费欲望因可支配收入的减少而趋弱，消费支出会因此而减少。

3. 向消费品征税对消费需求的影响

税收对消费的影响也同样表现在对消费品的替代效应上。一方面，政府如果对某消费品征税，对其他消费品不征税或少征税，那么消费者就会选择消费其他的消费品来代替高税的消费品；另一方面，如果政府对消费者用于未来消费的收入进行征税，意味着消费者税后收益的减少，这相当于将收入留到未来消费的支出比现期消费的支出更多。这将使消费者更倾向于以现期消费来替代未来的消费。另外，如果政府降低对消费者现期收入的税收负担水平，同时对储蓄的收益进行征税，那么这意味着政府在鼓励消费，因此，消费者的现期消费需求会趋于旺盛。

（三）税收对储蓄的影响

政府对消费者征收的所有税种都将对储蓄产生影响，因为纳税总是意味着个人可支配收入的减少，在当期消费水平不变的情况下，个人可用于储蓄的收入将随之而减少。

1. 对个人储蓄征收收益税将产生很大的影响

对个人来说，必须要在可支配收入是用于现期消费还是用于未来消费（即储蓄）两者之间进行选择。如果政府对个人的储蓄或投资收益进行征税，这给个人或家庭提供的信号是：为了将来的消费而进行储蓄不仅要付出长时期抑制消费需求的时间代价，而且还要支付收益税，使消费者节约的经济利益降低。在这种情况下，个人用于储蓄的资金必然会减少。当然，如果政府对个人的储蓄或投资所带来的收益实行免税，同时对消费品征收消费税，那么个人的储蓄水平将会因此而提高。

2. 社会保险税的开征对个人的储蓄将产生很大的影响

尽管社会保险税的征税对象包括个人的工资，纳税后会使个人的税后收入减少，但是社会保险税的征收为个人的未来生活以及其他方面的支付需要提供了保障，个人将在很大程度上依赖于社会保障来代替自己出于生命周期的动机（如防老）和谨慎动机（如疾病）而进行的储蓄。

3. 遗产税的开征对个人的储蓄将产生很大的影响

如果政府对遗产或赠与的财产进行征税，那么出于遗产动机（即为给子女或其他财产继承人留下遗产而储蓄）的储蓄资金也将会减少，尤其是当遗产税和赠与税税率很高的时候，这种储蓄资金的减少将更为明显。

（四）税收对投资组合的影响

个人和家庭的全部所得扣除了消费以后，将主要用于各种形式的投资。对所有的投资者而言，投资的目的就是为了带来更多的收益。收益的高低与风险成正比，风险越大，收益越高；风险越小，收益就越低。收益与风险问题是投资的核心问题。为了使自己的可投资资金带来更多的净收益，投资者往往要对资产进行投资组合，以期在控制风险的前提下增加收益。在进行投资决策的时候，投资者必须考虑众多的影响因素，其中税收是影响投资者承担投资风险的重要因素之一。

政府对投资者的投资活动进行征税，税收不仅影响各种资产的收益，而且也会影响其风险程度。对投资者的资产投资组合所带来的收益和承担的风险可能直接产生影响的政府税收的税种主要是财产税、所得税和资本利得税（在我国还包括证券交易中的印花税）。总体来看，对投资所得、财产以及投资行为进行征税，会使投资者的整体收益减少，同时在一定程度上加大了投资的风险。但由于针对不同类型的投资，政府的税收政策可能有所不同，因此，执行中的税收政策将直接影响投资者的投资组合。政府如果对不同的投资资产按不同的税种进行征税，而且不同税种的税收负担和具体的税收条款存在着一定的差异，那么税收负担轻或存在税收减免（或税收抵免）的投资品种往往能够吸引投资者投入更多的资金，因为这种做法意味着政府承担了一部分投资者的投资风险，从而使投资者能够在控制其他各种系统及非系统风险的前提下实现更多的投资收益。如果政府对投资品种征收较重的税收，将使投资者在承担其他各种不确定的风险同时，还需承担政府的税收风险，从而使投资的风险加大，收益减少，降低高风险投资品种的投资资金比例也就是很自然的事情。

四、税收对企业决策的影响

从各国实施中的税制来看，企业几乎在生产活动的各个环节都需交纳税收，因此，对企业决策产生影响的税收种类也是各种各样的。另外，由于企业的利润分配涉及个人股东的所得，因此个人所得税政策对企业的决策也将产生较大的影响。

（一）税收对企业生产要素组合的替代效应

企业的生产要素主要由三部分构成：劳动力、劳动手段（即设备）和劳动对象（即原材料）。对于不同的生产要素，政府的税收政策有所不同。目前世界上很多国家的做法是，政府对劳动者往往征收工薪税，以便为社会保障制度的执行提供资金来源，而对设备和原材料一般不征税（当然，这两种生产要素作为上游企业的产品，自然已经由上游企业缴纳了应缴税款）。有的国家为了鼓励投资，还采取了投资的税收优惠政策，如对设备实行加速折旧等。这种税收制度的执行，意味着企业的劳动力成本较其他的生产要素成本在提高，其结果可能刺激企业以技术劳动代替非技术劳动，即企业会多增加机器设备的投入，同时减少对劳动者的雇佣数量，从而降低企业的整体成本。如果一国的劳动力成本很低，同时又无须向政府交纳社会保险税，那么企业可能更倾向于雇用更多的劳动力，追加在劳动密集型行业上的投资规模。税收对生产要素组合的替代效应还表现在其他方面。例如，政府如果对企业的进口设备或原材料征收各种各样的税收（进口关税、各种流转税以及涉及的财产、行为税等），企业会选择国内的生产要素来代替进口的生产要素，尤其是当国产和进口的生产要素的技术含量、生产性能差距不大时就更是如此。

(二) 税收对企业投资方向的影响

一般情况下，企业投资方向往往受利润最大化的引导，由此而决定的投资结构可能与政府确定的投资结构和产业结构出现偏差，从而导致国民经济投资的整体效应与预期效应不一致，因此政府可通过税收政策来对企业的投资方向进行引导。如我国通过对固定资产投资方向调节税的实施，以税率的高低或税收的减免来调节企业的投资方向。为吸引资金投向某些急需发展的行业，除了免征投资方向调节税以外，在流转税和所得税上也给予众多的税收优惠。同样，为了限制某些行业的投资，政府还采用加重税收负担的方式来抑制这些行业的投资。影响企业投资方向以及投资期限的税收因素，不仅仅是指现在的税率，还包括投资者对未来税收负担的预期。如果投资者预期的税收优惠将增加，那么企业可能会推迟投资的时间直到增加的税收优惠生效为止；如果预期的税收优惠将减少，则企业会提前进行投资。

(三) 税收对企业融资策略的影响

融资策略是企业决策的重要方面。以最低的成本筹集到企业生产所需要的资金量，这就是最佳的融资策略。政府的税收在企业融资策略的确定上也会产生一定的影响。

如果企业发现了一个利润率很高的投资项目，其投资收益率将比借款的利息率高得多，那么采用借款的筹资方式（包括申请贷款和发行企业债券）是很合适的，因为这笔投资资金将通过财务杠杆作用使企业（或公司）投资者的收益大幅增加。尽管对该企业的债权人来说，其得到利息收益将交纳所得税（企业所得税或个人所得税），但由于债务人的资金投资收益率很高，足以支付较高的债务利息，因此，债权人在交纳了所得税之后，自己依然能够得到较高的利息收益。但如果企业投资项目的预期收益率与借款利息（即筹资成本）之间差距不大，那么采用借款的方式融资是不太明智的，因为包含所得税的利息如果提高，企业将难以承受；而降低利息水平，又将面临着筹资困难的风险。

对股份公司来说，还面临着一个处理内部融资与税收之间的关系问题。所谓内部融资是指用公司的税后利润进行再投资，而放弃向公司的股东分红。从很多国家的税法来看，公司实现的税后利润如果分配给股东，那么公司的股东必须交纳个人所得税（我国的税率为20%），但如果公司的税后利润不分配而作为留利，那么就可以免交该项税收（至于说是否存在着重复征税问题，这本身是值得探讨的，这里不展开讨论）。如果这时公司有一个很好的投资计划，那么采用内部融资的方式，不仅可以降低公司的融资成本，而且也有利于公司股东长远利益的提高。

(四) 税收对企业商品定价的影响

企业对最终商品的定价，受到成本、各种费用、利润率等多方面因素的影响。此外，税收也是商品价格的一个构成部分。因此，政府对企业开征的税种多少以及税率的高低，对企业商品的价格决定将直接产生影响。政府向企业征收的流转税，企业将直接通过价格变动的方式将其上交的税款转嫁给其他主体（多数情况下是转嫁给消费者）。企业所得税的征税对象是利润，表面上看似乎税收不能转嫁，但实际上企业最终还是有可能通过商品价格变动的方式将所得税负担转移给他人，其他的财产税和行为税也同样可能转嫁。税收负担能否顺利转嫁取决于商品的价值能否顺利实现。因此，无论是开征新税种还是提高税率，都将改变企业商品的价格水平。

（五）税收对公司分配政策的影响

从理论上来说，政府的个人所得税政策将对公司的利润分配政策产生影响。如前所述，公司的税后利润如果作为税后留利不分配，那么将不再交纳所得税。但如果公司的税后利润作为红利发放给公司的股东，那么作为个人投资者的股东将交纳个人所得税，而作为法人单位的股东却免税，因为这笔投资收益在原来的公司已经交纳了企业所得税，再交纳企业所得税就会出现重复征税问题。这种做法公平与否本节暂且不论。由于股份公司相当多的股东都是个人股东，因税收的原因，分红必然减少股东的投资收益。如果将税后利润留在公司进行投资，尤其是当预期的投资收益率很高的时候，公司股票的价格将会提高，股东因未分红而少得的收益不仅完全可以通过股票的升值得到补偿，而且还会由此带来更多的收益。因此，税后利润的不分配并不一定使股东的利益受损。

当然，以上关于税收对公司分配政策的影响仅仅是一种理论上的分析，而现实中的情况并非完全如此，很多公司通常给其股东发放红利，这是由其他因素决定的。定期地分配红利可以满足长期投资者的需要，因为这些投资者往往靠固定发放的红利来安排自已的生活或其他计划；另外，定期地发放红利可以给投资者提供一个企业生产活动正常、经营作风稳健、财务状况良好的信号，以维护股东的投资权利。

本章小结

1. 税收的基本属性从两方面剖析：一是税收区别于其他财政收入形式的特殊规定性；二是剖析不同社会或不同国家的税收的特殊性。

2. 税收是一个分配范畴，是国家参与并调节国民收入分配的一种手段，是国家财政收入的主要形式。国家在征税过程中形成一种特殊的分配关系，即以国家为主体的分配关系，因而税收的性质取决于社会经济制度的形式和国家的形式。

3. 税收客体是税法规定的征税的目的物，是一种税区别于另一种税的主要标志。

在现代社会中，它主要包括所得、商品和财产三类。税源指税收收入的源泉或最终出处，它包含两层含义：一是指某种税的征税对象总量及其分布状况，与征税对象是同一客体；二是指税收收入的经济内容。税目是课税对象的具体项目或课税对象的具体划分，反映的是征税的广度。

4. 税率是一国税收制度的核心。它指国家征税的比率，即税额与课税依据之比，反映征税的深度。分为：(1) 定额税率亦称固定税额，是按课税对象的一定计量单位直接规定一个固定税额的税率形式。(2) 比例税率，对同一课税对象，统一按一个比例征税，同一课税对象的不同纳税人税负相同。(3) 累进税率，是按课税对象的大小，划分若干等级，每个等级由低到高规定相应税率，课税对象数额越大税率越高。累进税率因计算方法不同，分为全额累进税率和超额累进税率两种。

5. 当代税收原则包括税收公平和效率两大原则。税收公平原则：税收应以公平为主。公平原则，即税收要公平对待所有纳税人，国家征税的比例或数额应与纳税人的负担能力相适应。税收的效率原则：征税必须考虑效率要求。效率原则，在组织税收过程中和处理税收与经济关系时，必须讲求效率，坚持效率优先思想。包括行政效率和经济效率。

6. 税率、税收收入和经济增长之间存在着相互依存、相互制约的关系，从理论上说应当存在一种兼顾税收收入与经济增长的最优税率。

名词解释与思考题

一、名词解释

累进税率　价内税与价外税　税负转嫁　　税制类型　税制结构与税制模式　分类所得税　综合所得税

二、思考题

1. 简述税收的基本特征。
2. 简述税负转嫁的条件。
3. 如何理解征税中的公平与效率？
4. 简述税制结构的决定因素。
5. 简述所得税的类型。
6. 简述增值税的优点。
7. 税负转嫁的规律是什么？研究税负转嫁的意义何在？
8. 边际税率和平均税率各有哪些特点？

第十章
公　债

本章要点：

在现代市场经济中，公债是弥补财政赤字和公共需求管理的重要工具，也是中央银行进行宏观金融调控的工具。本章介绍了公债的基本含义、基本分类以及公债规模的问题，同时也论述了公债的发行与偿还，用公共经济学理论分析了公债的经济效应和效率边界。本章概括地介绍了公债作为政府财政工具的特殊经济职能。

第一节　公债：含义、分类与规模

一、公债的含义

公债大规模的出现只有几百年的历史，但公债的影响是非常深远的。公债是国家或者政府以其信用为基础，在向国内外筹集资金的过程中所形成的债权债务关系，即国家或政府以债务人的身份，采取信用方式，通过借款或者发行债券等方式获取资金的行为。公债成为公共部门获得收入的一种特殊形式，它包含以下几点含义：

第一，公债是一种信用性质的财政收入，体现了有借有还的信贷特征。信用表现为在一定期限还本付息的行为。公债与税收相比在于它是政府运用还本付息的方式获得的财政收入，而税收是凭借政府的公共权力而取得的收入。公债具有自愿性（除少数强制性公债外）、有偿性和流动性，这与税收的特征是完全相反的。公债通过市场销售出去，政府在一定期限还本付息，债券的持有者也可以通过市场进行债券交易，所以具有很强的流动性，帮助公债实现价值，成为一种特殊的财政收入。

第二，公债是以国家或政府为主体的一种重要的信用形式。公债的债务人是公共部门（国家或者政府），因此它属于国家（政府）信用。公债的存在意味着公共部门未来的、扩大了的财政支出，公债的发行不是原来财政收支缺口的消失，而是转移到了未来某个时期。国家信用是商品经济发展的产物。现代经济中的国家信用可以分为公共部门作为债务人的财政筹资信用（如公债、政府借款等）和公共部门作为债权人的财政投资信用（如基本建设“拨改贷”、财政投资）。公债是国家（政府）发行的债券，信用极高，因此又被称为“金边债券”。

第三，公债是政府的重要经济杠杆之一。公债的作用不仅仅局限于筹集财政资金、弥补财政赤字、平衡预算，它还是政府调节经济、实现宏观调控、促进经济的稳定和发展的重要经济杠杆。政府实施财政政策是通过发行公债、灵活运用公债资金进行的。公债对经济的调节作用将在第三节中详细讨论。

二、公债的分类

公债可以按照不同的标准进行分类：

（一）内债和外债

按照公债发行地域分类，公债可以分为内债和外债。内债是政府在本国境内发行的公债，其认购主体是国内法人和本国公民，债权人为金融机构、机关团体、企业和居民个人，其发行与偿还一般以本国货币为计量单位。外债是本国政府境外举借的债务，债权人可以是外国政府、国际金融组织、外国银行、外国企业、团体组织和个人，通常以债权国通货为计量单位，也可以以双方同意的第三国通货作为计量标准。

（二）中央公债和地方公债

以发行主体为标准，可以将公债分为中央公债和地方公债。中央公债是以中央政府作为债务主体的公债；而地方公债则是由地方政府发行的债务。只有满足地方财政完全独立于中央财政的条件，公债才可以严格地分为中央公债和地方公债。而两者的经济影响是完全不同的，中央公债的发行、使用以及还本付息安排都是从国民经济的全局和整体考虑的；地方债务只是从本地角度发行，对经济的影响也是局部的。两者之间的差别还在于中央可以通过货币创造提供承购款，而地方政府的筹资能力明显地弱于中央政府。

（三）短期公债、中期公债和长期公债

短期公债多指一年以内到期的公债，其特点是周期短、流动性强，类似于货币。政府可以随时发行债券，以补充财政资金的不足，短期公债在金融市场上还是执行货币政策、调节市场货币供给量的重要政策工具。中期公债一般指 1 年以上 10 年以下的债券，它与短期和长期公债相配合，有利于吸收资金，既可以用来弥补财政赤字，又可以作为重点建设资金的来源。长期公债指 10 年以上的债券，为国家提供长期的公债基金，但由于发行期限长，债务人的利益会受到币值和物价波动的影响，给长期债券的销售带来不利影响。

（四）可转让公债和不可转让公债

可转让公债，也被称为上市公债，是指能够在证券市场上自由流通买卖的公债。认购者可以根据资金需求和市场行情随时兑现公债或者转让他人，从而满足投资者的流动性要求，降低其机会成本。不可转让公债，是指不能在证券市场上自由买卖的公债，只能由政府还本付息，由于其流动性差，投资的机会成本比较高，所以推销余地不大，在公债中所占比重较低。

（五）其他分类方法

按公债发行性质的差异，可以分为强制公债和自愿公债；按公债利率的确定方式，可以分为固定利率公债、市场利率公债和保值公债；按公债的计量单位，可以分为货币公债、实物公债和折实公债，等等。

三、公债的规模

公债一定要保持一定的规模，如果公债的规模失控，不但难以发挥正常的效应，反而会给国家财政和社会经济的正常运转带来消极影响。公债的发行量受到很多因素的制约，其中主要有以下几个方面：

第一，社会应债能力。社会上个人和应债机构的资金能力是制约公债规模的重要因素，公债的发行规模不能超过全社会的应债能力，否则会影响全社会的积累与消费能力的比例关系。公债的发行对象主要是个人以及应债机构。认购者的承受能力，自然是指个人和应债机构的承受能力。

第二，政府的偿债能力。政府的偿债能力是指政府作为债务人对其所借债务还本付息的能力。公债是有偿使用的，不论其期限长短，最终都是要偿还的。公债在借入期内可以增加财政可支配资金，但在偿还时则要增加公共支出。公债的发行规模也要受到偿债能力的制约，如果不充分考虑政府的偿债能力而过量发行公债，就有可能导致政府的债务危机和国民对政府的信任危机。

第三，公债的使用效益。适度的公债规模不仅要从有关指标的相对数和绝对数来看，还要从公债最终的使用效率来考察。如果公债用于社会效益型项目，公债再投资的收益可以满足还本付息的需要，不会形成国家的债务负担，在这种情况下，公债的规模可以大一些，如果公债再投资的收益不足以支付公债的还本付息，就会造成国家新的负担，则公债规模应该小一些。

第四，其他因素。其他因素也影响公债的规模，其中社会总供给的结构和外贸出口创汇能力也是确定公债规模应该考虑的因素。在确定公债的发行量时，要对公债的再分配所引起的物资需求结构的变化进行估计，此时社会总供给的结构就成为其发行量的一个制约因素。外债出口创汇能力是制约外债规模的一个重要因素，外债需要外汇偿还。外汇出口创汇能力强，外汇收入在应付了正常的外汇支出后仍有较大的余地偿付到期外债本息，外债的规模就可以大一些。

公债的规模可以用一系列指标来衡量和控制：

第一类指标是反映公债规模与国民生产总值关系的指标。

1. 当年公债发行额与国民生产总值的比率

$$\text{当年公债发行额与国民生产总值的比率}=\frac{\text{当年公债发行总额}}{\text{当年国民生产总值}}\times 100\%$$

这一指标一方面反映当年公债发行总量与经济总规模的数量关系，另一方面则反映了当年国家通过公债再分配对国民生产总值的占有情况。根据经验，这一数据一般控制在 5%～8%之间。

2. 公债负担率

公债负担率指公债余额和当年国民生产总值的比率，其中公债余额是指历年发行的公债到当年为止尚未偿还的累积余额。这一指标反映国家公债总额与国民生产总值的数量关系，体现了国民负担公债的情况，它是衡量经济总规模对公债承受能力的重要指标，也是用于反映公债规模的主要指标之一。其计算公式为：

$$\text{公债负担率}=\frac{\text{公债余额}}{\text{国民生产总值}}\times 100\%$$

利用这一指标控制公债规模，在国际上有一个相对标准，即公债负担率应控制在10%左右，不超过 15%为宜。

3. 偿债率

这是指当年公债还本付息额与当年国民生产总值的比率。这一指标反映当年债务偿还额与国民生产总值的数量关系。其计算公式为：

$$偿债率=\frac{当年公债还本付息额}{当年国民生产总值}\times 100\%$$

控制偿债率的关键是控制公债发行额，通常情况下，这个指标以5%～6%为宜。

第二类指标是反映公债规模与公共支出关系的指标。

1. 公债依存度

指当年的公债发行额占当年公共收入的比率，表示公共收入相对公债的依存程度，是控制公债规模的重要指标，其计算公式为：

$$公债依存度=\frac{当年公债发行余额}{当年公共收入总额}\times 100\%$$

根据国际通用指标，公债依存度一般在15%～20%左右。

2. 财政债务负担率

这是当年公债余额与公共收入的比率，这一指标反映历年发行的公债到当年为止尚未偿还的余额与公共收入的数量关系。用公式表示为：

$$财政债务负担率=\frac{当年公债余额}{当年公共收入总额}\times 100\%$$

3. 财政偿债率

这一指标是当年公债还本付息额与当年公共收入之间的关系，它反映当年财政能承受的还债负担，也反映了公共收入中政府可以直接支配的数额以及通过偿还转移给债权人的财力数额；在借新款还债的情况下，它还制约着当年国债的发行规模。其计算公式为：

$$财政偿债率=当年公债还本付息额/当年公共收入总额\times 100\%$$

一般认为，这一比例应该小于20%为宜。

第二节　公债的结构、发行与偿还

一、公债的结构

公债的结构指的是不同类型或不同性质的公债的相互搭配以及各类公债收入来源的有机结合。其主要内容包括：

1. 公债的期限结构

公债的期限结构指不同期限的公债总额中的构成比例。短期公债较容易发行，同时也是弥补当年财政赤字的最好手段，但在使用上受到很大限制；中长期公债对政府筹资更为有利，不过有些情况下发行比较困难。合理的公债期限结构应该是短期、中期、长期公债并存的结构，避免某一期限的债务过于集中，这样既有利于满足不同投资者的投资需要，又有利于满足政府不同的筹资需要，分散了还债时间，缓解了债务压力。

2. 公债的持有者结构

公债的持有者结构，也称为公债的资金来源结构，是指在公债总额中不同性质的承购主体持有公债的构成比例。公债的承购主体可以是居民个人、企事业单位和各金融机构等。不同承购主体持有公债的比例不同，对公债的发行成本及公债的经济调节功能会产生不同的影响。个人持有比例大，则公债资金来源比较分散，筹资成本高；如果从事生产经营的企事业单位持有公债的比重大，承购主体就比较集中，承购数额大，发行成本也相对低，在此情况下公债引起的国民收入再分配主要表现为积累资金内部结构的调整，公债转化为弥补财政赤字被用于非生产性支出时，还会引起积累基金向非生产性支出转化。如果公债的持有者中还包括金融机构，那么其持有公债的状况会对货币流通量产生影响。

3. 公债的利率结构

公债的利率结构，指的是不同利率水平的公债在公债总额中的构成比例。公债的利率水平对公债的发行和偿还具有双向制约作用。在现实生活中，决定公债利率结构最重要的因素是公债的期限结构，合理的期限结构是合理的利率结构的基础。利率水平越高，给公债投资者带来的收益越大，就越有利于公债的发行；但利率水平同时也是决定付息数额的重要因素，利率水平越高，政府的还债负担越重，政府承受的债务规模可能越大。不同期限的公债适用不同的利率，应根据社会经济发展中资金的供求状况、证券市场上的平均利率水平以及使用方向等因素同时兼顾发行的需要和偿还的可能来确定合理的利率水平和利率结构。

二、公债的发行

现代社会中，公债的主要发行方法有公募法、包销法和公卖法。

1. 公募法

公募法指的是政府或者受政府委托的部门向社会公众募集公债的发行方法。公募法又可以分为直接公募法和间接公募法。

直接公募法，即由财政部直接面向全国公众募集公债、发行的成本全部由财政部门承担的方法。运用直接公募法发行公债，政府能够直接控制公债的发行权和发行过程，但由于发行对象过于分散，会导致销售时间长，发行成本比较高。间接公募法，即由政府委托银行或者其他金融机构承担公债发行责任，通过金融系统向社会公开募集公债的方法。间接公募法将公债发行权以及发行事务交由金融机构代理，公债的推销比较方便，收入及时而且筹资成本相对低。这种方法能较好地适应社会资金结构，较为灵活地调节市场货币流量和流向，但政府对公债的发行管理的影响力不如直接公募法。

2. 包销法

包销法又被称为承受法，是指政府将发行的债券统一售卖给金融机构，由金融机构自行发售的方法。包销法与间接公募法在形式上有类似之处。实行间接公募法，金融机构只是代理发行权和事务，政府监督和指导发行过程；包销法则是公债发行权的转让，通常情况下，政府不再干预，金融机构可以自主执行发行权。包销法也有中央银行、商业银行和金融集团承销三种办法。

3. 公卖法

公卖法又被称为出售法，是指政府在证券市场上以公开出售的方式发行公债，公债的发行价格随行就市，随市场资金供求情况变动。其优点在于能够在金融市场上筹资大量游资，从事实上为国家调节货币流通量、金融市场供求状况以及利率水平提供操作工具。其缺陷是发行受资金市场制约，公债收入不够稳定，同时也给证券交易造成较大的压力。

各国通常根据本国的经济社会条件以及各种发行方法的优缺点来选择一种或者几种方法来发行公债。一般来说，银行信用制度比较发达、证券市场比较健全的发达国家都采用公卖法或公募法；而信用系统不健全、证券市场不够发达的发展中国家，通常采用的是包销法等其他方法。

三、公债的偿还

公债的偿还方法主要有以下几种：

1. 买销法

买销法又被称为市场偿还法，是由政府按照市场价格在证券市场上买进政府所发行的公债，此时政府公债的偿还就通过市场交易得以完成。这是一种间接偿还方式，对政府而言，偿还成本低，操作简单；缺点主要在于背离公债发行时的信用契约，存在提前和推后偿还的可能。买销法在发行方法上一般对应为公卖法。

2. 比例偿还法

比例偿还法是政府按照公债的数额，分期按比例偿还。由于此种偿还方式是政府不通过市场而直接向公债持有者偿还公债的本息，所以又称为直接偿还法。偿还比例的确定包括平均比例偿还、逐年递增比例偿还、逐年递减比例偿还等具体做法。比例偿还法的优点是有利于政府安排偿债基金，使公债的偿还有稳定的资金来源，能够严格遵守信用契约，但预先确定偿还期限和比例，政府机动性小，政府在面对财政困难时容易陷入被动。

3. 抽签偿还法

抽签偿还法指的是政府通过定期抽签确定应清偿的公债的方法，一般是以公债的号码为抽签的依据，一旦公开抽签的号码确定，所有相同号码的公债都同时予以偿还。抽签偿还法也是一种直接偿还法，中国 20 世纪 80 年代初发行的国库券就采用的是抽签比例偿还法。

4. 一次偿还法

一次偿还法是指国家定期发行公债，在公债到期后一次还本付息。中国在 1985 年以后发行的国库券就是规定发行期限到后一次还本付息的。

偿还公债所需资金的来源有以下几种：

第一，偿债基金。指政府预算设置一种专项基金，专门用以偿还公债，即每年从财政收入中拨出一笔专项基金用于偿还公债所用。这种方法的优点在于能够保证公债的及时偿还，保证债权人的利益，提高公共信誉，使偿还具有计划性，从长期看还可以平衡偿还。缺点是限制国债的许多调控功能，而且容易被挪用。

第二，预算盈余。政府用上年预算收支的结余部分来偿还公债的本息。此方法增加了政府还债的灵活性，可以增强政府预算的弹性。但世界大部分国家都出现了赤字，即使有盈余，数额也不多，所以一般来说预算盈余只能作为偿还公债的部分来源，不能成为主要来源。

第三，举借新债。指政府通过发行新的公债筹集资金偿还到期债务。采用这种方法能够推迟政府实际偿还时间，延缓偿债负担，暂时渡过偿债高峰。缺点是很难从实质上减少债务，同时还要有良好的信用和比较发达的金融市场等社会经济环境。

第三节　公债的经济效应与效率边界

一、公债的经济效应

公债的经济效应是指公债运行对社会经济生活产生的结果或影响，这种影响是通

过公债功能的运用实现的。公债的发行会对社会资源分配状况进行调整，表现为公债的分配效应；发行公债对市场运行也会产生影响，这包括公债的挤出效应和货币效应。

（一）公债的分配效应

公债发行、流通以及偿还各个环节都对财富进行分配，这种影响就称为公债的分配效应。

1. 公债发行的分配效应。发行公债实质上是对国民收入进行再分配的过程，不论政府借债是何种目的，这种再分配都会造成国民收入从社会认购者手中转给国家，在政府可支配财力增加的同时，个人和企业的可支配财力减少了。这种改变在不同条件下的影响可能不同，在政府财力相对困难情况下，发行适量公债可以在不影响认购者正常支出的同时增加政府公共支出，政府支出的扩大给政府职能的实现提供了财力支持，提高了资源的利用率。而在国民收入分配中政府集中度很高的时候，若再强制性摊销公债，会给社会经济带来巨大压力。

2. 公债使用上的分配效应。公债对国民收入使用方向产生何种再分配影响，主要取决于购买公债的资金性质和公债的使用方向两个因素，由此可能产生公债的积累效应、公债的消费效应、公债的内转效应。积累效应是指公债由消费者个人购买，或者由企业用消费基金购买，用于生产建设方面，社会的消费需求就转化成了投资需求。消费效应是指公债由企业的生产性基金购买，或由个人投资购买，社会投资需求转化为消费需求，产生对国民收入分配的消费效应。由于公债用于非生产性消耗很难转化为自身的偿还能力，而更多的是影响内部结构的变化，这种变化体现为内转效应。内转效应是指由于发行公债而引起的国民收入在积累基金内部或者消费基金内部相互转化的效应。积累基金的内部转化往往可以优化投资结构，协调重组各产业比例。

3. 公债偿还的分配效应。如果政府将公债用于投资并产生收益，不形成任何债务经济负担，成为一种良性的分配效应。如果公债使用没有带来收入，还债负担由纳税人承担，形成纳税人的公债负担。政府采用以新债还旧债，信用关系延续或者替代，成为债权主体之间的一种替代效应。

（二）公债的挤出效应

公债的挤出效应是指政府发行公债引起了利率的变化，使一部分私人信贷被挤出。由于私人信贷是私人用于投资的资金，政府发行公债挤出了一部分私人投资，整个社会增加的投资额要小于政府公债进行的投资。公债的挤出效应的过程是：政府发行公债吸收市场借贷资金，在货币供给量不变的情况下，整个社会对储蓄的需求增加，储蓄总量不变，引起利率上升，当利率上升时，私人部门投资减少，被迫挤掉的投资额小于政府公债的发行额。

（三）公债的货币效应

公债的货币效应是指公债发行对一国货币供给的影响。公债对货币流通量是否产生影响，主要取决于它的认购者，认购的资金来源及其与中央银行货币发行的关系。公债向居民发售时，资金的主要来源是现金和存款，这表示货币由商业银行向中央银行的转移。一般认为向居民发售公债对货币供给的影响是中性的，但国家如果将公债扣留国库不用，会导致流通中的货币量绝对减少。公债如果发售给企业，企业资金向财政资金转化。在公债向商业银行发售的情况下，商业银行可利用未完全使用的超额准备金、收回的贷款或自己投资等方法筹措认购公债的资金，也将不会增加流通中的货币量。公债向中央银行发售的情况下，中央银行可以从财政部门购入公债，也可以间接从公开市场上购进公债。直接从财政部门购回公债将会创造出一定量的货币，如果商业银行所持有的中央银行负债（准备金）增加，会导致货币供给的倍数扩张。

二、公债的效率边界

（一）公债对经济的影响

公债对经济的影响可以表现为宏观和微观两个方面。公债的宏观影响主要是公债对总需求与总供给所产生的影响；而公债的微观影响则主要是公债对资源配置以及收入分配所产生的影响。

从宏观上看，公债的发行量和发行方式的不同会对总需求产生不同的影响，政府支出是社会总需求的一个重要组成部分，它的变化会直接导致总需求的增减。如果政府支出的增加不会引起私人部门支出的减少，或者说它引起的私人部门支出的减少量小于政府支出的增加量，那么政府发行公债并将它们用于增加支出会使总需求增加，社会总产出或者社会物价总水平也发生变化。为达到宏观经济目标，应该对公债的发行量进行控制，另一方面公债的规模太大则会产生偿债负担重、公债依存度过高等后果。

从微观上看，公债对经济的影响表现为对经济结构的影响，主要是对资源配置和收入分配两个方面的影响。而对资源配置的影响尤为重要，因为它体现了公债是否有效率。公债能改变资源在公共部门和私人部门之间的分配，可以通过创建或者扩大公共企业的方式，引起公共生产和私人生产比例关系的变化。

（二）公债筹资的效率界限

公共支出一般可以分为经常性支出和资本性支出，这两类支出性质不同，公债筹资的界限也不一样，公共品的受益者和成本的承担者应该一致，这两类支出应该做不同的分析。

政府部门的经常性支出应该由税收来支出。政府部门的经常性支出是一种即期消费，原则上应该由税收来筹集，如果政府以公债收入来负担经常性支出，则公共品的利益使现在的人无偿享受，却要以后的人承担偿还责任，影响了公共支出的效率。

政府的资本性支出可以由公债来筹资，与公共产品当期的收益相应，纳税人必须付出相应的成本，这是资源配置提供的一个合理的效率标准。其实资本性支出本期承担的部分原则上也应该是由税收方式来筹资，如果通过公债筹资，将来的受益者和成本承担者应该一致，通过成本效益的均衡机制达到资源配置的效率。

公债筹资中的效率界限分析说明公债的发行应该是有限度的，这个限度就是资源配置的效率。公债应该以未来收益的数量作为先期发行的限度。因此，对于当期税收与当期经常性支出中本期的分摊额之间的差额，应该以增加税收或者消减政府支出的方式来解决。可以采用公债的方式对资本性支出中由以后受益者所承担的部分进行筹资，而范围也仅限于此。

本章小结

公债是以政府信用为基础，在国内外以筹集资金为目的而形成的债权债务关系。国家和政府是公债的债务人，公债是政府以信用方式获得资金的重要方式。公债根据不同的标准可以分为内债和外债，中央公债和地方公债，短期公债、中期公债和长期公债，可转换公债和不可转换公债等。公债的主要发行方法有公募法、包销法和公卖法；偿还的办法主要包括买销法、比例偿还法、抽签偿还法、一次偿还法。公债的负担指的是由于政府发行公债所必需的还本付息能力，公债会增加社会的税收，社会可支配收入减少，在一定程度上是一国公民的负担。

思考题

1. 公债通常有哪几种分类方法？

2. 简述公债的发行方式以及偿还方式。

3. 公债的收支是否应该列为财政收支？为什么？

4. 公债市场如何分类，具有哪些经济功能？我国公债市场有哪些特点？进一步发展完善应该注意哪些问题？

5. 中国有三家政策性银行，分别为国家开发银行、中国农业发展银行和中国进出口银行。请问这三家银行的债务是否为国家债务？它们所提供的信用是否为国家信用？

第四篇　公共收支管理

第十一章

公共收支预算

本章要点：

公共收支预算，简称公共预算，是政府管理巨额的公共收支以确保各项政策意图实现的一个重要手段。它反映了政府活动的范围、内容、政策导向。本章主要介绍公共预算的概念、分类、原则和公共预算程序。

第一节　公共收支预算：含义、分类与范围

一、公共收支预算的含义

所谓公共收支预算，简称公共预算（public budgeting），也称作国家预算或政府预算，指的是经法定程序批准的政府部

门在每一个预算年度的全部公共收支结构一览表。简言之，公共预算是政府部门的公共收支计划。在这个特定的表格中，政府财政收入和支出分门别类，一目了然。公共预算的过程包括：预算的编制（公共收支平衡计划安排）、预算的执行（公共收支的筹措和使用过程）、预算的年终决算（预算执行的总结）。由此可以看出，公共预算一方面提供信息，报告政府活动的范围和程度。另一方面，也是一种管理手段，分配公共收入和控制公共支出。

作为政府部门的公共收支计划，公共预算具有三个方面的功能：它反映和规定了政府部门在预算年度内的活动范围、方向和重点；它是立法机关和全体社会成员监督政府收支运作的途径和窗口；它是控制公共支出规模的一个有效手段。

公共预算的起讫日期，即有效期限为1年，也称为财政年度。各国预算年度的起讫日期不尽相同，由各个国家根据自身的政治经济情况决定，不一定和自然年度一致。

不同的经济体制有不同的政府预算的制度安排。在市场经济下，“公共选择”的范围（政府预算的制度）是按政府设置的行政区划进行的，有一级政府即有一级财政收支活动主体，也就有一级预算。在现代社会，大多数国家都实行多级预算。如美国有联邦、州、地方三级财政预算制度。对于统一的国家来说，各级政府预算的目标是一致的。在这个前提下，地方政府预算之间有差别。我国的国家预算组成体系由中央政府和地方各级政府构成。《中华人民共和国预算法》（自1995年1月1日实施）规定，我国设立中央、省（自治区、直辖市）、市（设区的市、自治州）、县（自治县、不设区的市、市辖区）、乡（民族乡、镇）五级预算。

二、公共预算的分类

世界上最初的国家预算是十分简单的，政府将财政收支数字按一定程序填入特定的表格，国家预算也就形成了。随着社会经济生活和财政活动逐步复杂化，国家预算逐步形成多种预算形式和预算方法的复杂系统。从预算的名称看，有单式预算、复式预算、零基预算、增量预算、中长期预算、项目预算、行动预算、绩效预算、国民经济预算、充分就业预算等。下面主要分析两种：一是以形式上（预算计划表格的结构）的差别为依据划分的单式预算和复式预算；二是以内容上（预算计划的指标或数字）的差别为依据划分的增量预算和零基预算。

（一）单式预算和复式预算

1. 单式预算

单式预算，也称单一预算，是政府把所有预算收支都列在一个统一的计划表格

（预算平衡表）内，而不去区分各项或各种财政收支的经济性质。也就是说，只要是收入项目，就一概列入“收入”栏内，只要是支出项目，就一概列入“支出”栏内。简便易行，便于立法机关审议批准和社会公众的了解。

从预算账户的定义恒等式看，政府预算收支符合下式：

预算收支＝预算支出＋平衡基金

预算收入正巧等于预算支出，平衡基金为零，称为预算平衡。这种情况是罕见的，通常平衡基金不为零。当预算收入大于预算支出时，平衡基金为正值，称为预算盈余；当预算收入小于预算支出时，平衡基金为负值，通常用红字标出，称为预算赤字。因此，单式预算对政府预算收支差额表现为盈余还是赤字的情况是一目了然的。

政府预算支出按性质可以分为两类：预算经常支出和预算资本支出。预算经常支出是指预算单位的流动性支出，包括公用经费（办公经费、出差经费等）、人员经费（工作人员的工薪、福利等）、规定设施的日常维护经费等，相当于市场机制中企业生产的流动资本部分。预算单位可以看做是提供或生产公共劳务的“生产单位”，那么，经常支出是维持“生产单位”正常再生产的必要条件。公共劳务生产单位的支出是不可能通过市场回收的，因此要政府预算资助。预算资本支出是指预算单位的固定资产支出（投资），包括建筑物、大型仪器设备、大修理等支出，相当于市场机制中企业的固定资产投资。固定资产是提供公共劳务必不可少的条件，在资本使用寿命期内都能发挥作用。这就是说，预算单位的经常经费是每年必须提供的，而资本支出却不需要每年提供。前者的预算称为经常预算；后者的预算称为建设预算，实际上就是资本预算。

单式预算把上述两种不同性质的预算在一个预算平衡表中反映，没有把全部的财政收入按经济性质分列和汇集平衡，不便于经济分析和有选择地进行宏观经济控制。

2. 复式预算

复式预算是从单一预算组织形式演变而来的。在预算年度内，将全部预算收支按经济性质汇集、归类，分别汇编成两个或两个以上的预算，以特定的预算收入来源保证特定的预算支出，并使两者具有稳定的对应关系。常见的复式预算是把公共预算分成经常性预算和资本预算（建设预算）两个部分。其中经常性预算主要以税收为收入来源，以行政事业项目为支出对象；资本预算主要以国债为收入来源，用于营利性的经济建设支出。

复式预算的最大特点是：（1）由于把政府在一般行政上的经常收支列为经常预算，而把政府的资本投资支出列为资本预算，因此能够区分各项收入和支出的经济性质和用途，便于政府权衡支出性质，区分轻重缓急，做到资金使用的有序性，比较合理地安排使用各类资金，便于经济分析和科学的宏观决策与控制。（2）把预算分成经常预算和资本预算两个部分，两个部分以各自来源应付各自的支出，各自平衡，这就打破了预算的完整性原则和传统的收支平衡观念。（3）由于把国债收入作为资本预算的正常收入项目，这就使得资本预算总是平衡的，只有经常预算的收支才可能有差额。

复式预算对预算安排和预算分析有一定的意义，目前，很多国家编制复式预算，但编制和实施比较复杂。

（二）增量预算和零基预算

1. 增量预算

增量预算（incremental budgeting，IB），也被称为调整预算法，指在确定下一年度财政收支计划指标时，考虑上一年度情况，在以前财政年度的基础上，按新的财政年度的经济发展情况、政府政策重点等因素加以调整来确定当年指标。这是比较常用的预算编制方法。做法是：逐项确定支出预算，以各项支出上年度的支出数为依据，以人员经费的保障为重点。由于充分考虑既得利益，遇到的阻力较小，工作量也不大。但其编制的初衷是控制支出规模，却往往由于平均分配资金，对原有不合理的因素无法加以调整，导致支出规模的日益膨胀。

2. 零基预算

零基预算（zero-based budgeting，ZBB），与增量预算相对应，指在确定下一年度财政收支计划指标时，对所有的政府收支完全不考虑以前的水平，重新以零为起点来确定预算指标。零基预算不受原有因素的约束，可以有效提高财政资金的利用效率，但是编制工作量较大，遇到的阻力也较大。这一预算方法于1962年美国农业部尝试采用，1977年卡特当选为总统后，极力倡导在联邦政府内推行零基预算。1981年里根政府上台后，联邦政府不再推行零基预算，但仍有一些州和城市继续运用这一方法编制预算。

世界各国的预算，无论是单式预算或是复式预算，主要仍采用增量预算法。零基预算事实上还未成为确定的编制预算的一般方法，通常只用于具体收支项目上。长期以来我国预算编制采用分项增量法，近年来有些省、市试行零基预算法，并取得一定的成效和经验。

国家预算的划分，在总体上只包括上述的两种类别。至于其他各种预算名称，有些属于政府预算政策的代名词，有些是某项或某几项财政收支指标的测定方法，有些则是预算执行情况的考核方法。如中长期预算实际上是政府的中长期财政状况的预测；项目预算、行动预算和绩效预算的某些建设项目或某些行政支出的安排和核算方法，属于工程预算或行政事业单位预算的范畴；国民经济预算和充分就业预算，事实上是一种预算政策，如充分就业预算，就是政府按照凯恩斯主义财政思想设计的以实现充分就业为政策目标的一种财政政策。

三、公共预算的原则

国家预算原则是指国家选择预算形式和体系以及编制国家预算应遵循的指导思想和方针。预算原则是伴随着现代预算制度产生的，并且随着社会经济和预算制度的变化而不断变化。

自国家预算产生之后，就开始了对预算原则的探讨和争论，曾形成各种各样的思想和主张。19 世纪初，现代预算制度初步建立，资本主义国家早期主要是健全财政的思想，与之观点相适应的是，资产阶级经济学家提出了包括完整性、统一性、年度性、可靠性、法律性和公开性的预算原则。但资本主义走向垄断、垄断资本形成并控制了政府之后，政府行政机构的权力加强了。特别是 20 世纪 30 年代经济大危机以后，凯恩斯主义主张国家干预经济成为一种社会潮流。因而，政府行政机构在公共预算决定上明显地表现出主动权，能典型代表这一倾向的是 1945 年美国联邦公共预算局局长史密斯提出的八条预算原则。其中的主要观点是，公共预算必须反映行政计划，加强行政责任；同时还要求政府应配备足够的编制和执行预算的机构及相应的人员等。

时至今日，影响较大并为世界大多数国家所接受的预算原则，主要有以下五项。

（一）年度性原则

预算的起讫时间通常以 1 年为标准。预算年度是各级政府编制和执行预算所依据的法定期限。不同国家预算年度的起讫时间是不同的，有的国家以日历年度为预算年度，从公历 1 月 1 日起至 12 月 31 日止，如中国；有的国家以跨年制为预算年度，如英国、日本和加拿大的预算年度是从当年的 4 月 1 日至次年的 3 月 31 日，瑞典、澳大利亚的预算年度是从当年 7 月 1 日至次年的 6 月 30 日，美国的预算年度是从当年的 10 月 1 日起至次年的 9 月 30 日。为了合理安排财政收支，也有些国家编制中长期的跨年度预算。

（二）可靠性原则

预算是事先制定的下一年度政府财政收支安排计划，因此具有预测性。在编制预算时，必须对下一财政年度的经济形势、政府收入情况做出尽可能准确的预测，同时根据政府收入安排支出，合理配置资源。虽然预算实际执行情况不可能与预算计划完全一致，但是，如果预算实际执行情况与预测相差过大，将使得政府处于被动地位，因此，各个国家也都非常重视提高预测的准确性，使政府预算真实可靠。

（三）全面性原则

预算是政府的收支计划，为了全面反映政府收支活动，政府的所有收入、支出以及债务，除了某些特殊的例外情况，都必须纳入公共预算，体现预算的完整性，接受立法部门和社会公众的监督，即使有部分预算外收支，其有关信息也必须在有关预算附录中加以说明。

（四）公开性原则

政府预算应该公开透明。政府收支活动的全过程，包括预算的编制、执行和结算，除了某些特殊的例外，都必须向立法机构和社会公众公开。公开性一方面是为了加强立法部门和社会公众对预算的监督与控制，防止公共资源的浪费；另一方面预算具有重要的政策导向，也有利于社会公众了解政府政策，引导其合理做出决策。

（五）法治性原则

预算必须经过立法机构的审查和批准，才能够执行，没有立法机关的批准，政府不能任意动用预算资金。同时，公共预算一旦经过立法机构就具有法律效力，是一项法律性文件，具有严肃性和权威性，必须严格执行，未经法定出席，任何部门、个人都不得擅自改变已经通过的预算。

应当指出，上述预算原则是就一般意义而言的，不是绝对的。一种预算原则的确立，不仅要以预算本身的属性为依据，而且要与本国的经济实践相结合，要充分体现国家的政治、经济政策。一个国家的预算原则一般是通过制定国家预算来体现的。

第二节　公共收支预算程序

一个完整的公共预算过程包括预算编制、预算审批、预算执行以及预算决算四个阶段，不同国家由于政治体制的不同，预算过程的参与主体及其作用是不同的。

一、公共预算的编制

预算编制是整个预算周期的开始。预算编制通常是由政府部门负责，不同国家主持具体编制工作的政府机构是不同的，主要有两种类型：

一是由财政部门主持预算编制工作。如中国、英国、德国和日本等，财政部根据各种统计资料和对经济形势的预测，编制收入预算草案，同时，根据政府政策的侧重点，指导和协调政府各部门编制支出预算草案，在汇总政府收入及各部门支出预算的基础上，形成政府预算草案，由政府提交立法机关审议。

二是由政府特设的专门预算机构主持预算编制工作。如美国，公共与预算管理办公室（Office of Management and Budget，OMB）是支持联邦政府预算的专门机构，是总统办事机构之一，直接向总统负责，根据总统提出的预算方针负责准备联邦预算，指导各部门起草预算方案并对预算执行过程进行管理，而财政部门只负责编制收入预算。

各个国家预算编制工作开始的时间也不完全一样，有的国家预算编制工作历时一年多，有的国家可能只有几个月。各国预算编制的程序也有差异，通常政府预算编制程序都包括三个步骤。首先，政府最高行政机关根据下一年的施政纲领，制定预算编制的方针政策，确定政府支出的优先原则。其次，各部门在这一预算原则的指导下编制部门预算。最后，预算主管机关对各部门和单位的预算进行汇总、审核和协调，形成政府预算草案，然后报立法部门审查。为了协调各部门支出，政府预算过程有时可能要经过上下几次反复。

如美国联邦预算，启动时间早，预算周期长，一般在新的财政年度开始前的18个月就开始启动预算编制工作了。以2010财政年度（2009年10月1日至2010年9月30日）的预算编制为例，政府预算过程如下：（1）2008年3月，公共与预算管理办公室（OMB）就根据总统确定的预算政策，向联邦政府各部门发出预算通知，对于联邦各部门的预算编制工作提供一般性指导和要求。（2）2008年4—6月“一上”，即各部门做初步估计和概算，对当前支出水平和服务状况进行评估，并假定保持当前服务水平或有所提高时，初步选择所需要的主要项目和基本支出水平，OMB同各部门讨论年度预算的主要问题，协商优先选择项目。（3）2008年7—8月“一下”，即OMB在与总统、总统经济顾问委员会、财政部的协商合作下，确定具体的预算编制方案，向联邦各部门发出详细预算指导文件，各部门编制正式预算书。（4）2008年9月初“二上”，即所有政府部门和独立的预算机构，都应当向OMB提交本部门、本机构的预算。（5）2008年10—11月，OMB工作人员根据总统的优先政策以及项目绩效、预算限制等，分析各个部门和机构提出的预算申请和建议，并向OMB主管和OMB内的相关政策负责人报告审查意见和结论，OMB起草联邦预算文件。（6）2008年11月末“二下”，即OMB向总统提交一份完整的预算建议，总统审核并提出修改意见，OBM将预算决定通知各部门。（7）2008年12月，OMB完成联邦预算草案编制，各部门可以向OMB和总统提出修改某些预算决定的要求，OMB与各部门磋商并予解决，OMB不能解决的问题提交总统决断。（8）2008年12月，总统通常在国会发布国情咨文讲话后一周内，向国会提交联邦预算文件。至此，历时9个月，联邦政府预算编制过程完成，联邦预算草案将提交国会审查批准，进入国会预算程序。

虽然我国中央政府预算编制程序启动时间已经大为提前，但编制时间仍相对较短。以 2010 年财政年度的预算编制为例，我国中央政府预算编制过程如下：（1）2009 年 6 月初财政部向中央部门下达关于编制 2010 年中央部门预算的通知，明确 2010 年中央部门预算编制的指导思想、预算编制的工作重点、预算的编报时间以及编报要求。（2）2009 年 8 月 10 日前“一上”，即各中央部门结合本部门的具体情况，部署所属各单位编制预算草案，汇编形成部门预算建议数，报财政部审核。（3）2009 年 10 月 31 日前“一下”，即对各部门上报的预算建议数，由财政部各业务主管机构进行初审，由预算司审核、平衡，汇总成中央本级预算初步方案报国务院。国务院向省、自治区、直辖市政府和中央各部门下达编制下一年度预算草案的指示，财政部根据国务院审定的中央预算（草案）确定各部门的预算分配方案，向中央各部门下达预算控制数。（4）2009年 12 月 10 日前“二上”，即各部门根据财政部下达的预算控制限额，编制部门正式预算草案上报财政部。（5）2009 年 12 月 28 日前，财政部在对各部门上报的预算草案审核后，汇总成按功能编制的本级财政预算草案和部门预算，报国务院审批，准备提交全国人大预算工作委员会预审。

二、公共预算的批准

政府预算过程完成后，将进入立法部门对预算的审查和批准过程，政府预算必须经过立法机关的审查和批准才能够生效。立法部门和行政部门围绕预算资源配置权力的争夺是一个政治过程，立法部门内各党派围绕预算的斗争也是十分激烈的。由于各个国家政治体制不同，立法部门审查预算的机制和权力大小也是不同的。

有的国家立法机关对政府提交的预算修改权力非常大，几乎没有约束，立法机关可以增加或减少每个政府支出项目或者政府收入，而不需要得到政府部门的同意，政府的每一项支出都必须得到立法机关的授权才能获得预算资金。实行总统制的国家多采用这种模式，如美国。总统也可以否决立法机关的决议，因此，行政部门和立法部门围绕预算的斗争是十分激烈的。威尔达夫斯基（Aaron Wildafsky）认为，美国政治思想的真实内涵是：钱包的权力是立法机关授权的核心，也是对行政部门进行检查的基本内容。自 20 世纪 80 年代以来，美国由于总统和立法部门围绕预算难以达成一致意见，多次发生联邦政府关门事件。

有的国家立法机构对政府提交的预算的修改权力进行了约束，对最多可增加多少支出或减少多少收入有一定的限制。如英国、法国，立法机关不能提议增加支出。德国虽然允许立法机关提议修改支出，但必须得到行政部门的同意。还有的国家虽然可以提修改收入或支出，但是必须采取相应措施维持预算平衡。有的国家立法机关对政府预算没有提议修改权，对预算的审查更重要的是在完成法定程序，使预算合法化。在内阁制下，内阁由议会多数党组成，议会在审议行政部门提交的预算草案时，如果否决或对预算草案提出大幅修改，将被视为对政府投下不信任票，国会的预算审批权所具有的形式意义大于实质意义。

为了更好地对政府预算进行审查，立法机关往往设立专门委员会，建立专门机构为立法机关审查提供服务。如美国国会参议院和众议院分别设立了预算委员会、拨款委员会，预算委员会的职责是对政府服务现状进行评估，审议和修正总统代表行政部门提出的预算草案，达成一致性预算决议。预算委员会将预算支出按功能分类，将支出的具体审议权交给两院的拨款委员会，拨款委员会下设了13个专门委员会，由其研究和提出具体的拨款议案。为了加强国会对预算的审查，根据1974年《国会预算法案》，建立了国会预算办公室（Congressional Budget Office，CBO）。国会预算办公室是一个永久性的、非党派的、无偏袒的技术机构，有工作人员300多人，从整体角度研究预算问题，帮助国会建立预算计划、考虑预算政策、阻止不合理的预算方案。

三、公共预算的执行

预算经过立法机构批准生效后，随着预算年度的开始，就进入预算执行阶段。

预算执行包括预算收入执行、支出执行、调整执行以及预算监督。收入执行，即根据政府预算收入计划组织收入，一切有预算收入上缴任务的部门和单位，应依据法律、法规和规章，将应当上缴的资金上缴国库，不得截留、占用、挪用和拖欠。支出执行，即根据年度支出计划，把财政资金拨付给用款单位，保证国家各项计划的完成，加强预算支出管理，提高支出的使用效果。调整执行是在预算执行中，由于外部环境发生较大变化，使得政府预算的某些部分的收支超过或达不到原定计划，需要通过改变预算收入来源、支出规模和用途，实现新的预算平衡。调整执行通常必须经立法机关审查和批准。预算执行中的另一个重要问题是预算监督，通常在政府部门内部和立法部门都对预算执行情况进行监督和审查，通过内部监督和外部审查来保证预算的执行。

如美国，仍以2010财政年度为例，从2009年10月1日开始进入预算执行阶段。联邦预算执行管理主要由OMB和各政府部门负责。在拨款前，各部门向OMB提交详细的支出计划和拨款申请，OMB和审计部门将拨款申请与部门预算对照，确认支出授权和相应的资金后才进行拨款。在收入方面，联邦预算收入和现金管理由财政部负责，美国国内税务局具体负责税收的征收和管理。在财政年度的中期，OMB负责审查各部门的预算执行状况，并在每年发布中期审查报告。除了OMB的中期审查外，联邦政府还在各部门内部建立了经常性的监督机制，如设置监察长和财务长，监察长由总统任命，职责是实施定期的经常性审计并调查可能存在的欺诈、浪费和滥用政府资源的行为，财务长的职责是实施定期的会计监督和绩效审核。国会对预算的监督主要是立法调查，如果国会认为某一个部门在预算执行中有非法行为，可以通过对提案、安排专项调查和举行公开听证会来审查该部门的行为。如果政府需要追加预算，OMB负责向国会集中提出各部门所提出的补充拨款要求，任何补充拨款要求都必须经国会批准授权。

我国中央预算执行的具体工作由财政部门负责。财政部根据全国人民代表大会批准的中央预算，在30日内批复各中央部门预算，各中央部门自财政部批复本部门预算之日起15日内，批复所属各单位预算，即“二下”。由于我国预算年度是从1月1日起开始的，因此，各部门及所属单位在获得预算批复时，往往预算年度已经超过了一个季度。在这期间，中央政府各部门可以先按照上一年同期的预算支出数额安排支出。财政部国库司是负责预算执行的机构，国库司统一管理和审批中央预算单位银行账户开立、变更和备案，管理部门预算指标，负责总预算会计工作，办理预算内外资金收支结算划拨，研究政府国内债务政策，拟定管理制度，负责政府内债发行、兑付及二级市场管理，拟定并监督执行政府采购政策等。财政、税务、海关等预算收入征管部门，依照国家法律、法规，积极组织预算收入，并及时将预算收入缴入中央国库。我国人大加强了对预算执行情况的监督，在中央预算执行过程中，需要动用超收收入追加支出时，国务院应向全国人大常委会作预计超收收入安排使用情况的报告；中央预算安排的农业、教育、科技、社会保障预算资金的调减，需经全国人大常委会审查和批准。中央政府对于必须进行的预算调整，应当编制预算调整方案，必须提请全国人大常委会审查和批准。未经批准调整预算，中央政府不得作出任何使原批准的收支平衡的预算的总支出超过总收入或者使原批准的预算中举借债务的数额增加的决定。

四、公共预算的决算

在预算年度结束后，预算过程就进入最后一道环节，即预算执行情况的决算阶段。

决算是经法定程序批准的年度预算执行结果的会计报告，是预算管理过程中一个必不可少、十分重要的阶段。决算与预算是相对应的，有一级预算就应当有一级决算，编制决算，有助于评估预算的执行情况，发现执行中的问题，提高预算管理水平，为以后的预算决策提供参考。

除了财政部门外，审计作为一种事后监督，在执行决算和财政监督中发挥着重要作用。不同政治体制下国家审计机关的这种模式是不同的，主要有四种审计模式，即立法型审计模式（审计机关隶属于立法部门，向立法部门负责）、司法型审计模式（审计法院具有司法权力，总统和国会都无权强制它去进行某项审计，自行制定审计计划）、独立型审计模式（审计机关不隶属于任何权力部门，独立行使审计监督职能）以及行政型审计模式（审计机关是行政部门的一个组成部分，向行政部门负责）。

仍以美国2010财政年度预算为例。在预算执行的最后阶段，政府各部门需要对预算执行状况编制决算报告，部门的决算报告是在内部审计基础上作出的，并且要在预算年度结束后的一个半月时间内（2010年10月1日至11月15日）接受外部预算审计。预算执行审计的基本功能是确认会计系统的正确操作，评定责任授权、政策方向和内部管理的合法性，发现存在的浪费、管理不善和效率问题。美国的外部审计有两种情况：一是立法部门的审计。主要由审计总署（Government Accountability Office，GAO）进行，GAO是一个独立于行政部门以外的审计机构，对公共资金的使用或各个政府部门的支出账户进行审计，对支出项目的结果评估，既是政府的专门监督机构，又向国会提出报告和建议，保证公共资金分配和使用的真实性，防止浪费和腐败问题。二是联合型的单一审计。1996年美国国会修订了《单一审计法案》，规定在年度内接受联邦资金达30万美元以上的州、地方政府和非营利组织，必须接受单一审计，审计人员来自联邦资金管理部门、审计总署以及大的会计师事务所。国会根据审计报告举行听证会，批准决算报告。

根据我国预算有关规定，财政部应当在每年第四季度部署编制决算草案的原则、要求、方法和报送期。仍以2010财政年度为例，2010年11月，下发《财政部关于编制2011年度中央和地方财政决算（草案）的通知》；在2011年3月20日前，各中央部门（单位）将《2010年度行政事业单位决算报表》报财政部；财政部汇总中央各部门决算情况，形成中央决算（草案）报国务院；2011年6月，国务院将2010年度的中央决算草案提请全国人民代表大会常务委员会审查和批准。在我国，审计是国家对预算进行监督管理的一个重要手段，国务院有关部门还要向全国人大常委会报告上一年度中央预算执行审计情况。近年来，国家审计署加强了对中央部门使用预算资金情况的监督，点名批评了一些中央单位虚报多领预算资金、转移挪用或挤占财政资金、私设账外账和“小金库”、资金使用效益不高、违规收费等存在的问题，在全国刮起了审计风暴，得到了社会的广泛关注。因此总体来看，预算过程是复杂的，充满斗争的，但也是严肃的。

附录：

1. 预算制度的产生

预算（budget），最初原意为“皮包”，是指18世纪末英国财政大臣在议会发表有关财政计划的演说时，随身总带着的装有政府财政收支账目的大皮包，东方国家如中国、日本将这一词汇意译为政府预算。

现代政府预算产生于英国。它是英国社会公众与君主之间经济利益争夺的产物，是以封建君主为代表的没落封建势力和以议会为代表的新兴市场势力之间，经过长达数百年的政治角逐较量的结果。

英国预算制度的起源可以追溯到1215年的《大宪章》。在英国国王约翰被迫与贵族议会签署的这份文件中明确规定，“除非得到普遍的赞同，否则在王国中既不应征收兵役税，也不应征收协助税”，首次以法律形式确认了“非赞同毋纳税”的原则。其后在15世纪之前，批准赋税成为议会的主要职能，对防止国王滥用租税权力形成了强有力的制约。这标志着英国从王权财政向议会财政的转变，为现代政府预算制度的建立奠定了基础。

在1688年的“光荣革命”后，1689年英国国王威廉与其妻玛丽二世被迫在《权利法案》上签字，确立了君主立宪制体制，设立了以资产阶级为主的下议院，明确未经议会同意，不得征税，并且政府设立预算，只有议会同意才能执行，由此议会获得了税收和预算权。在控制政府支出方面，英国议会除了压低王室收入以减少王室支出和控制军事支出外，还形成了“拨款制度”，由此对政府支出进行控制，议会逐渐将政府收支权力置于其控制之下。此后，议会进一步要求政府详细报告支出的用途以及开征税收的理由，对具体财政日常活动进行审查，最终使得议会掌握了对整个财政的根本控制权。1852年，以公共账户委员会的成立为开端，当时的英国财政大臣格莱斯顿（William Ewart Gladstone）开始了一系列财政改革，将政府向议会递交部门预算及审计后的账户进行制度化，现代意义上的政府预算制度就逐步形成了。

经过不断完善和发展，英国议会对预算的审查监督形成了一整套具有约束力的行为规范：政府必须预先编制年度收支计划，经议会批准才能执行，预算变动必须遵循追加追减程序；所有的政府收支，除某些特殊的例外，都必须纳入政府预算；议会通过的预算具有法律效力，任何人违反都将受到法律的制裁。

此后，预算制度在世界各国得到迅速普及，到了20世纪，几乎所有国家都建立了国家预算，并且在各国政治生活中占有越来越高的地位。美国著名预算专家威尔达夫斯基曾经说过：预算——即企图通过政治过程配置稀缺的金融资源，以实现各种美好生活——是政治过程的中心。

资料来源：魏陆、吕守军：《公共经济学》424页，上海，上海交通大学出版社，2010。

2. 我国的预算组成

我国宪法规定，国家机构由全国人民代表大会、国务院、地方各级人民代表大会和各级人民政府组成。与政权机构相适应并结合行政区域的划分，我国预算法规定了五级的预算体系。

中央政府由中央各部门（含直属单位）的预算组成。地方预算由各省、自治区、直辖市总预算组成；地方各级总预算由本级政府预算和汇总的下一级总预算组成；地方各级政府预算由本级各部门（含直属单位）的预算组成。各部门预算由本部门所属各单位预算组成。单位预算是指列入部门预算的国家机关、社会团体和其他单位的收支预算。

财政部门是负责预算编制、预算支出拨款和预算支出监督管理的政府职能机构。中央政府的职能机构是财政部；省级政府的职能机构是财政厅（局）；市、县级政府的职能机构是财政局；乡级政府的职能机构是财政所。政府的经济职能是由政府公共部门完成的，因此，政府预算表现为政府对公共部门（政府各职能机构）的资金分配。

国家预算管理体制，实行中央和地方分税制，中央预算和各级地方预算按照复式预算编制。中央政府公共预算不列赤字。中央预算除必需的建设投资的部分资金，可以通过举债国内和国外债务等方式筹措，但借债应当有合理的规模和结构。地方各级预算按照量入为出、收支平衡的原则编制，不列入赤字。各级政府预算应按本级政府预算支出额的1%～3%设置预备费，按照国务院设置预算周转金。

资料来源：吴俊培：《公共经济学》，131页，武汉，武汉大学出版社，2009。

3. 我国的复式预算改革探索

为了明确国家财政在日常管理和经济建设方面的职能，1992年，我国借鉴国际上比较通行的做法，对预算进行了重大改革，开始编制复式预算，将国家预算分为经常性预算和建设性预算。

经常性预算收入包括：各项税收；其他收入；非生产性企业亏损补贴等。经常性预算支出包括：非生产性基本建设支出；事业发展和社会保障支出；国家政权建设支出；价格补贴支出；其他支出。

建设性预算收入包括：经常性预算结余转入；专项建设性收入；生产性企业亏损补贴。建设性预算支出包括：生产性基本建设支出；企业挖潜改造资金和新产品试制费；地质勘探费；支援农业生产支出；城市维护建设支出；支援经济不发达地区发展资金。建设性预算赤字通过债务发行弥补。

但是实际操作中，复式预算实际上只是根据这两大类把数字“搬搬家”，没有达到编制复式预算的目的，所以1999年后全国人民代表大会就不再要求国务院提交复式预算的草案了。也就是说，实际上政府预算并没有真正按复式预算编制。在部门预算的管理中，中央财政部负责经常预算，发展改革委员会负责建设预算。在两者之上并没有政府预算委员会，因此在两者的关系协调上是有问题的。

我国在编制上主要仍采取增量预算，同时在具体收支项目计划和核算上也采用类似项目预算和零基预算方法。

4. 零基预算的编制

在实际工作中，不能简单地将零基预算理解为一切从零开始。实际上，零基预算要对所有的项目加以评估，在评估过程中可能会碰到某个项目出现一切从零开始的情况，然而大多数情况下只是对原方案做一些修正。

编制预算时，不仅对年内新增的任务要进行审核，而且要对以前年度确定的项目进行审核。从预算支出角度看，就是不仅要对预算年度中新增支出进行审核，而且要对以前年度形成的基数支出进行审核。

零基预算有三个基本要素，即决策单位、一揽子决策和排序。

决策单位是零基预算的基本预算单位，在采用零基预算编制预算时，可以以一个项目作为一个决策单位，也可以以一个部门的一个机构作为决策单位；在确定了决策单位之后，每一个决策单位的管理者都要对它所负责的活动进行分析，考虑提供不同服务水平的影响以及不同的服务水平所需要的经费开支，并将其汇总成一揽子决策，可制定出几个不同的工作方案，预测不同方案下所需的资金量；排序是指在制定出一揽子决策方案以后，决策单位根据本部门或机构的职责，将对本部门影响最大的方案按从大到小的顺序排列，对每个方案的服务水平进行分析，最后确定要选择的方案和支出预算数，以求解决在一个财政年度该花多少钱以及应该把钱花在什么地方等问题。

零基预算的优点是，不受现行预算执行情况的约束，对编制预算的各级单位赋予一定的权力，从而能够充分发挥各级管理人员的积极性和创造性，按照轻重缓急确定优先项目，使预算管理工作更符合节约和效益原则。同时，零基预算也大大加强了主管部门和执行单位的责任感和成本意识。

5. 美国国会对预算的审查程序

以 2010 财政年度的预算为例，美国国会对预算的审查程序如下：

(1) 2009 年 1 月，国会启动预算程序，国会预算办公室（CBO）向国会报告对经济形势和预算问题所作的研究及基本看法。

(2) 2009 年 2 月，CBO 根据自己的经济与技术假设，对总统提交的联邦预算文件进行分析，国会开始对联邦预算进行审议。

(3) 2009 年 3 月，在总统提交预算后的 6 周内，国会两院各专业委员会同时对总统预算进行审议，召开听证会，最后向两院预算委员会提交“观点与估计”的报告，报告预算审议情况并对联邦预算调整提出总体看法。

(4) 2009 年，在审议的基础上，国会两院起草并通过关于预算的“共同决议”，确定国会认同的总支出和总收入水平，以及按功能分类的预算授权和支持额。

(5) 2009 年 5 月，根据共同决议，国会众议院拨款委员会下属各专业分委员会起草年度拨款法案，并经修正后在众议院通过。

(6) 2009 年 6 月，众议院将拨款法案交参议院审议通过，如两院意见不统一，国会两院组成预算拨款协调委员会，就有关问题进行协调，在 6 月 30 日前参、众两院都应通过拨款法案，提交总统签署，如果拨款法案与总统意见不一致时，总统与国会进行协调。

(7) 2009 年 7 月，总统根据原预算和国会审议、协调的情况，以及经济形势的变化，向国会提交有关预算修订的最新结果的报告。

(8) 2009 年 9 月，国会将经参众两院最终通过的预算法案提交总统签署。国会对预算的审批时间历时近 9 个月，总统签署后，预算法案将正式生效。

6. 我国人大对预算的审查程序

我国人大对预算的审查和监督权力不断增强。在改革开放后所制定的第一部宪法——1982 年《宪法》中，即明确规定全国人民代表大会负责“审查、批准国家预算和预算执行情况的报告”，在全国人民代表大会期间，全国人大常委会负责“审查和批准国家预算在执行过程中所必须作的部分调整方案”。根据《宪法》规定，1994 年 3

月22日，八届全国人大二次会议通过了《中华人民共和国预算法》，于1995年1月1日起正式施行，我国公共预算的法治化迈上新台阶。1999年12月25日，九届全国人大常委会第十三次会议通过了《全国人大常委会关于加强中央预算审查监督的决定》，进一步细化了人大对预算的审查监督职责。由于预算审查监督工作专业性强，工作量大，而全国人大财政经济委员会工作范围涉及面较广，加之专业人员缺乏，因此，往往难以集中主要力量进行预算的审查监督。为了改变这一状况，更好地发挥人大对预算的审查和监督职能，1998年12月，全国人大常委会成立了预算工作委员会，成为全国人大常委会下设的为数不多的几个专门工作委员会之一。预算工作委员会为正部级单位，编制为20人，下设预算室、法规室和研究室，主要职能是协助全国人大财经委员会审查预算、决算、预算调整方案和监督预算执行。仍以2012年我国中央预算为例，全国人大对预算的审查批准程序为：

(1) 2012年1月15日前，财政部须将国务院批准的中央预算（草案）报全国人大常委会预算工作委员会，由预算工作委员会进行初审。

(2) 2012年2月15日前，财政部须将中央预算（草案）提交全国人大财政经济委员会，由财经委员会进行预先审查。

(3) 2012年3月初，在全国人大开会期间，财政部受国务院委托向全国人大报告2011年中央和地方预算执行情况及2012年中央和地方预算草案，由全国人大进行审议，并通过关于审查和批准中央预算的决议。

本章小结

公共收支预算，它是作为新兴资产阶级同封建统治阶级进行斗争的一种经济手段而产生。它起源于英国，现在已经成为政府部门的公共收支计划。

公共收支预算，指的是经法定程序批准的政府部门在每一个预算年度的全部公共收支结构一览表。作为政府部门的公共收支计划，公共预算具有三个方面的功能：它反映和规定了政府部门在预算年度内的活动范围、方向和重点；它是立法机关和全体社会成员监督政府收支运作的途径和窗口；它是控制公共支出规模的一个有效手段。

公共预算的起讫日期，称为财政年度，跨度为1年。各国预算年度的起讫日期不尽相同，不一定和自然年度一致。

从预算的名称看，有单式预算、复式预算、零基预算、增量预算、中长期预算、项目预算、行动预算、绩效预算、国民经济预算、充分就业预算等分类。常见的分类一是以形式上的差别为依据划分为单式预算和复式预算；二是以内容上的差别为依据划分为增量预算和零基预算。我国在编制上主要仍采取增量预算，同时在具体收支项目计划和核算上也采用类似项目预算和零基预算方法。

预算原则，主要包括以下五项：（1）年度性原则；（2）可靠性原则；（3）全面性原则；（4）公开性原则；（5）法治性原则。

公共预算的决策程序大体是在每一个预算年度开始之前，由政府的预算编制机关编制下一年度的预算草案，经立法机关审议批准，成为正式预算；预算年度开始后，由政府行政机关负责执行预算，并由审计机关进行日常监督；预算年度终了后，由执行预算机关就全年预算执行情况及其结果编制该年度的实际收支报告（决算），经审计机关审核后，由立法机关予以批准。就整个预算决策程序来说，它可以分为四个阶段：预算编制、预算审批、预算执行以及预算决算。

思考题

1. 如何理解公共预算的概念？公共预算的功能是什么？公共预算的原则有哪些？
2. 根据不同的分类标准，公共预算有哪些种类？
3. 比较我国和美国的预算过程，各有何特点？
4. 为什么美国会发生政府关门事件？
5. 简述我国预算管理方面改革的现状及其改革方向。

第十二章

公共财政管理体制

本章要点：

1. 了解公共财政管理体制的含义、内容以及公共财政管理体制建立的原则。

2. 掌握公共财政管理体制分权性的理论依据。

3. 掌握政府间事权与财权的界定和政府间财政收支关系。

4. 掌握公共财政转移支付制度的含义以及转移支付的种类。

5. 了解我国财政管理体制演变与发展以及分税制财政管理体制的基本内容。

6. 掌握公共财政政策的内涵、政策工具、公共财政政策的传导机制、财政政策与货币政策的协调配合以及公共财政平衡问题。

第一节 公共财政管理体制的含义与分类

一、公共财政管理体制的含义

公共财政管理体制是指规定中央与地方，以及地方各级政府之间在财政收支划分和财政管理权限划分上的一项根本制度。国家的各项职能是由各级政府共同承担的，为了保证各级政府完成一定的政治经济任务，就必须在中央与地方政府、地方各级政府之间，明确划分各自的财政收支范围、财政资金支配权和财政管理权。一般地说，各级政府有什么样的行政权力（事权），就应当有相应的财权，以便从财力上保证各级政府实现其职能。在市场经济国家，通常称为政府间财政关系。它包含以下含义：公共财政管理体制管理和规范的是中央与地方政府以及各级政府之间的财政分配关系，财政管理体制的核心内容是划分财政收支范围和财政管理职权，其实质是关于财权财力的集中与分散的一项基本制度，财政管理体制是国家经济管理体制的重要组成部分，经济管理体制的改革和完善也需要财政管理体制的内容与之相适应。

公共财政管理体制有广义和狭义之分。广义的公共财政管理体制主要包括预算管理体制、税收管理体制、公共部门财务管理体制、国家金库管理体制等。狭义的公共财政管理体制是指政府预算管理体制。由于政府预算管理体制是财政管理体制的中心环节，它划分了各级政府间的财力，规定了预算资金的使用范围、方向和权限，因此，人们通常所说的财政管理体制指的就是政府预算管理体制。

二、公共财政管理体制的内容

公共财政管理体制的内容主要包括四个方面：

（一）确立公共财政管理机构体系

确立公共财政管理机构体系，就是确定财政管理的组织机构，并明确系统内部各机构的管理职权。这是财政管理体制的基本内容。只有财政管理机构体系的各个构成部分职责明确，关系协调，财政管理才有可靠的组织保障。现代公共财政管理体系是与国家政权分级管理相适应的分级管理体系，实行一级政府，一级财政。各级财政部门内部又设置不同的业务机构，分别负责各项财政业务管理。

（二）划分公共财政管理权责

公共财政管理职责和权限的划分，一般与国家的政治体制和经济体制相适应、相一致。在财政管理体制中，把各级财政以及同级财政各管理部门之间，在财政分配和管理上负责哪些事物，承担哪些责任，拥有哪些财权，有多大的权限等问题确定下来。

公共财政是一种满足社会公共需要的政府经济行为，那么国家就可以根据公共需要的覆盖面和受益范围划分为不同层次，科学地、合理地确定各级政府之间的事权范围和公共财政管理权责。尤其是在中央政府和地方政府之间权责的划分。

（三）划分公共财政收支范围

政府间财政收支范围的划分是公共财政管理体制的核心内容。通过财政收支范围划分的集中与分散程度体现出一种财政体制是集权还是分权。政府间职权决定了财政收支划分，但二者并不是绝对的对应关系，而是相对的对应关系。国际上，政府间财政收支划分的结构呈现出这样的情况：在财政收入的划分中，侧重于中央政府；在财政支出的划分中，侧重于地方政府。形成了中央政府与地方政府财权与事权的不对称。在财政管理体制中出现这种情况，主要是基于以下两方面的考虑：(1) 中央政府拥有相对较多的财力，使地方政府在一定程度上依赖于中央政府的财力支持，从而有利于保证中央政府在宏观调控中的主导地位，以维护中央政府的权威性。(2) 绝大部分公共需要的受益范围具有区域性，各地方的居民和企业，对公共服务的需求也具有质和量上的差别。这样各地方针对具体情况提供公共需要，要比中央政府提供更具有针对性，也有利于降低成本，会提高财政资金的使用效益。

（四）建立规范的政府间转移支付制度

政府间转移支付制度是中央政府为均衡各地方政府的财力状况，协调地区间的经济发展，将中央政府掌握的部分财力转移给地方政府使用的一种调节制度。它是公共财政管理体制的重要组成部分。在现代社会里，以分税为主要特征的分级财政管理体制下，政府间转移支付制度是协调中央政府与地方政府财政关系的一项重要的配套制度，所以规范的财政管理体制必须包含这项内容。其目的在于：(1) 为地方财政提供额外收入来源，弥补地方财政收支差额，以增强地方政府提供公共产品的能力。(2) 中央政府通过对地方财政的财力补助，使地方政府财政支出行为符合中央政府宏观政策的实施要求。(3) 由于地方政府提供的某些公共产品或服务所产生的利益，不仅为本辖区的居民所享受，而且具有外溢性。这在理论上要求上级政府采取一定的形式对该地方给予补助，以鼓励地方政府提供这种具有外溢性的公共服务。(4) 在分级财政体制下，由于地区之间社会经济发展的不平衡，各地方的财政财力往往相差悬殊，中央政府可以通过转移支付制度的实施，促进各地方财政经济发展的均衡化。(5) 中央政府还可以利用转移支付制度，促进国家某些特殊社会目标的实现。

三、公共财政管理体制建立的原则

要建立正确的公共财政管理体制，必须遵循下列这些原则：

（一）体制适应原则

不同的经济政治体制下，每一级政府管理机构承担着不同的职权范围内的经济和社会文教等方面事业的权力和责任，只有赋予相匹配的管理财政收支的权力和财力，才能保证其职能的履行。变化了的政治经济管理体制，必须有相适应的变化了的财政管理体制，尤其对于处于变革中的经济体，适时调整财政管理体制尤为重要。

（二）财权与事权协调原则

财权与事权协调，首先，指的是各级政府有什么样的职权、事权，就要有相应的财权。财权的划分主要是以各级政府，以及同级政府各财政机构其事权的大小作为依据。只有按财权与事权相协调的原则在财政管理体制中规定划分财政收支范围，各级政府间才有相对稳定的财力来保证其职能的实现。其次，财权与事权协调也体现在各级财政部门拥有规定的收入来源和支出范围，必须承担一定的责任，将财政权力与责任相结合，才能切实保证财权与事权的统一。

（三）公平与效率原则

公平与效率并重是市场经济的基本要求。效率是公平的基础，公平是效率的前提。所以，公共财政管理体制应该体现公平与效率兼顾的原则。一般地说，一次分配要更多地注重效率，再分配要更多地提倡公平。

市场经济体制下的公平原则应该表现为财政负担上的公平和发展条件的公平。财政负担的公平体现在收入划分上，要与各地区经济条件相适应，使收入负担与能力相一致。发展条件公平主要体现在中央对地方的转移支付中，通过确定转移支付额的大小来缩小区域间财政能力的差距，使不发达地区享有与发达地区大体均等的发展条件和社会公共服务水平。

市场经济体制下的效率原则主要是基于优化资源配置的经济效率和有效运转的行政效率。经济效率是指财政管理体制应有利于市场机制运作，尽量避免财权财力的划分对资源的合理配置产生不利影响，避免财政收支的划分对政企关系的行政性强化。行政效率是指该制度要尽可能规范，便于操作，降低体制建立和运作的成本。

第二节　公共财政管理体制分权性的理论依据

在现代市场经济国家大多实行多级政府体制。在这种体制下，中央政府和地方政府各自都拥有相应的财权，各级政府之间的财政关系可以表现为纵向与横向两个方面：纵向是指中央与地方的财政关系，而横向则指各地方政府之间的财政关系。

公共财政管理体制就是要实现中央和地方政府之间的合理职能分工，根据职能分工进行财政支出和财政收入的划分，并能够使中央政府通过科学、有效的转移支付制度，实现对地方财政的宏观调控，并平衡各地区的经济发展。政府的事权范围决定了支出范围，支出范围决定了财权大小。

一、政府的财政目标与收支规模的决定

（一）中央与地方政府的利益关系

中央政府与地方政府在经济利益上的关系将决定它们之间的财政关系。市场经济条件下，地方利益与国家利益的关系往往要通过一个科学规范的、以规则为基础的政府间财政关系制度来加以协调。例如，西方一些发达国家采用“分税制”来处理中央与地方财政的利益关系，各级政府都有各自的事权范围、支出范围以及稳定的财权与财源，中央政府拥有足够的收入以转移支付的方式来加强对地方财政的调控力度。在计划经济国家，往往政企不分，这种利益关系只能通过政府间财政合同的权宜性办法，即财政包干的形式来加以协调。

在处理两者的经济利益关系时应该强调地方局部利益必须服从全国整体利益，使中央的财政政策易于贯彻执行，但不能将地方局部利益与全国整体利益相对立，地方完全依附于中央，这会严重束缚地方的积极性。给予地方政府一定自主权，可以使地方财政充满活力，只要地方利益达到最大化，全国利益也会随之达到最大化，但要以不扰乱国民经济为基本前提。

（二）中央与地方政府的财政目标及收支规模的决定

中央与地方政府的利益关系，是驱动中央与地方政府财政行为的经济动力，而这种财政行为则受其财政目标所制约。

1. 中央政府与地方政府的财政目标

中央政府与地方政府在管辖的事务范围及空间范围方面不同，所以，两者考虑问

题的角度不同。中央政府从本国居民的共同利益出发，其目标是谋求全国利益最大化。也就是说，它从整个国家的全局来考虑资源配置、收入分配以及经济稳定和发展问题；地方政府则从本地区居民的共同利益出发，其目标是谋求本地区利益最大化。

2. 政府的财政行为及收支规模的决定

政府的财政行为可表现在筹集财政收入和安排财政支出两方面。

政府通过税收或其他形式取得财政收入，在此过程中耗费了一定的资源，一方面征税产生征纳费用，另一方面征税产生税收超额负担，两者都随着财政收入的增加而增加。此外，财政收入的增加是以个人可支配收入的减少为代价的，个人的效用损失也随之增加。可见，财政收入的边际成本呈递增趋势。

政府取得财政收入以后，必须进行财政支出活动，为管辖区域的居民谋福利。根据边际效益递减规律，随着财政支出上升，其所产生的效益逐步减少，即财政支出的边际效益呈递减趋势。

必须强调的是，财政收入的成本和财政支出的效益与管辖区域居民的效用评价有关，凡是不由该地居民承担的成本，不包含在该政府财政行为的成本中；同理，凡是不由该地居民享受的效益，也不包含在该政府财政行为的效益中。

政府通过财政行为实现财政目标。与其他经济行为一样，对政府的财政行为需进行成本效益分析。根据政府财政利益最大化的目标，各级政府的财政收支规模将取决于其收入的社会边际成本和支出的社会边际效益的等量关系。在边际成本和边际效益相等处，相应管辖区域居民的利益达到了最大化，相应政府的财政收支规模达到最优状态。我们可以用该方法来确定各级政府的财政收支规模。具体地说，中央财政的收支规模由全国居民的边际成本和边际效益曲线确定，地方财政的收支规模由本地区居民的边际成本和边际效益曲线确定。

二、公共财政的集权与分权

一个多级政府体制下中央与地方政府之间的财政关系是一个财政的集权与分权的关系问题，表现为财政职能的行使有无分工的不同。例如，计划经济体制下，一般采用的是“统收统支”的财政管理体制；在市场经济体制下，一般采用“分税制”来协调中央与地方政府之间的财政关系。财政集权与分权的程度，会直接表现在不同的财政管理体制上。

（一）财政的集权

从有效配置资源的角度讲，全国性的公共产品应由中央政府来提供，准全国性的公共产品也应由中央政府提供，这样可以适当解决地区间的经济外部性问题。公共产品的大规模生产可以降低成本，达到规模经济。由中央政府出面才能有效解决地区之间和私人之间的收入再分配问题。在宏观调控方面，中央具有综合优势，它可以通过紧缩性或者扩张性的财政政策来稳定和发展经济。财政集权有利于中央政府征收财政收入，因为中央政府管辖区域宽广，可以防止流动性人口的收入漏税，并能完整地认识税基，制定适当的税率，还能减少由地方决定税率所致的税收优惠减免现象。

（二）财政的分权

由于各地居民对公共产品的需求不尽相同，地方政府比中央政府更了解当地居民的愿望，从而能更有效地提供决策。财政分权有助于提高地方政府官员的责任心和积极性，实行财政分权可以使人们与政府的关系更为密切，使人们对地方政府如何安排支出有发言权，从而提高纳税的自觉性。财政分权有利于组织财政收入，对于零星分散的纳税人和一些小税种，地方政府更具征管优势。在财政分权下，生活在财政支出高、成本高的城市，就必须提供更多的财政收入，这会迫使居民做出更好的选择，也有利于形成合理的城市规模。

（三）财政集权与分权的协调

在过度集权的情况下，地方没有独立的经济利益，缺乏财政自主权，完全依附于中央，成为中央财政的代理机构。如果要达到资源最优配置，中央政府必须充分了解各地居民的偏好。然而在现实生活中，中央政府并不是万能的，财政集权失灵会使财政集权难以达到财政分权的效率水平。即使在财政集权基础上进行分级管理，由于其实质仍是集权，所以也难以达到财政分权的效率水平。如果在财政集权条件下实行分级管理使地方财政拥有自主决策权，那么财政集权实质上已变为财政分权。过度集权，多级财政实际上已形同虚设，与此对应的必然是高度集权的“统收统支”的财政管理体制。

过度分权的情况下，地方政府完全独立于中央政府，中央政府不拥有对单个居民征收财政收入的权力，财政收入的征收权完全分散在各个地方政府手中，地方政府将部分财政收入资助给中央政府。在这种情况下，中央政府缺乏财政权力，无法行使政府职能。

在现代经济条件下，各国的财政关系基本上是集权与分权的不同程度的结合，不存在绝对的集权或分权。例如，英国、荷兰等单一制国家，财政分权的程度比较低，而澳大利亚、美国等联邦制国家的财政分权程度比较高。随着时间的推移，一国的财政关系也会发生一些变化。例如，随着我国经济体制改革的不断深入，财政关系也逐渐从集权向分权转变。

财政集权与财政分权各具必要性及优点，各国都应该寻求一种适合自己国情的、财政集权与分权适度结合的财政关系。中央与地方政府各自根据自己的事权，协调财政的集权与分权关系，行使各自的职能。

第三节 政府间事权与财权的界定

一、财政职能在中央与地方政府间的分工

在一个多级政府体制中，财政的三大职能，即收入分配、宏观调控（或称经济稳定和增长）和资源配置职能如何分工？哪些职能由中央政府行使，哪些职能由地方政府行使，即事权的划分。事权的合理划分是正确处理中央与地方财政关系的基础。

现代财政联邦制理论认为，在一般情况下，财政的收入分配和宏观调控职能由中央政府行使，财政的资源配置职能应由中央政府和地方政府共同行使。即使在一元制的国家，同样也面临着中央政府和地方政府的职能分工问题。地方政府的作用难以影响整个经济活动，地方政府不可能有效地实施稳定经济的宏观政策，唯有中央政府才能实施。但是，中央政府也很难有效地配置一切资源，以最低的成本提供所有的公共产品来满足所有人的需要，这种资源配置的职能应由中央政府和地方政府共同行使。这样，在多级财政体制中，必然形成财政职能分工的格局。

（一）收入分配职能

财政的收入分配职能，其目标是实现人与人之间的收入分配的公平。要实现这一目标，可以通过两条途径：一是个人间的直接收入再分配，二是地区间的间接收入再分配。不管通过哪条途径，财政的收入分配职能都需由中央政府集中统一行使。

1. 个人间的收入再分配

市场经济条件下，全国是一个统一的大市场，劳动力、商品、资本能自由流动。如果某一地方政府实行高福利的收入再分配政策，对低收入者提供更多补助，而对高收入者课征重税，则低收入者会大量迁入该地区，高收入者会纷纷迁出该地区，这样，该地区财政支出将急剧上升，而财政收入则下降，导致高福利政策难以实行。而且，高税率使已有投资缺乏后劲，并排斥新投资者。地方利益由于高福利政策的实施而受损，因此各地纷纷减少补助，降低税率，使财政的收入分配职能失效。因此，地方政府负责这一职能，既使得收入再分配难以实行，也使资源配置遭到扭曲。

在封闭和半封闭的经济中，劳动力、商品和资本的流动存在一定障碍，在这种情

况下，各地区可能在收入再分配方面发挥较大作用。特别是在地方政府没有独立的收入来源，其支持的转移支付资金可以从中央财政获得，从而无需增加本地区税收负担的条件下，地方财政的收入分配作用会进一步得到加强。但这会导致地方保护主义泛滥，形成条块分割，影响资源配置效率。随着市场经济的成熟发展，全国统一市场的形成，收入再分配职能必然由中央政府集中统一行使。

2. 地区间的收入再分配

各个地区提供相同公共产品，会导致经济落后地区的税负相对较重。因此，所处地区不同，居民税负不同，从而违反横向公平原则。各地的收入差距要得到缓解，必须由中央政府出面，将发达地区的部分收入集中起来，然后转移支付给落后地区。

另外，如果各地政府独立执行不同的再分配政策，将会影响市场机制的正常运行。各个地方的税率高低不同，会引起劳动力和资本的流动，该流动使资源从最有效使用的地区转到低效使用地区，从而有损资源配置的效率。

可见，不论是个人之间还是地区之间的收入再分配都不适宜由地方财政承担，而应由中央财政集中统一行使。

（二）宏观调控职能

财政的宏观调控职能的目标是实现社会总供给和社会总需求的平衡，这关系到整个社会的全局利益，这一职能只能由代表全社会利益的中央政府来行使。

1. 地方财政政策失效

在宏观调控方面，中央具有综合性优势。中央政府通过税收和支出的变动调节经济的过热或萧条。这些措施如果由单个地方政府实行，则政策力度不够，存在贸易漏损，很难达成理想的效果。例如，一个地区实行扩张性财政政策，通过减税增支促进本地区有效需求，刺激经济发展，结果会有大量需求渗透到其他地区，使其他地区在不付出任何代价的情况下获益。具体表现为，大量新增的有效需求用于购买外地商品和劳务，对本地区的经济刺激不足。同样，如果某地区实施紧缩性的财政政策，需求的减少会具体表现为对外地商品和劳务的消费上，本地经济仍然过热。在这种情况下，地方财政政策失效。如果由中央政府实施财政政策，则国与国之间的贸易漏损微乎其微。因此，宏观调控必须在全国范围内实行，应由中央政府负责行使这一职能。

2. 地方财政缺乏宏观调控的政策手段

宏观调控需要财政政策与货币政策相互配合。几乎所有国家的货币政策都是由中央政府控制的。这是因为，一方面如果地方政府拥有货币发行权，则地方政府会利用创造新货币的方式增加对其他地区资源的购买，导致货币流通混乱，造成通货膨胀压力，从而使地方政府的货币政策完全失灵。另一方面，宏观调控需要政府实行周期性的预算赤字或盈余，即经济萧条时，减税增支，扩张经济；经济繁荣时，增税减支，紧缩经济。地方政府难以进入全国性资本市场，难以为地方预算盈亏而偿债和借债。

所以，在要素充分流动的情况下，财政的宏观调控职能只能由中央政府集中统一行使。

（三）资源配置职能

财政的资源配置职能通过财政的消费，公共产品和混合产品的提供、财政的生产，公共生产以及政府对市场低效率的纠正政策等方面实现在中央与地方政府间的分工。

1. 公共产品和混合产品的提供

（1）公共产品的提供。

不同地区的人们对公共产品的需求存在着差异，如果在全国范围内规定一个相同的公共产品提供水平，那么必将导致效率损失。如果公共产品由地方政府提供，各个地方根据各自对公共产品的需求安排公共产品生产，可以使各地居民得到与各自需求相吻合的公共产品，从而消除效率损失。因此，公共产品统一由中央财政提供会产生资源配置的效率损失，而由地方政府担当这一职能是比较适宜的。

此外，公共产品的受益范围在空间有所不同决定了各级政府的职能空间的不同。每一种公共产品仅对有限的居民具有公共性，这就决定了应该履行此项职能的政府规模范围。公共产品可分为全国性公共产品和地方性公共产品。全国性公共产品，其受益范围涉及全国，如国防、最高法院、航空、大规模交通运输主干设施等，应由中央政府提供；地方性公共产品，其受益范围仅限于某一地区，如城市市政设施、地区性交通、城市公安，应由地方政府提供。

按公共产品的受益范围来确定中央与地方在公共产品提供上的责任，可以将公共产品的成本与效益统一在同一个政府管辖区域，公共产品的受益范围应该是其成本负担的范围，即受益者也必须是成本负担者，这有利于各级财政将公共产品的成本效益内部化，从而建立起有效的资源配置约束机制，使各级政府的财政行为受到提供公共产品的成本和效益双重制约。

（2）混合产品的提供。

混合产品在消费过程中具有一定程度的外部效应，即产品消费所带来的影响在一定范围内和一定程度上涉及他人和社会。例如，教育使个人受益，也使社会受益，社会受益的范围却大不相同。因此，混合产品究竟该由哪级政府提供，这应考虑外部效应所涉及的范围。如果某项混合产品的外部效应涉及全社会，则对外部成本征税或对外部效应补贴应由中央政府负责。如果外部效应只涉及某一地区，则相应责任应由该地区政府负责。

2. 公共生产

公共生产是指对于具有自然垄断性质的生产部门，国家可以利用公共生产方式安排组织生产。一般来说，自然垄断具有较强的地域性，不同的自然垄断部门，其地域范围不同。因此，不同自然垄断部门的公共生产应该由不同等级的政府负责。全国性的自然垄断，例如，航空、铁路，其公共生产应由中央政府负责；地区性的自然垄断，例如，水、气、电等，其公共生产应由地方政府负责。市场经济条件下，公共生产的范围不能超出具有自然垄断性质的生产部门，否则可能形成地方垄断，破坏市场竞争的有效性。

3. 对市场低效率的纠正政策

市场机制可以基本上实现对私人财物的合理配置，但是，由于公共产品、外部效应、自然垄断、信息不对称等市场失灵的存在，在某些方面或某些产品上需要加以调节，因此，财政可以采取间接控制的办法（例如，以税收或其他财政手段改变私人财物的相对价格）来影响市场，以纠正市场机制可能造成的低效率。财政的间接控制是建立在肯定市场机制对资源配置的有效性基础之上的，因而，这种控制必须保证市场竞争的公平性，对同一种商品或劳务应采取同样的财政政策，以保证商品、资金的自由流动，这就需要在全国范围内实现统一的财政政策，而这一要求只有中央财政才能实现。如果让各地方政府自发决策，则不可能形成统一的财政政策，因为地方财政可能只从本地区的利益出发，必然对不同地区的商品、劳务或投资经营活动采取不同的财政政策，从而阻碍商品和资金在地区间的流动，严重地阻挠市场机制对资源的合理配置。因此，对市场低效率的纠正政策只能由中央财政来行使。

综上所述，财政的三大职能在中央与地方政府之间的分工应该为：收入分配、宏观调控职能应由中央政府统一行使。资源配置职能应根据公共产品的受益范围、自然垄断部门的地域性，由中央与地方财政分工执行，资源的配置职能中对市场机制低效率的纠正政策，应由中央财政来执行。

二、政府间财政收支关系

财政职能在中央与地方政府之间存在着分工问题，即事权的划分问题。而一定的事权总是与一定的财权相对应，财权即政府间的财政收支关系。中央与地方政府间财政收支划分的理论包括以下内容：

（一）“分税制”简介

“分税制”是一种以划分中央与地方政府的事权与财权为实质，并同时配套实施政

府间财政转移支付制度的财政管理体制。

“分税制”以政府间事权为基础，确定各级政府的支出责任和支出范围，划分各级政府财政收入，并且在各级政府之间分权、分征、分管。分税，是指按税种（或税源）将全部税收划分为中央与地方两套税收体系；分权，是指划分各级政府在税收方面的立法权、征管权和减免权；分征，是指设置中央和地方两套税务机构，分别征税；分管，是指中央政府与地方政府分别管理和使用各自的税款，不得混淆或平调、挤占。分税制的配套措施是实行规范的财政转移支付制度，中央政府以规范的形式将集中的一部分财政收入补助给地方，以满足地方基本财政支出的需要，实现对地方财政支出的宏观调控。实行分级财政预算制度，在法律规定的事权范围、税权税源、财政补助等范围内，各司其职，各负其责。

（二）财政收支的划分原则

1. 巴斯特布尔的支出划分原则

（1）受益原则。

政府提供的服务，按其受益范围划分支出责任。凡其受益范围是全国居民，则支出属于中央政府财政支出；凡其受益范围是地方居民，则支出属于地方政府财政支出。

（2）行动原则。

政府提供的服务，按其活动涉及范围划分支出责任。凡政府公共服务的实施必须统一规划，则其支出属于中央政府财政支出；凡政府公共服务的实施必须因地制宜，则其支出属于地方政府财政支出。

（3）技术原则。

政府提供的服务，按其技术要求划分支出责任。凡政府提供的服务，其规模庞大，需要高技术才能完成的，则其支出属于中央政府财政支出；否则，属于地方政府财政支出。

2. 塞利格曼的收入划分原则

（1）效率原则。

该原则以征税效率高低为划分标准。例如，房产税、土地税划为地方税，这是由于作为课税对象的房产和土地分布在各个辖区，地方税务人员比较熟悉当地情况，便于掌握税源、了解房价，征管便利。而所得税的征收对象为收入，由于纳税人的流动性，收入所在地会经常发生变化，因此将其划为中央税，征收较方便。即流动性强的税种划归中央，流动性弱的税种划归地方。

（2）适应原则。

该原则以税基大小作为划分标准。凡是税基大的税种划归中央，如关税、所得税等；凡是税基小的税种划归地方，如城市维护建设税、房产税等。

（3）恰当原则。

该原则以分配公平为划分标准。凡是对于中央实施收入再分配和宏观调控十分重要的税种划归中央，一般的税种划归地方。在西方国家，所得税的作用在于调节全国居民的收入差距，因此由中央政府来征收。

（三）政府间支出责任的划分

中央与地方政府事权的划分，是政府间支出划分的基础。一般地说，政府承担的事权确定之后，那么相应地也就确定了财权。因此，各级政府财政支出的划分范围也就有了一个大体的限定。在正常情况下，中央政府应承担全国性公共产品的供应，以及所需要资金的支出。比如中央政府的日常政务开支、国防和外交经费、全国性环境保护、基础设施等方面的支出、全国性社会稳定和宏观经济调控支出、中央对地方的转移支付等。地方政府承担本地区公共产品的供应，以及所需要资金的支出。比如地方政府日常政务开支、地区性社会治安支出、地区性环境保护、基础设施和社会公益事业支出等。

按照上述原则，对政府间支出责任的划分的基本框架见表 12—1，实践中由于各个国家的国情不同，支出责任可能略有差异。

表 12—1　　　　政府间支出责任基本框架表

支出分类	支出责任	理由
国防	中央	全国性公共产品
外交	中央	全国性公共产品
外贸	中央	全国性公共产品
环境保护	中央	全国性混合产品
货币政策	中央	宏观调控
财政政策	中央、地方	能够有效地在政府间协调
对个人的转移支付	中央	个人间的收入再分配
失业保险	中央	个人间的收入再分配
行业补贴	中央	宏观调控
自然资源	中央	地区间的收入再分配
工农业	中央	全国性自然垄断
航空铁路	中央	全国性公共产品
地区间贸易管理	中央	宏观调控
教育、卫生	地方	地方性混合产品
公园、市政建设	地方	地方性公共产品
地方性交通	地方	地方性自然垄断
消防、警察	地方	地方性公共产品
移民	中央	利益分享与成本分担的范围具有全国性

资料来源：蒋洪等：《公共经济学》，466 页，上海，上海财经大学出版社，2006。

（四）政府间的收入划分

税收是政府财政收入的主要来源，收入划分主要指税收收入的划分。美国财政学家马斯格雷夫（Richard A. Musgrave，1983）根据公平与效率准则所提出的分税原则普遍被认为是指导政府间划分税收收入的基本思想。

1. 属于中央政府的税收

（1）具有收入再分配性质的税收。这类税收如果划归地方，则有差别的地方税率会促使居民迁移，使居住地的选择遭到扭曲。因此，这类税应由中央政府在全国范围内统一征收，发挥中央政府收入再分配的职能。

（2）有助于经济稳定的税收。这类税收一般是累进性的。当一国经济萧条时，国民收入下降，平均税率随之下降，刺激投资和供给，经济逐步恢复。当一国经济繁荣时，国民收入上升，平均税率随之上升，抑制投资和供给，经济逐步恢复。在此过程中，累进税率起到了经济自动稳定器的功能，这类税收划归中央，有助于中央政府行使宏观调控职能。

（3）税基分布不均匀的税收。这类税收如果划归地方，则引起地区间税源不平衡，导致地区间财政收入能力的差异，加大地区间财政净利益的差距。

（4）税基流动性大的税收。这类税收如果划归地方，各地税率不同，会引起税基流动，这种流动并不反映资源的有效配置，而是考虑了地区财政净利益的因素。

（5）易转嫁的税收。这类税收如果划归地方，某一地区生产者的税负可以转嫁给其他地区的消费者，从而使该地区的生产成本由其他地区居民不合理分担，因此由中央政府征收比较合适。

2. 属于地方政府的税收

应是以居住为依据的税收，例如，对消费者的消费品的销售或国内产品所课征的税收。地方政府负责课征税基分布均匀、税基流动性小、不易转嫁的税收。

3. 属于各级政府的税收

受益税及收费对各级政府都适用。而且，各级地方政府的税收应该是在经济循环中处于稳定的税收。

4. 若干国家税种划分

在实践中，各国的做法有所不同。一般来说，各国将关税划归中央，财产税划归地方，其余税种的划分则考虑收入分配、经济稳定、征收效率等因素。各国具体划分见表12—2。

表 12—2　　若干国家中央地方主要税种划分

税种＼国家	美国	加拿大	德国	日本
关税	联邦	联邦	联邦	中央
公司所得税	联邦、州	联邦、省	联邦、州	中央、地方
个人所得税	联邦、州	联邦、省	各级	中央、地方
增值税	/	联邦	联邦、州	中央
销售税	州	省	/	中央、地方
财产税	地方	地方	州、地方	地方

资料来源：马骏、郑康彬：《西方财政实践》，250 页，北京，中国财政经济出版社，1997。

由表 12—2 可看出，政府间的税收划分通常伴随着政府间税基分享或收入分享的问题。所谓税基分享，是指两个或两个以上级别的政府在一个税基上征收各自的税率。在税基分享中，税基通常由较高级别的政府（上级政府）决定，而较低级别的政府（下级政府）则在同一税基上征收补偿性税率，即进行税收附加。这种税基分享机制只流行于发达国家。相反，一种在发展中国家采用的办法是收入分享机制，它可以替代税基分享机制。

第四节　公共财政转移支付制度

财政分权体制下的政府间财政收支关系不仅涉及政府间支出责任的划分及政府间税收的划分，以及有关的税基分享机制或收入分享机制，而且还涉及中央对地方财政的宏观调控所引出的政府间财政转移支付制度。中央政府正是通过“分税制”的重要配套措施——规范的政府间财政转移支付制度，来实现对地方财政进行宏观方面的调控。

一、公共财政转移支付的含义及目的

（一）转移支付的含义

转移支付，是指公共部门无偿地将一部分资金的使用权转让给他人所形成的支出。一般包括：社会保障支出、公债利息支出以及各种补助金支出。我们要讨论的是

政府间的财政转移支付，即一个国家的各级政府之间在既定的事权、支出范围和收入划分框架下财政资金相互转移，包括上级财政对下级财政的拨款、下级财政对上级财政的上解、共享税的分配以及不同地区间的财政资金转移。

（二）实行财政转移支付的目的

政府的财政职能及收支在各级政府之间的划分是依据公平及效率原则进行的，但是这种划分在基本保证公平和效率的基础上还存在着一些问题。政府间的转移支付制度正是以解决这些问题为目的的。

1. 加强中央政府的宏观调控

转移支付是对实行分税制以后的财政收入分配格局的再调整。实行分税制，并不意味着地方可以拥有足够的税收收入来平衡财政收支，地方所能支配的税收仅仅是地方相对稳定的一部分财政收入，中央政府有意识地使地方财政收入与财政支出留有缺口，而后再通过财政补助或转移支付予以弥补。这样做，中央政府可以根据宏观经济形势，对地方政府的财政支出进行控制和调节，以实现中央政府的宏观政策目标，保持经济稳定。

有些公共产品和服务，产出达到相当规模时才能获得成本节约带来的利益。如果由特定的地方政府独立供应，由于财力限制，难以达到合适水平，因此应由中央政府实施转移支付，以激励地方政府达到适当规模。

中央政府帮助地方政府应付非正常事件。在地方遇到严重自然灾害等非正常事件时，中央采用转移支付，促使地方政府将所有转移支付资金用于灾后恢复工作。

2. 实现政府间纵向财政平衡

建立一个有效的税收体系要求中央政府掌握大部分的主要税种，采取集权的税收形式。而资源配置效率的实现往往需要地方政府承担，这可能会导致政府间事权与财权划分不相匹配的现象。分税制下，地方政府提供公共产品的作用日益重要，但在收入划分方面，中央集中了大量收入。中央财政收入能力远远大于支出需求，而地方财政收入能力难以满足支出需求，这样，就形成了纵向财政不平衡。各国纷纷通过转移支付补充地方财力，以保证地方政府正常履行职责。从这一角度看，中央政府仅仅成为地方政府的税收代理人，无条件的补助可以解决纵向财政缺口问题，有利于资源配置效率的实现。

3. 实现政府间横向财政平衡

由于自然资源、地理环境、人口分布、社会结构、历史状况、经济水平的不同，各地财政收入能力和财政支出需求相差悬殊，即财政净利益差别极大，造成公共服务水平的极大差异，导致公平原则的扭曲，在一些贫困地区和少数民族地区，甚至连最低的公共服务标准也难以达到。解决这一问题的最合适的方法是无条件的拨款补助，因为补助的目的是平衡财政能力，而不是刺激公共支出。因此，中央政府通过转移支付消除财政净利益差别，提供给相对贫困地区一个满意公共服务标准，以实现横向财政平衡。

4. 纠正地区间外溢性问题

地方政府提供的公共产品或服务，不能把对其他地区造成的成本或收益纳入其决策考虑范围之中，造成公共产品或服务供给不足或过量的问题，降低资源的配置效率。地方政府只根据本地区居民的效益进行分析，存在外部效益时，地方政府不考虑外溢到其他地区的效益，公共产品的供给水平将低于最佳供给水平，导致资源不合理配置。为解决这一问题，鼓励地方政府提供那些产生外溢利益的公共产品，中央政府会向地方政府提供补助。

外部效益如果只涉及少数地区，则可以由这几个地区相互协调。但如果涉及许多地区，则相互协调的成本很高，难以达成一致意见。在这种情况下，应由中央政府采取配套转移支付，以激励地方政府提供更多的公共产品。

二、转移支付的种类

在现代市场经济中，财政分权下中央对地方财政的调控主要通过中央对地方财政的拨款制度来实现。中央政府对地方财政的拨款制度有多种形式，也有多种分类方式。

根据地方政府使用补助时自主权的大小，可以分为一般补助与条件补助。

一般补助就地方政府对资金的使用方向不作任何规定，也没有任何附加条件，地方政府有权自主决定补助的使用方式，所以也称为无条件补助。无条件补助对资金用途不加以规定，资金未必用于中央政府优先选择的公共产品，这不利于中央政府特定目标的实现。无条件拨款的主要作用是弥补地方财力的不足。

条件补助在发放时都附带着一定的条件，地方政府只有满足了这些条件，才能获得补助。根据附带条件的不同，条件补助又可分为配套补助和专项补助。配套补助在发放时规定地方政府必须拿出一定比例的自有资金与补助资金共同使用；专项补助是指规定了资金使用方向的补助。各种补助的发放条件和使用条件不同，会使补助的政策效果产生差异。

配套补助根据分配额是否限制可分为非配套拨款、配套不封顶拨款和配套封顶拨款。有条件非配套拨款指规定了资金用途，但不要求地方政府承担自有资金的拨款；有条件配套不封顶拨款，是指规定了资金用途（但未规定限额），并要求地方政府承担一定比例自有资金的拨款；有条件配套不封顶拨款是校正外部效益的一种方法，拨款的目的是鼓励地方政府提供更多具有外部效益的公共产品。当然，实施拨款计划时面临一个较难解决的问题，即如何正确衡量地方政府的外部效益。有条件配套封顶拨款，是指规定了资金用途和最高限额，并要求地方政府承担一定比例自有资金的拨款；有条件配套封顶拨款也是校正外部效益的一种方法，但由于中央财力有限，不能无限制地增加这类配套拨款。

专项拨款可分为分类拨款和分项拨款。分类拨款，只就某一类支出的拨款总额作出规定，但不规定具体项目，在同类范围内，地方政府自行决定拨款的具体使用项目。分项拨款，则规定了具体项目。例如，中央政府拨款，规定用于教育支出，地方政府可以自行决定增加教师工资、购买图书及计算机或建造学生宿舍等，但大方向必须是教育，这属于分类拨款。而如果中央政府拨款，规定必须用于增加教师工资，这属于分项拨款。

有条件的与无条件的拨款都有其各自的功能，但在地方政府的偏好体系中会有其固有的优先顺序。一般说来，地方政府更偏好于无条件的补助。因为在无条件的拨款补助的情况下，地方政府在追求地方利益最大化的目标上有着充分的选择自由，因为这种拨款在增加地方财源的同时又不影响地方本身的支出格局。这样，地方政府就能使它的福利最大化。但是，中央政府在提供有条件的拨款补助时，为了保证其拨款的资金用于特定的活动或用途，以增进全社会的利益，有时不得不牺牲一些地方的利益。这就是说，在财政活动中，当局部利益与全局利益相矛盾时，局部要服从全局，地方要服从中央。然而，不同部门提供的无条件拨款补助客观上具有不同的性质。由不同部门（如教育部、卫生部、民政部等）提供的无条件拨款事实上具有附加条件的性质，因为这类拨款本身就意味着要专门用于教育、卫生或民政事务等。而统一由财政部提供的无条件拨款补助则一般具有无条件性质，地方可以根据本地情况支出和使用。

第五节　我国财政管理体制演变与发展

一、1994年以前我国财政管理体制简述

1980年以前，我国政府间财政关系基本上以统收统支为特征，基本做法是“以支定收，一年一变”。在这种财政收支关系下，地方财政只是中央财政在地方的派出

机构，并没有实际的资金支配权，这严重地束缚了地方的积极性，阻碍了经济的发展。

从1980年起，我国对各省、市、自治区（北京、上海、天津三大城市除外）实行“财政包干”体制。从1983年起，除广东、福建两省继续实行大包干财政体制外，其他省、自治区、直辖市一律参照江苏的做法，比例上缴或比例补助。自1988年开始，其他省、直辖市开始实行广东、福建的定额上缴或定额补助的大包干办法。财政包干体制与统收统支相比，改变了财权高度集中的状况，扩大了地方财政的自主权，财力分配由“条条”为主，改为“块块”为主，调动了地方政府理财的积极性，地方财力逐步增长，促进了地方经济的发展。但是，这种体制也造成了中央对地方的放权不规范、不统一，影响全国统一市场的形成和产业结构的优化，诱发了地方的种种短期行为，出现了区域封锁与行政垄断，使中央财政收入占全国财政收入的比重下降，财政收入占GDP的比重也下降，严重影响了中央政府宏观调控职能的实施，也阻碍了国民经济的发展。

财政包干体制不适应社会主义市场经济发展的要求，阻碍了社会主义市场经济的健康运行和发展。因此，我国于1992年起在部分地区实行分税制的改革试点，国务院于1993年12月发布了《关于实行分税制财政管理体制的决定》，随后于1994年1月1日在全国范围内推行了分税制。分税制的总体目标是适应建立社会主义市场经济体制的客观要求，科学界定各级政府的事权，在事权基础上确定各级政府支出范围，并按税种划分各级政府财政收入，分设中央、地方两套税务体系进行征管，并通过税收返还和转移支付来调节中央与地方的财政关系，以达到资源最优配置。其设计原则是存量不动，增量调整，逐步提高中央宏观调控能力，为建立合理的财政分配机制创造条件。分税制的财政管理体制与以往我国所实行的任何一种财政体制相比都显示着不同的特点和优越性，是一种比较科学和规范的分级财政管理体制。

二、1994年分税制财政管理体制的主要内容

（一）中央与地方的事权和支出划分

根据现行中央政府与地方政府事权的划分，中央财政承担的主要任务是国家安全、外交和中央国家机关正常运转，调整国民经济结构，协调地区发展，实施宏观调控，发展中央直接管理的事业。地方财政承担的主要任务是使地方各级政府机关正常运转，以及发展本地区经济、事业。

中央财政具体支出为：国防费，武警经费，外交和对外援助支出，中央级行政管

理费，中央统管的基本建设投资，中央直属企业的技术改造和新产品试制费，地质勘探费，由中央财政安排的支农支出，由中央负担的国内外债务的还本付息支出、公检法支出和文化、教育、卫生、科学等各项事业费支出。

地方财政具体支出为：地方行政管理费、公检法支出，部分武警经费，民兵事业费，地方统筹的基本建设投资，地方企业的技术改造和新产品试制经费，支农支出，城市维护和建设经费，地方文化、教育、卫生等各项事业费，价格补贴支出以及其他支出。

（二）中央与地方的收入划分

根据事权与财权相结合的原则，按税种划分中央与地方收入。将维护国家权益、实施宏观调控所必需的税种划归中央；将与经济发展直接相关的税种划归中央与地方共享；将适合地方征管的税种划归地方，并充实地方税税种，增加地方税收收入。1994 年分税制的改革对中央和地方收入进行了划分，并在实施过程中进行了一些调整。

1. 中央固定收入

1994 年原方案包括：关税及海关代征的消费税和增值税、消费税、中央企业所得税、地方银行和外资银行及非银行金融企业所得税；铁道部门、各银行总行、各保险总公司等集中上缴的收入（包括营业税、所得税、城市维护建设税和利润）；中央企业上缴利润等。

有关外贸企业出口退税，原规定除 1993 年地方已经负担的 20%部分列入地方上缴中央基数外，以后所发生的出口退税全部由中央财政负担。2003 年 10 月对出口退税机制进行了改革，从 2004 年开始将出口退税改为由中央和地方共同负担，具体办法是：以 2003 年出口退税实退指标为基数，对超基数部分的应退税额，由中央与地方以 75：25 的比例分别负担。

2. 地方固定收入

1994 年原方案包括：除了铁道部门、各银行总行、各保险总公司向中央集中上缴的部分以外的营业税；除地方银行和外资银行及非银行金融企业以外的地方企业所得税和地方企业上缴利润；个人所得税；城镇土地使用税；固定资产投资方向调节税；除铁道部门、各银行总行、各保险总公司集中上缴部分以外的城市维护建设税；房产税、车船使用税、印花税、屠宰税、农牧业税、农林特产税、耕地占用税、契税、土地增值税、国有土地有偿使用收入等。

从 2002 年开始，企业所得税和个人所得税收入实行中央与地方按比例分享。

3. 中央与地方共享收入

1994年方案的共享税种和分享比例为：增值税，分享比例为中央75%，地方25%；资源税，按不同资源品种划分，海洋石油资源税作为中央收入，其他资源税作为地方收入；证券交易税，分享比例为中央50%，地方50%（上海和深圳两市）。

1997年以后，我国对证券交易税的分享比例曾做了几次调整：1997年调整为中央分享80%，地方20%。到2002年，调整为中央97%，地方3%。

从2002年起，所得税也改为中央与地方的共享收入。改革的主要内容是：共享范围是除铁路运输、国家邮政、中国工商银行、中国农业银行、中国建设银行、中国银行、国家开发银行、中国农业发展银行、中国进出口银行以及海洋石油天然气企业缴纳的所得税作为中央收入外，其他企业所得税和个人所得税收入由中央和地方共享。从2004年起中央与地方所得税收入分享比例按中央分享60%，地方分享40%执行。基数计算以2001年为基期，按改革方案确定的分享范围和比例计算，如果地方分享的所得税收入小于地方实际所得税收入，差额部分由中央作为基数返还地方；反之，则差额部分由地方作为基数上缴中央。跨地区经营、集中缴库的中央企业所得税等收入按相关因素在有关地区之间进行分配。中央因改革所得税收入分享办法而增加的收入全部用于对地方（主要是中西部地区）的一般性转移支付。

（三）中央财政对地方的税收返还

按照1994年制定的收入划分方法，原来属于地方主要税源的消费税全部和增值税的75%上划给中央，为了减小改革的阻力，保护地方既得利益格局，中央采取“维持存量，调整增量”，逐步达到改革目标的方针，为此制定了中央对地方的税收返还的方法。

税收返还数额的计算方法为：以1993年为基期，按地方净上划中央的收入数额（消费税+75%增值税－中央下划收入）作为中央对地方的税收返还基数，将其全部返还给地方。同时规定，1994年以后，税收返还数额还有一定的增长，税收返还的增长率按照各地区“两税”（消费税和增值税的75%）增长率的1∶0.3系数确定，即“两税”每增长1%，税收返还增长0.3%。此外，还规定如果1994年以后上划中央的“两税”收入达不到1993年基数的，相应扣减税收返还基数。这些规定将“两税”的增长与地方的切身经济利益联系起来，更有利于促进地方增加“两税”的积极性。

（四）机构设置

分设中央和地方两套税务机构，分别征管。国家税务局负责征收中央税和共享税，地方税务局负责征收地方税。中央税、共享税和地方税的立法权集中在中央，共享税中的地方分享部分，由国家税务局直接划入地方金库。并且确立了新的预算编制和资金调度规则。

（五）原体制的处理

1994 年实行分税制后，原体制下的中央补助、地方上解及有关结算事项暂时不变，过渡一段时间再逐步规范化。原来中央拨给地方的各项专款该下拨的继续下拨。

三、分税制财政管理体制的成效

1994 年分税制财政管理体制改革是建立与社会主义市场经济发展相适应的运行机制的制度创新，分税制财政管理体制取得的成效表现在以下几个方面。

（一）初步建立起适应市场经济体制的财政体制框架

分税制财政体制框架，结束了原有的多种财政包干体制形式，实现了财政体制的简化。初步规范了中央与地方的财政关系。在对中央和地方政府事权重新加以界定的基础上，划分了各级政府支出范围，并把收入划分为中央固定收入、地方固定收入、中央与地方共享收入，使中央与地方的利益关系趋于明晰，减少了相互挤占的情况；初步建立财政转移支付制度，对解决纵向平衡、横向平衡起到了一定的作用；各地区能够按照统一标准划分收支，为财政体制的长期规范化发展奠定了基础。

（二）增强了中央财力及宏观调控能力

由于进一步规范了中央与地方的财政关系，较好地发挥了中央和地方的积极性，财政收入占 CDP 的比重有所提高，中央财政收入占全国财政收入的比重有较大提高，有利于中央政府强化对地方政府行为的调节与控制，改变了财政包干体制下中央财政支出主要依靠地方上解的被动局面，也有利于中央调节地区间财力过于悬殊的问题，从而增强了中央宏观调控的力度。

（三）建立了财政收入稳定增长的机制，财政收入快速上升

由于分税措施及鼓励地方增收措施得当，调动了各级政府增加财政收入的积极性，促进了地方收入的快速增长，也保证了全国财政收入的稳定快速增长。地方本级财政收入 1994—2001 年间年均递增 19%，中央对地方的税收返还和转移支付也逐年增长，保证了地方财力年均递增 18%。各地在注重本级财政收入增长的同时，也带动了与本身财力密切相关的中央财政收入的增长，因而有效保证了全国财政收入的稳定增长。

（四）促进资源优化配置和产业结构调整

实行分税制明确了各级地方政府的收支范围，强化了地方财政的预算约束，提高了地方坚持财政平衡、注重收支管理的主动性和自主性。实行分税制后，原属地方主

体税种的流转税大部分划归中央，抑制了地方投资冲动和干预企业的利益冲动，使国家产业政策限制发展的一些耗费高、产品质量低的重复性建设得到遏制。地方企业所得税划归地方，促使地方政府注重企业效益的提高和税收征管的加强。营业税划归地方，调动了各地发展第三产业的积极性，形成了各具特色的财源体系。

四、分税制有待完善的问题

我国的分税制通过多年的运行，已初见成效，但需要不断总结实践经验，进一步深化改革，使之更趋规范和完善。我国分税制还不够规范，存在着以下一些问题。

（一）政府间事权划分不够清晰

分税制虽然对各级政府事权做了规定，但还不够明晰和规范。大部分的事权是交叉的，如基础设施、文教卫、支农等事业是各级政府共有职能，而规范的分税制要求以法律形式具体化，力求分工明确，依法办事，但我们做得还不够，事权的上转下移时有发生，存在着一些不合理的交叉，影响了分税制的法律性。从各国分税制建立与发展的历史来看，它们都按照国家法律规定，明确划分各级政府的事权。在事权划分方面，应明确各级政府及其职能部门的职责权利，在理顺政府的职能后，以法律形式规范政府间事权和支出的划分。

我国分税制关于政府间事权的划分只涉及中央与省一级的事权划分，而对省以下各级政府的事权则没有明确的规定（财权却大多集中在省级政府），因此，出现了省以下各级政府的财权与事权关系不对称问题，财政收支矛盾随体制运行而越发集中于基层县和乡，有些基层政府连正常的支出都无法保证。

另外，我国分税制体制在设计上忽视了与我国现行政府分级体制配套的问题（行政设立了五个级次：中央、省、地市、县、乡），过多的行政级次分割了政府间的财政能力，使各级政府间的竞争与权利、责任安排难以达到均衡状态，并进一步加大了纳税人对政府的监管难度。由于我国中央税与共享税的税种占全部税收的大部分，而中央又分享较高的比例，再加上过多的行政级次，所以，层层下达，到县、乡级政府几乎无税可分，这就导致了省级以下政府的财权与事权不对称问题。

（二）收入划分不够规范

1994 年的分税制改革与工商税制改革是同时配套进行的，基本上是以现行税制的税种来划分收入，但某些收入划分并不符合规范原则。随着经济体制改革的深入，仍需不断调整。例如，当时按行政隶属关系划分企业所得税收入不符合政企分离原则，而且随着企业所有制组织形式的变化（企业重组、合资、实行股份制等），这种划分越来越不能适应新形势的要求（从 2002 年起企业所得税划归共享税）；另外，把个人所得税和固定资产投资方向调节税划分为地方税种，不符合分税制的通则，因为个人所得税和固定资产投资方向调节税属于税源普及全国或具有高度调节功能的税种，应该划为中央税。

部分学者认为，增值税地方分享，会造成地区间财政利益的不合理分配；证券交易税税源遍布全国，税基具有流动性，因此，他们认为这些税收应由中央财政来征收。营业税和城建税按行业部门在中央和地方之间划分也不合理，因为营业税与地方经济发展密切相关，城建税属于受益税，所以，这些税种适合划归地方。

我国地方税界限不清，大多具有共享税的性质。一般来说，地方税税基的选择应是纯地方性的，应该是流动性较差，且具有相对独立性，而不是全国性税基让渡给地方。但是，1994 年分税制改革时，我国并没有以真正的地方税为基础，而只是在当时的财政收入体制中把一部分收入划归地方，由于这些收入大都是全国性的收入项目，从而使得部分地方税成为实质上的共享税。

我国地方税源不充足，地方税种仍不健全，收入水平不高，自给率偏低。在国外，财产税作为地方税的主体税种，构成地方财政的主要收入来源，具有稳定性。而在我国还未形成统一的财产税体系，有些税种尚未开征，如遗产税和不动产税等，财产税并非构成地方政府的主要收入。其他一些地方税税种零星分散，收入不多。总之，地方财政时常处于捉襟见肘的境地。

（三）税收权限过于集中

我国现行分税制只涉及税收征管权，而税收的立法权、税法解释权、税种开征停征权、税目税率调整权、减免税审批权都集中在中央。这不利于财权与事权的统一，不利于调动地方积极性。我国 1985 年着手建立地方税时，尽管曾明文规定部分税种的税收管理权下放给地方，但多数管理权限至今未到位，地方税与中央税的管理办法几乎相同，从而有损地方税的独立性。

我国应在保证中央利益的前提下，赋予地方政府一定权力。中央税、共享税的立法权、征收权和管理权应完全集中于中央；对全国统一开征，并且对宏观经济影响较大的地方税，由中央制定基本法规和实施办法，将部分调整权下放给地方；对全国统一开征、对宏观经济影响较小的地方税，中央制定基本法规，地方制定实施办法；对具有明显地域性特点的地方税，可允许地方拥有立法权、征管权。经中央批准，地方政府可开征某些地方性税种。

为了保证中央利益，中央可对地方立法权作出一定的限制，地方不能制定有损中央政府税收权益的税法，也不能制定有损其他地区利益的税法，更不能制定有损当地居民权益的税法（如侵蚀中央税税基，利用税收优惠与其他地区过度竞争，歧视性征税等）。

（四）我国目前的财政转移支付制度存在的问题

1. 政策目标不明，定位不准

世界各国转移支付的形式通常有两种：一般补助和专项补助。一般补助的基本目标是通过补助地方财政经常性收支缺口，以促进基本公共服务水平在地区间的均等化。这就要求用科学的公式计算出标准财政收入和支出，以此作为确定各地区享受一般补助金额的主要依据。在我国目前的财政转移支付形式中，除专项拨款外，其余形式都属于一般性补助项目的范畴，但其中只有过渡期转移支付是以均等化为政策目标，其余形式，特别是税收返还是以既得利益为导向，这显然不符合一般补助的政策目标要求。从这几年实际情况看，东西部地区的差距不是缩小，而是扩大了。2001年，中、西部地区的人均财力分别为东部地区的46%和49%，都不及东部的一半。

专项补助的政策目标，应是提供地区间具有外溢性的特定公共服务项目，如基础教育、跨地区公路、水利设施等。目前我国的专项拨款属专项补助性项目，但它的使用范围几乎涉及了地方财政支出的所有项目，这里明显存在着职能错位，违反了专项补助的一般原则。

2. 调控力度过小，均等化功能过弱

目前我国中央对地方的转移支付占中央财政总支出的比重高达50%以上，但问题是在转移支付体系中，税收返还形式占据其中很大比重，而税收返还是以保证地方既得利益为出发点的，从税收返还的基数确定，到增量的获得，都有利于发达地区，而不利于不发达的中西部地区，中央财政对税收返还在地区之间没有任何调剂权。至于过渡时期转移支付，虽然具有均等化的功能，但所占比重过低。转移支付的其他形式，如原体制补助、决算补助、其他补助和专项拨款，都不具有均等化功能。总之，从实际效果来看，自分税制改革以来，中央财政在地区之间的调控能力是很小的，转移支付的均等化功能十分微弱。

3. 资金分配方法不规范科学，随意性大

在财力转移上，还未建立起一套科学完善的计算公式和测算办法，预算安排上的随意性较大，中央对地方的有条件补助取决于各地讨价还价的能力，而且有条件的配套补助有利于发达地区，因为发达地区有能力提供配套资金，这样将进一步拉开地区差距。在转移支付体系中，税收返还形式占大部分，虽然其计算方法在全国是统一的，但它是建立在维护各地区既得利益的“基数法”基础之上，而且基数本身往往是不合理的，所以，不可能达到科学和规范。专项拨款分配范围过大，项目过多、过杂，专款规模随意增长。

4. 管理分散，缺乏有效的监督机制

转移支付制度种类繁多，补助对象涉及各行各业，管理和分配补助的单位既有财政部的专业司局，也有中央部委；补助来源既有预算拨款，也有预算外资金，这就造成了资金使用的分散、浪费和低效。转移支付的资金大多为无偿使用，对每一项资金的硬性配套资金未明确规定。在资金使用方面未建立一套有效的监督、审计系统，对资金是否做到专款专用，不能准确及时掌握信息，对违反资金使用规定的地方政府缺乏必要的惩罚手段。总之，对转移支付的资金使用效果缺乏有效的监督管理机制。

因此，我们必须尽快建立起科学、规范的财政转移支付制度。我们可以学习和借鉴国外的成功经验，即实行纵向转移支付为主、横向转移支付为辅、纵横交叉的转移支付方式。这是因为我国中央政府财力比较紧张，具有横向转移支付的要求，地区财力差异很大，具有横向转移支付的能力。鉴于目前的国情，科学规范的转移支付制度的建立及转移支付方式的选择，应采用渐进的方式进行，并与分税制的逐步完善相配合。因此，目前我们仍然主要采用中央政府对地方政府的纵向转移方式，可以逐步收缩税收返还的规模，逐步取消各种不规范的“补助”，逐年增大转移支付的数量，并从技术上为建立规范化的转移支付制度做好准备。同时，还可选择部分条件成熟的省区进行地区间横向转移支付的试点，为全面推广做好准备；待到市场经济体制比较完善，法制比较健全，分级分税制财政管理体制规范稳定，均等化拨款的技术条件成熟，再全面实施科学规范的政府间转移支付制度，并采用纵向转移支付为主、横向转移支付为辅、纵横交叉的转移支付方式。

第六节　公共财政政策

一、公共财政政策的内涵

公共财政政策是指一国政府为实现一定的宏观经济目标，而调整公共财政收支规模和收支平衡的指导原则及其相应的措施。

公共财政政策是由支出政策、税收政策、预算平衡政策、国债政策等构成的一个完整的政策体系。在市场经济条件下财政功能的正常发挥，主要取决于公共财政政策的适当运用。政策运用得当，就可以保证经济的持续、稳定、协调发展；政策运用失当，也会引起经济的失衡和波动。

现代意义上的财政政策始于20世纪30年代的资本主义经济大萧条时期。在这一时期，资本主义国家爆发了大规模的经济危机，经济陷入极度萧条之中，当时的美国总统罗斯福实行“新政”，主要是运用财政政策刺激经济的回升，凯恩斯经济理论也随之悄然兴起。侧重运用财政政策干预经济，是政府干预经济方式的重要转变。其表现在：(1) 观念的转变。20世纪30年代以前，各国政府虽然偶尔也对某些经济活动加以干预，但由于传统的经济理论已根深蒂固，没有意识到或本来就不主张政府应当干预经济活动。后来，随着现代经济学的发展，人们才承认政府具有经济职能，应采取积极的政策措施对国民经济施加影响。(2) 目标的转变。目标的单一性是过去政府干预经济的特点，如今，财政政策要根据促进经济发展和提高社会福利的要求，同时实现多重目标的有机结合。(3) 手段的转变。在不发达的商品经济时代，政府干预的主要手段是税收，而且主要是为了筹集必要的财政收入，而财政政策的手段不仅包括税收，还包括预算、支出、公债、补贴等。

二、公共财政政策的基本要素

(一) 公共财政政策主体

公共财政政策主体指的是政策制定者和执行者，财政政策的主体只能是各级政府，而且主要是中央政府。各级政策主体的行为是否规范，对于政策功能的发挥和政策效应的大小都具有关键作用。在任何经济体制下，各级政府的行为与偏好，对于政策的制定与执行，往往起着决定性的作用。

市场经济体制下，地方政府拥有较大的自主权。地方政府不仅是一个政策的执行者，同时也是一个地区的政策制定者，具有双重地位。地方政府出于地方利益的驱动与中央政府的政策关系往往非常微妙。表现之一是地方政府的政策与中央政府的公共财政政策协调与抵触同时存在。有利于本地利益的政策就贯彻执行，不利于本地利益的政策就消极抵触。表现之二是政策的攀比行为，导致中央政府的全局性的有利于整体战略目标的难以实现。中央根据既定的发展战略，对不同地区或不同产业实行倾斜政策是完全必要的。但每一项优惠政策的出台，往往就会在全国掀起竞相攀比、竞相争取的浪潮，从而使局部优惠扩大化，普遍化，每项新的优惠政策的出台，几乎不可避免地都在全国各地铺开。因此，在公共财政政策原理研究中重视对政策主体行为规范的分析，可以在一定程度上避免许多政策偏差，有利于提高政策执行的有效性。

(二) 公共财政政策目标

公共财政政策目标就是公共财政政策所要实现的期望值。公共财政政策目标从时间上要求具有连续性特征，它要求中短期政策在导向上与长期基本财政政策保持一致。财政政策目标从空间要求具有层次性特征，它要求各层次财政政策目标方向在总体上一致。所以，保持财政政策的连续性与一致性，是政策目标确定的一般性要求。另外，政策目标作为一种期望值，还要受到社会、政治、经济、文化等环境与条件的限制，并且取决于民众的偏好与政府的行为。因此，政策目标的确定是一个科学的、民主的选择或决策过程。

公共财政政策的目标，可以归结为以下几个方面：

1. 物价水平相对稳定

物价水平相对稳定是财政政策稳定功能的基本要求。物价水平相对稳定是把物价总水平的波动约束在经济稳定发展可容纳的空间。物价水平相对稳定，可以具体解释为避免过度的通货膨胀或通货紧缩。在采取财政措施时，必须首先弄清导致通货膨胀或通货紧缩的原因，如果是由于需求过热或需求不足造成的，则需要调整投资性支出或通过税收控制工资的增长幅度；如果是由结构性摩擦造成的，则必须从调整经济结构着手。总之，物价不稳，对于任何一个国家始终是经济发展中的一大隐患。因此，在财政政策目标的选择上必须予以充分地考虑。

2. 收入的合理分配

收入分配不合理，贫富差距过大，不仅不利于社会经济的稳定，也会牺牲市场效率。在市场经济下，同资源配置机制一样，应使市场分配起基础作用，同时实施政府的宏观调控。收入分配既要有利于充分调动社会成员的劳动积极性，同时又要防止过分贫富悬殊和分化，因此，在政策的导向上存在着公平与效率的协调问题。税收负担的合理分配，建立完善的社会保障体系，是实现收入合理分配目标的关键。

3. 国民经济适度增长

适度的含义就是量力而行。其一，要视财力可能制定增长率。其二，要考虑物力可能。财政政策在推进经济增长的过程中，一方面要在政策取向上注意处理好储蓄与消费的关系，保持适度的社会储蓄率；另一方面要充分认识到经济发展中的若干制约因素，注意发挥财政在经济结构调整和推进科技创新方面的作用。

4. 社会生活质量逐步提高

经济系统的最终目标是满足社会全体成员的需要。需要的满足程度，不仅取决于个人消费需求的实现，而且取决于社会公共需要的实现。这种社会公共需要的满足综合表现为社会生活质量的提高。比如公共安全、环境质量、基础科学研究、普及教育和公共卫生等水平的提高都标志着社会生活质量的提高。公共财政政策把社会生活质量的提高作为政策目标之一，是因为提高社会生活质量仅靠市场是远远不够的，还必须依靠政府部门提供足够的高质量的社会公共物品。

（三）公共财政政策工具

公共财政政策工具，是财政政策主体所选择的用以达到政策目标的各种财政手段。财政政策工具主要有税收、国债、公共支出、政府投资、财政补贴等。

1. 税收

税收作为一种政策工具，它具有形式上的强制性、无偿性和固定性特征，这些特征使税收调节具有权威性。税收调节作用，主要通过宏观税率和具体税率的确定、税种选择、税负分配（包括税负转嫁）以及税收优惠和税收惩罚等规定体现出来。

（1）宏观税率的确定，是财政政策实现调节目标的基本选择之一。当一国把税收作为财政收入的基本来源时，宏观税率就成为衡量财力集中与分散程度的一个重要指标。宏观税率高意味着政府集中掌握的财力或动员资源的能力高，反之则低。政府动员资源的能力如何，对于宏观经济运行的稳定以及经济的发展会产生重大的影响。一般来说，政府提高宏观税率，会对民间部门经济起收缩作用，意味着更多的收入从民间部门流向政府部门，相应地，民间部门的需求将下降，民间部门的产出将减少。政府若降低宏观税率，则会对民间部门经济起扩张作用，需求将相应地上升，产出也相应地增加。但是，宏观税率必须适度，过低则难以保证政府提供公共物品的需要，也不利于政府的宏观调控。

（2）税负分配。税负分配，一方面是由政府部门来进行，主要是通过税种选择和制定不同的具体税率来实现；另一方面是通过市场活动来进行，主要是通过税负转嫁的形式体现出来。税负转嫁的结果，是使纳税人的名义税负与实际税负不相同。因此，可以说税负转嫁是在政府税负初次分配的基础上，通过市场机制的作用而进行的税负再分配。两个层次的税负分配，对于收入的变动、相应的个人与企业的生产经营活动以及各经济主体的行为，均会产生重大影响。

（3）税收优惠与税收惩罚，是在征收正税的基础上，为了某些特殊需要而实行的鼓励性措施或惩罚性措施。这种措施在运用上具有较大的灵活性，它往往起到正税所难以起到的作用，因而在各国税法中都不同程度地保留着某些税收优惠性和惩罚性的措施。税收的优惠性措施包括减税、免税、宽限、加速折旧以及建立保税区等。与税收优惠措施相反的是税收的惩罚性措施，如报复性关税、双重征税、税收加成、征收滞纳金等。无论是优惠性的还是惩罚性的措施，对实现财政政策的某些目标都起到一定作用。

2. 国债

国债最初是用来弥补财政赤字的。随着信用制度的发展，国债已成为调节货币供

求、协调财政与金融关系的重要政策手段。国债的调节作用主要体现在下述三种效应上，第一是“挤出效应”，即由于国债的发行，使民间部门的投资或消费资金减少，从而对民间部门的投资或消费起调节作用。第二是“货币效应”，即国债发行引起货币供求变动。它一方面可能使部分“潜在货币”变为现实流通货币，另一方面则可能把存于民间部门的货币转到政府部门，或由于中央银行购买公债增加货币的投放。由于国债发行所带来的货币的一系列变动，统称为“货币效应”。第三是“收入效应”，即不论是以未来年度增加税收或是发行新债来偿还，国债持有人在国债到期时，不仅收回本金而且得到利息补偿。而政府发行国债主要用于社会公共需要，人人均可享用，这样，在一般纳税人与国债持有人之间就产生了收入的转移问题。此外，国债所带来的收入与负担问题，不仅影响当代人，而且还存在着所谓“代际”的收入与负担的转移问题，这些问题都属于收入效应问题。国债的作用主要通过国债规模、持有人结构、期限结构、公债利率综合体现出来。政府可以通过调整国债规模，选择购买对象，区分国债偿还期限，制定不同国债利率来实现财政政策的目标。在现代信用经济条件下，国债的市场操作是沟通财政政策与货币政策的主要载体，通过国债的市场操作，可以协调两大政策体系的不同功能。一方面，可以淡化赤字的通货膨胀后果，因为国债的市场融资比政府直接向央行透支对基础货币的变动影响小；另一方面，可以增加中央银行灵活调节货币供应的能力。

3. 公共支出

公共支出主要指政府满足纯公共需要的一般性支出，它包括购买性支出和转移性支出两大部分。购买性支出包括商品和劳务的购买，它是一种政府的直接消费支出。转移性支出通过“财政收入、国库、财政支付”过程将货币收入从一方转移到另一方，此时，民间的消费并不因此而发生变化。此外，在一些国家财政补贴在公共支出中也占有重要位置，是经济体制运转不可或缺的润滑剂。但是财政补贴是一种具有明显“二重性”特征的政策工具，在运用上，必须充分考虑到它的双重作用。

4. 政府投资

政府投资指财政用于资本项目的建设支出，它最终将形成各种类型的固定资产。在市场经济条件下，政府投资的项目主要是指那些具有自然垄断特征、外部效应大、产业关联度高、具有示范和诱导作用的公共设施、基础性产业以及新兴的高科技主导产业。政府的投资能力与投资方向对经济结构的调整起关键性作用。考虑到国民经济基础设施和基础产业的“瓶颈”制约现状，政府投资所产生的效应，就不局限于自身的投资效应；作为一种诱发性投资，它可将“基础瓶颈”制约所压抑的民间部门的生产潜力释放出来，并使国民收入的创造达到一个较高的水平。这就是政府投资在“基础瓶颈”条件下所产生的“乘数效应”。

（四）公共财政政策的类型

1. 根据财政政策对经济的调节来划分，公共财政政策可分为自动稳定的财政政策和相机抉择的财政政策

（1）自动稳定的财政政策。

自动稳定的财政政策是指能够根据经济波动情况自动发生稳定作用的政策，它无须借助外力就可直接产生调控效果。财政政策的这种内在的、自动产生的稳定效果，可以随着社会经济的发展，自行发挥调节作用，不需要政府采取任何干预行动。财政政策的自动稳定性主要表现在两个方面：一是，公司所得税和累进的个人所得税的自动稳定效应。如果政府预算是平衡的，税率没有变动，而经济活动出现不景气，国民产出就要减少，这时税收收入就会自动下降；如果政府预算支出保持不变，则由税收收入的减少而使预算赤字发生，这种赤字会“自动”产生一种力量，可以抑制国民产出的继续下降。二是，政府转移支付的自动稳定效应。转移支付是为了在个人收入下降时为维持他们的最低必要生活水平而向他们提供的支付，如公共救济款及对有儿童家庭的援助等福利计划和失业救济金。如果国民经济出现衰退，就会有一大批家庭具备申请失业救济金的资格，政府必须对失业者支付津贴或救济金，从而可以使总需求不致下降过多；同样，如果经济繁荣来临，失业者可重新获得工作机会，在总需求接近充分就业水平时，政府就可以停止这种救济性的支出，使总需求不至于过旺。

（2）相机抉择的财政政策。

在某些财政政策本身没有自动稳定的作用的情况下，需要借助外力才能对经济产生调节作用。一般来说，这种政策是政府根据当时的经济形势，采用不同的财政措施，以消除通货膨胀缺口或通货紧缩缺口，是政府利用本身财力有意识干预经济运行的行为。

相机抉择的财政政策包括汲水政策和补偿政策。按照汉森的财政理论，汲水政策是应对经济波动的财政政策，是在经济萧条时靠付出一定数额的公共投资使经济自动恢复其活力的政策。汲水政策有四个特点：其一，汲水政策是一种诱导景气复苏的政策，是以经济本身所具有的自发恢复能力为前提的治理萧条政策；其二，汲水政策的载体是公共投资，以扩大公共投资规模作为启动民间投资活跃的手段；其三，财政支出规模是有限的，不进行超额的支出，只要使民间投资恢复活力即可；其四，汲水政策是一种短期的财政政策，随着经济萧条的消失而不复存在。补偿政策是政府有意识地从当时经济状态的反方向调节景气变动幅度的财政政策，以达到稳定经济波动的目的。在经济繁荣时期，为了减少通货膨胀因素，政府通过增收减支等政策以抑制和减

少社会有效需求；而在经济萧条时期，为了减少通货紧缩因素，政府则通过增支减收等政策来增加消费和投资需求，谋求整个社会经济有效需求的增加。

汲水政策和补偿政策都是政府有意识的干预政策，其区别表现在：一是，汲水政策只是借助公共投资以补偿民间投资的减退，是医治经济萧条的处方，而补偿政策是一种全面的干预政策，它不仅在使经济从萧条走向繁荣中得到应用，而且还可用于控制经济过度繁荣；二是，汲水政策的实现工具主要是公共投资，而补偿政策的载体不仅包括公共投资，还有所得税、消费税、转移支付、财政补偿等；三是，汲水政策的公共投资不能是超额的，而补偿政策的财政收支可以超额增长；四是，汲水政策的调节对象是民间投资，而补偿政策的调节对象是社会经济的有效需求。

2. 根据财政政策对国民经济总量的调节功能，分为扩张性政策、紧缩性政策和中性政策

（1）扩张性财政政策。

扩张性财政政策是指通过财政收支规模的变动来增加和刺激社会的总需求，在总需求不足时，通过扩张性财政政策使总需求与总供给的差额缩小以至平衡。扩张性财政政策的载体主要是增加财政支出和减少税收，两者相比，前者的扩张效应更大一些。财政支出是社会总需求的直接构成因素，财政支出规模的扩大会直接增加总需求，增加支出的乘数效应大于减税的乘数效应。减税政策可以增加民间的可支配收入，在财政支出规模不变的情况下，也可以扩大社会总需求。同时，减税的种类和方式不同，其扩张效应也不同。流转税的减税在增加需求的同时，对供给的刺激作用更大，所以，它的扩张效应主要表现在供给方面。所得税尤其是个人所得税的减税，可以增加人们的可支配收入，它的扩张效应体现在需求方面。如果增加支出与减税并举，扩张效应更大，但可能导致财政赤字。从这个意义上说，扩张性财政政策等同于赤字财政政策。

（2）紧缩性财政政策。

紧缩性财政政策是指通过财政收支规模的变动来减少和抑制总需求。在国民经济出现总需求过旺的情况下，通过紧缩性财政政策可以消除通货膨胀，达到供求平衡。实施紧缩性财政政策的手段主要是减少支出和增加税收。减少支出可以降低政府的消费需求和投资需求。增加税收可以减少民间的可支配收入，降低民间消费需求和投资需求。所以，无论是减支还是增税，都具有减少和抑制社会总需求的效应。如果在一定经济状态下，增税与减支并举，财政盈余就有可能出现。从一定程度上说，紧缩性财政政策等同于盈余财政政策。

（3）中性财政政策。

中性财政政策是指财政收支活动对社会总需求的影响保持中性，既不产生扩张效

应，也不产生紧缩效应。在一般情况下，财政中性政策要求财政收支保持平衡。在经济政策理论中，一般把通过增加盈余或减少盈余以及增加赤字或减少赤字的形式表现出来的财政政策，称之为非均衡财政政策，而以收支均衡的形式表现出来的财政政策，称之为均衡财政政策。均衡财政政策的主要目的在于力求避免预算盈余或预算赤字可能带来的消极后果。但是，预算收支平衡或均衡财政政策并不等于中性财政政策。因为通过支出结构的调整和税收政策的调整，同样可以对经济发挥调节作用，而且平衡预算本身也具有乘数效应。

三、公共财政政策的传导和效应

（一）公共财政政策的传导机制

在市场经济条件下，财政政策的实施需要由政策工具到政策目标的转变过程。财政政策传导机制，就是财政政策在发挥作用的过程中，各政策工具通过某种媒介体的相互作用形成的一个有机联系的整体。财政政策发挥作用的过程，实际上也就是财政政策工具变量经由某种媒介的传导转变为政策目标变量的过程。财政政策主要通过收入分配、货币供应与价格将财政政策工具的作用传导出去。因此，政策能否达到预期目标，在很大程度上就与传导机制的作用联系在一起。

1. 财政政策工具与收入分配

财政政策工具变量调整可以通过收入分配来传导，收入分配的范围很广，现以对整个 GDP 分配影响最大的个人收入和企业利润收入分配进行分析。

政策工具变量的调整，对个人收入分配的影响，主要体现在改变货币收入者实得的货币收入或使货币收入者的实际购买力发生变化。对于前者，主要是通过对居民个人征税，使其税后收入减少，或通过某种形式的补贴使居民个人的实得收入增加；对于后者，主要是通过货币的升值或贬值来进行调节。居民个人收入的变化会影响其储蓄与消费的行为，并影响劳动者生产积极性，在一定的程度上还可能导致劳动者在工作与闲暇之间重新做出选择。例如，开征消费税直接影响消费支出，开征利息税可能影响储蓄行为。再如开征个人所得税，当累进税率达到一定高度时，就可能使一部分人在工作与闲暇中重新选择，产生减少工作时间而增加闲暇时间的替代问题。这样，财政政策通过收入分配作为媒介就会对总产出造成影响。

政策工具变量调整对企业利润分配的影响，主要体现在企业税后利润的分配上。企业所得税直接影响企业税后利润的变化，从而影响企业的生产经营行为，尤其是影响企业的投资行为。

总之，收入因素变动会影响总供求变动，收入的变动是分配的结果，或者说是利益格局调整的结果，财政政策工具正是通过对利益格局的调整来实现政策目标的。

2. 财政政策工具与货币供给

政策工具变量的调整会影响货币供应。货币供给是社会需求的载体，任何一笔财政收支的增减都必须通过货币供给量作用于总需求。如果实行赤字政策，可能是通过增支或减税，也可能是采取货币化融资或债务化融资，首先是扩大货币供给量，然后才能达到扩大总需求的目的。在利率市场化的条件下，财政收支的增减会影响利率的升降，如果扩大财政支出而不相应地扩大货币供给量，必然迫使利率上升，对民间投资产生“挤出”效应，这样就达不到总需求的政策目标。

3. 财政政策工具与价格的关系

许多财政政策工具的作用可以通过价格作用体现出来，或者是与价格相互作用共同发挥调节作用。调整产业结构从某种意义上讲就是调整利益结构，部门与行业间利润率的差别，除了受成本变动等因素影响外，主要与价格政策有关。价格市场化的情况下政府对价格的适度控制仍然是必要的。当然这种控制主要不是依靠行政手段来管制物价，而是通过经济的手段，如在加大基础产业部门政府投资的同时，运用税收、补贴等财政政策工具控制基础产业部门的价格，达到调整产业结构的政策目标。

（二）财政政策效应

财政政策效应即财政政策作用的结果，政策是否有效主要看政策执行的结果。要做出政策效果的判断，不仅要看政策执行的结果，还要分析为达到目标而付出的代价。为此，我们有必要首先讨论政策效应的评价问题，对某项财政政策效应的优与劣做出客观评价。财政政策作用的结果有积极的一面，也有消极的一面，尽管政策的制定者总是在寻求最佳的政策效果，努力减轻或消除消极效果的影响，但是客观经济运行过程的复杂性，使政府的预期与实际很难完全相符。

政府实施某项政策所付出的研究费用、执行费用和补偿费用构成了该项政策的“成本”，而某项政策实施所产生的积极作用则可视为该项政策的“效益”。这样，对政策有效性评价可以通过政策成本与政策效益的对比分析来进行。即当政策效益大于政策成本时，政策的有效性程度高，反之则低。政策效益实际上是政策目标值的实现。政策目标值一般是根据客观经济运行需要规定的，实现政策目标值，财政政策就会产生积极的作用。政策研究费用与执行费用可以用货币单位直接计算，但是对某项政策实施所产生的消极影响难以完全用货币计量，实施某项政策而需给受损者的必要补偿费用或由此带来的社会效益损失难以准确度量。比如，政府为平衡预算，实施一项增加税收政策。当个人所得税增加时，减少了个人收入，可能使一部分人的劳动生产积极性受影响；当企业所得税增加时，减少了企业的税后利润，也可能降低部分企业的投资热情。对于一个社会来说，这种损失究竟有多大，是难以准确估算的。因此，政策效应评价的关键是在政策效益既定的前提下，确定政策成本最低者为优。

（三）财政政策乘数

财政政策对经济的稳定具有非常重要的作用，这种作用的大小可以通过财政政策乘数来描述。

通过国民收入的决定方程式可以推导出财政政策乘数。

国民收入的决定公式为：

$$Y=C+I+G \tag{12—1}$$

式中，Y 为国民收入，C 为消费支出，I 为私人投资支出，G 为政府购买性支出。

其中，

$$C=C_a+bY_d \tag{12—2}$$

式中，C_a 为消费函数中的常数，b 为边际消费倾向，Y_d 为可支配收入（即扣除税收 T 后的收入）。

$$Y_d=Y-T \tag{12—3}$$

三公式联立可得：

$$Y=\frac{C_a-bT+I+G}{1-b} \tag{12—4}$$

根据以上公式，我们就可以求得简单的财政政策乘数。

1. 税收乘数

只要对式（12—4）进行对 T 求导，可求得税收乘数：

$$\frac{\partial Y}{\partial T}=\frac{-b}{1-b} \tag{12—5}$$

税收乘数表明的是税收的变动对国民产出（GNP）的影响程度。它的特点和作用是：（1）税收乘数是负值，说明税收增减与国民产出呈反方向变动；（2）政府增税时，国民产出减少，减少量为税收增量的 $b/(1-b)$ 倍。公式说明若政府采取减税政策，虽然会减少财政收入，但将会成倍地刺激社会有效需求，有利于民间经济的增长。

2. 购买性支出乘数

只要对式（12—4）进行对 G 求导，可求得购买性支出乘数

$$\frac{\partial Y}{\partial G}=\frac{1}{1-b} \tag{12—6}$$

购买性支出乘数表明的是购买性支出的变动对国民产出（CNP）的影响程度。它的特点和作用是：（1）支出乘数是正值，说明购买性支出的增减与国民产出呈正方向

变动；(2) 政府增加支出时，国民产出增加，产出增加量为支出增量的 $1/(1-b)$ 倍。(3) 同税收乘数相比，支出乘数大于税收乘数，这说明增加财政支出政策对经济增长的作用大于减税政策。

3. 平衡预算乘数

政府在增加税收的同时，等量增加购买性支出，维持财政收支平衡，这种变化对国民产出的影响程度就是所谓的平衡预算乘数：

$$\frac{\partial Y}{\partial T}+\frac{\partial Y}{\partial G}=\frac{-b}{1-b}+\frac{1}{1-b}=1 \tag{12—7}$$

平衡预算乘数说明，即使增加税收会减少国民收入，但若同时等额地增加支出，国民产出也会等额地增加。即实行平衡预算政策，仍具有扩张效应，它的效应等于1。

四、财政政策与货币政策的协调配合

财政政策与货币政策是政府进行宏观调控的两大政策工具。由于其具有不同的特点，所适用的宏观背景条件也有所不同，因此在具体实施中存在着协调配合的问题。

（一）财政政策与货币政策协调配合的必要性

1. 财政政策与货币政策效应的范围与侧重点不同

财政政策在刺激需求与调节经济结构方面具有较明显的作用，但是在限制社会总需求方面的作用较弱。因为减税与增支都较易实施，效果也十分明显，而减支与增税却十分困难。而且财政支出所形成的需求只占社会总需求的一部分。货币政策的调节范围覆盖全社会，尤其是社会需求总量，它通过调节货币供给量，在抑制需求、控制通货膨胀方面具有较显著的效应。

2. 财政政策与货币政策作用的时滞不同，可控性也不同

一般来讲，财政政策的制定时滞较长，而实施后生效时滞较短。因为财政政策手段大都是具有法律效力的政策手段，其立法制定过程需要相当长的时间。而在政策实施后，由于税收与政府支出可直接影响微观经济主体的购买力，没有中间环节，从而可直接影响投资和消费需求，故生效时滞较短。但是，货币政策的制定时滞较短，实施后生效时滞较长，并且可控性较差。因为货币政策一般由中央银行根据经济状况自行决策，时滞较短；但是货币政策从实施到产生作用要经过较复杂的传导过程，所需时间较长，并且多变，不易把握，其原因在于中央银行采取调节措施需要经过金融市场、商业银行这些中介环节的传导，再影响到经济单位。以扩张性货币政策为例：货币供给量增加引起利率下降，从而导致投资上升，使产出增加。在这一过程中，如利率因货币的流动性陷阱存在而不能随货币供给量的扩大而下降到足以使投资回升的水

平，或投资对利率不敏感，不能随利率的变动而变动，都会使扩张性货币政策的效果受影响。

3. 财政政策和货币政策的扩张效应不同

扩张性财政政策在促使产出与就业增加的同时，可能导致利率上升，存在挤出效应；扩张性货币政策却可以通过降低利率促使产出和就业增加，因而有利于鼓励非政府部门投资的增长。

（二）财政政策与货币政策的相对效力与政策选择

在不同的条件下，财政政策与货币政策的调控效果客观上存在差异，因此，同一时间、面对同样的问题，选择不同的调控政策或配合方式，会引起不同的效果。实践中政府要根据具体经济环境选择一种调控效果最优的政策来实施。政策选择原理可以用 *IS-LM* 模型给予说明。

1. 财政政策的效力

当政府实施扩张性财政政策时，政府需求的增加将通过财政政策乘数效应使国民产出增加。国民产出的增加又使货币需求增加，即需要更多的货币用于流通。在中央银行不改变货币供给的情况下，利率必然上升。利率上升，一方面会抵消由于国民产出增加而增加的货币需求；另一方面又会减少投资需求，从而抵消一部分政府支出或减税对 GDP 的刺激作用。如果投资需求对利率的敏感程度很高，利率的上升将会减少投资。如果货币需求对利率的敏感程度很低，那么，由于政府支出增加引起的货币需求将使利率猛增，因为利率敏感程度很低，意味着利率必须有较大的变动。

此外，财政支出乘数是衡量财政政策效力的一个重要指标。但是，财政支出乘数能否使财政政策的效力充分发挥出来，同样要受到上述两个因素的制约。如果投资对利率高度敏感而货币需求对利率不敏感，即使财政支出乘数很大，财政政策也无法产生强有力的效果。与上述情况相反，当政府采取扩张性财政政策时，如果利率上升幅度不大，或扩张性财政政策对利率水平没有多大影响，那么，这种政策对投资的冲击就很小。在这种情况下，扩张性财政政策对总需求就有很强的影响力。换言之，当投资对利率不敏感而货币需求对利率高度敏感时，财政政策的效力就很强。

图 12—1 利用 *IS-LM* 曲线的形状及其移动来说明财政政策效力的强弱。

财政政策的效力与 *IS* 曲线和 *LM* 曲线的形状有很大关系。当投资需求对利率很敏感时，*IS* 曲线比较平缓，因为利率的较小变化和投资需求的较大变化有关。

相反地，当投资需求对利率不敏感时，*IS* 曲线就比较陡峭。再看 *LM* 曲线的形状。当货币需求对利率很敏感时，*LM* 曲线就比较平缓，因为当货币需求随着收入变化而增加时，利率的很小变化就足以使它减少；反之，当货币需求对利率不敏感时，

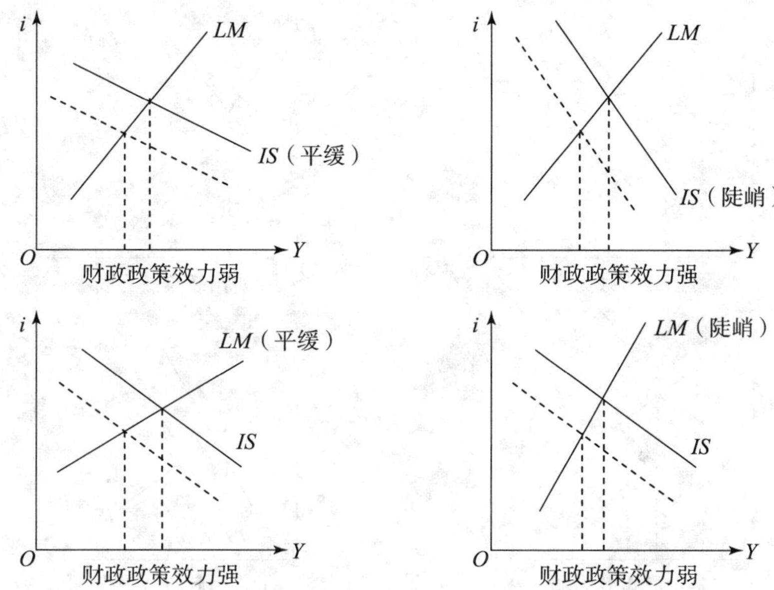

图 12—1 财政政策效力强弱

LM 曲线就比较陡峭。当 *IS* 曲线比较陡峭，或者 *LM* 曲线比较平缓时，财政政策的效力比较强。相反，如果 *IS* 曲线比较平缓，或者 *LM* 曲线比较陡峭，财政政策的效力就比较弱。

2. 货币政策的效力

货币政策的操作主要体现在货币供给的变化上，扩张性货币政策是货币供给增加，紧缩性货币政策是货币供给减少。一项扩张性货币政策如果在货币供给的增加时使利率下降的幅度很大，并且对投资有很大的刺激作用，它对总需求的影响就很大。这种效果产生的条件：一是，如果投资需求对利率的敏感程度很高，利率的下降就会使投资受到极大鼓励；二是，如果货币需求对利率的敏感程度很低，货币供给的增加使利率下降很大。在这两个条件得到满足的情况下，货币政策对总需求的影响效力就强。货币政策对总需求的影响效力也有弱的时候。如果投资需求对利率的敏感程度很低，利率的下降不会使投资受到很大的刺激；如果货币需求对利率的敏感程度很高，货币供给的增加并不能使利率下降很大。在这种情况下，一项扩张性的货币政策如果使利率下降较小，或对投资的影响较小，它对总需求的影响就较弱。

图 12—2 用 *IS-LM* 曲线的形状及其移动来说明货币政策效力的强弱。

同财政政策一样，货币政策的效力也与 *IS* 曲线和 *LM* 曲线的形状关系很大。如果 *IS* 曲线较为平缓或 *LM* 曲线较为陡峭，货币政策的效力就强；如果 *IS* 曲线较为陡峭或 *LM* 曲线较为平缓，货币政策的效力就弱。

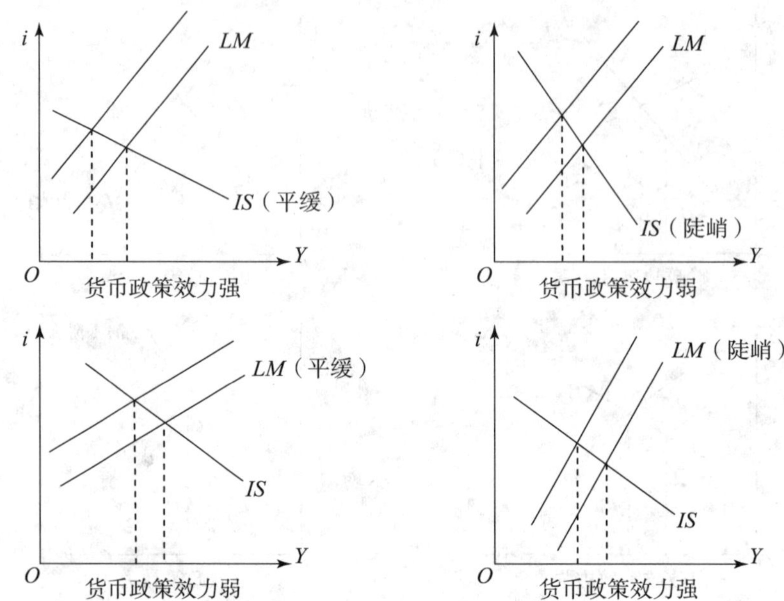

图 12—2　货币政策效力强弱

（三）财政政策与货币政策协调配合的基本模式

财政政策与货币政策的配合有四种基本模式：财政货币双松模式、财政货币双紧模式、松财政紧货币模式、紧财政松货币模式。

1. 双松政策模式

双松政策模式是指同时实行增支减税的扩张性财政政策与放松银根的货币政策。这一般适用于社会总需求严重落后于总供给，经济陷入严重萧条的状况。在这种经济状况下，双松政策可以强有力地刺激总需求扩大，降低失业率，促进经济复苏。但是若长期采用双松政策，最终将因大量财政赤字导致货币供应量过大，引发通货膨胀，影响经济稳定与社会安定。

2. 双紧政策模式

双紧政策模式是指同时实行减支增税的紧缩性财政政策与收紧银根的货币政策。这一般适用于总需求严重大于总供给，通货膨胀严重的经济状况。此时唯有用双紧政策才能有效抑制总需求，缓解通货膨胀。但是双紧政策在抑制总需求的同时，也会使总供给受到抑制，若紧缩过头，就会产生经济增长减缓以至停滞、失业率上升的局面。

3. 松财政紧货币政策模式

松财政紧货币政策模式是指在实行扩张性财政政策的同时辅之以收紧银根的货币政策。一般而言，在经济增长减缓以至停滞而通货膨胀压力又很大的情况下，以及经济结构失调与严重通货膨胀并存的情况下，采用这种松财政紧货币的搭配模式较为适宜。因为松的财政政策具有同时刺激需求与供给能力的效应，以及通过加强重点建设与基础设施的财政投资调整产业结构的效应；而紧的货币政策具有控制通货膨胀的效应，两者搭配使用，就可以扬长避短，功能互补，形成宏观调控的合力。

4. 紧财政松货币政策模式

紧财政松货币政策模式是指在实行紧缩性财政政策的同时辅之以放松银根的货币政策。这种搭配模式比较适用于财政赤字较大与总需求不足并存的情况。通过这种政策搭配模式，可以既增加有效需求又不扩大财政赤字，从而同样发挥功能互补的作用。

从以上几种政策组合可以看到，所谓松与紧，实际上是财政与信贷在资金供应上的松与紧，也就是银根的松与紧。凡是使银根松动的措施，如减税、增加财政支出、降低准备金率与利息率、扩大信贷规模等，都属于“松”的政策措施；凡是抽紧银根的措施，如增税、减少财政支出、提高准备金率与利息率、压缩信贷规模等，都属于“紧”的政策措施。究竟采取哪一种松紧搭配政策，则取决于宏观经济的运行状况及其所要达到的政策目标。一般来说，如果社会总需求明显小于总供给，就应采取松的政策措施，以扩大社会的总需求；而如果社会总需求明显大于总供给，就应采取紧的政策措施，以抑制社会总需求的增长。

不管是松的政策措施还是紧的政策措施，在调节需求的同时也在调节供给。同样的道理，在社会总需求大于总供给的情况下，既可用紧的政策措施来抑制需求的增长，也可用松的政策措施来促进供给的增长。因此紧的政策措施和松的政策措施并不是相互排斥的，而是相互补充的。如果从结构方面看，不管总需求与总供给平衡与否，总会有一些部门的产品供过于求，另一些部门的产品供不应求。这样单纯地采取紧的或松的政策调节，都不可能使部门之间趋于平衡。因此，还要从结构失衡的具体情况出发，采取或紧或松的政策措施加以调节。由此可见，当我们运用财政政策与货币政策来实现宏观经济的调控目标时，不能只看到需求的一面，还要兼顾供给的一面。当然也要看到，采取紧的政策措施在压缩需求方面可以迅速奏效，而采取松的政策措施在增加供给方面往往要经历一个过程才能见效。

（四）财政政策与货币政策的时滞

政府运用经济政策时不仅要关注政策的配合，还要把握住运用政策的时机，因为财政政策与货币政策的作用存在政策时滞问题。

1. 相机选择财政政策的时滞

财政政策实施的时滞包括内在时滞和外在时滞二种情况。

内在时滞是指只涉及行政单位而与立法机构无关，是由于研究过程导致的时滞，与决策单位没有直接关系。其主要包括：（1）认识时滞，是指从经济现象发生变化到决策者对这种需要调整的变化有所认识所经过的时间，这段延迟时间的长短，主要取决于行政部门掌握经济信息和准确预测的能力；（2）行政时滞，是指财政当局在制定采取何种政策之前对经济问题调查研究所耗费的时间。内在时滞的长短，一是取决于财政当局收集资料、研究情况所占用的时间以及采取行动的效率；二是取决于当时的政治与经济目的，尤其是在希望实现的目标较多的情况下，必须对政策目标的优先顺序进行选择。

外在时滞是指从财政当局采取措施到这些措施对经济体系产生影响的这一段时间。其主要包括三种时滞：（1）决策时滞，是指财政当局将分析的结果提交立法机构审议通过所占用的时间；（2）执行时滞，是指政策议案在立法机构通过后交付有关单位付诸实施所经历的时间；（3）效果时滞，是指政策正式实施到对经济产生影响所需要的时间。这三种时滞与决策单位发生直接关系，而且直接影响社会的经济活动，故称为外在时滞。由于经济结构和经济主体的行为具有不确定性，很难预测，因此，外在时滞可能会更长。

2. 财政政策与货币政策的时滞比较

货币政策的时滞划分与财政政策雷同。从两者的时滞长短比较来看，内在时滞只涉及经济问题的发现与对策研究，所以从内在时滞角度无法确定这两种政策的优劣。但是，从外在时滞来看，财政政策与货币政策的差异较明显。一般而言，财政政策的决策时滞较长，因为财政政策措施要通过立法机构，经过立法程序，历时较长；而货币政策可通过中央银行的公开市场业务直接影响货币数量，时滞比较短。从执行时滞看，财政政策措施在通过立法之后，还要交付给有关执行单位具体实施；而货币政策在中央银行决策之后，可以立即付诸实施。所以，财政政策的执行时滞一般比货币政策要长。但是，从政策效果看，财政政策要优于货币政策。由于财政政策工具可以直接影响社会的有效需求，从而使经济活动迅速做出有力的反应；而货币政策主要是影响利率水平的变化，通过利率水平变化引导经济活动的改变，不会直接影响社会有效需求。因此，财政政策的效果时滞比货币政策要短。总之，就时滞方面来看，很难比较财政政策与货币政策的有效性。在研究这两种政策的时滞问题时，一定要根据不同的客观经济环境和不同政策的各种时滞加以比较，才能做出正确判断，选择有效的政策措施。

五、公共财政平衡

财政政策实施结果都难免产生财政赤字，财政赤字是宏观财政理论与政策中的一

个重要问题，但它又不仅仅是财政问题，同时也是研究制定货币政策时需考虑的重要内容。

（一）财政平衡与财政赤字

1. 财政平衡的含义

财政平衡是财政收支在量上的对比关系的反映，是就预算年度内的收支对比。财政收支对比不外乎有三种结果：一是收大于支，表现为盈余；二是支大于收，表现为赤字；三是收支相等。从理论上来说，收支相等是可以成立的。但在实际经济运行中，财政收支相等的情况几乎是不存在的。财政收支之间经常出现矛盾，具体表现在：在一个预算年度内，财政收支数量上总是不相等的，经常出现支出大于收入即赤字，或者收入超过支出的情况。

财政平衡是一种相对平衡，只要财政结余或赤字不超过一定的数量界限，就可以视为财政收支的平衡形态。

财政平衡是一种动态平衡。这里有必要区分年度平衡和周期平衡。前者是指每个财政年度的收支都要保持基本平衡，而后者则是指在一个经济周期内收支基本保持平衡。财政平衡不应不考虑时间因素而只局限于一个财政年度内的收支对比状况，应综合考虑年度之间的联系和相互衔接，研究未来财政年度收支的发展趋势，研究经济周期对财政的影响以及财政对经济周期的调节作用，以求得一个时期的内在平衡。

财政平衡是一种综合平衡。财政状况是国民经济运行的综合反映，财政收支是衡量宏观经济运行的重要指标，财政政策又是宏观调控体系的重要组成部分。财政收支作为一种货币收支，同国民经济货币收支体系中其他货币收支是相互交织在一起的。财政部门作为一个经济部门，其收支同家庭部门、企业部门以及对外部门的收支有着密切的联系，而且是互补余缺的。所以，只有从国民经济全局出发，综合考虑中央地方财政收支情况，才可能准确地分析财政平衡状况的成果，探求改善财政状况的对策；才可能运用财政政策有效调节经济运行，达到优化资源配置、公平分配和稳定发展的目标。

2. 财政平衡的统计口径

财政平衡的统计口径，中西方一直存在着差异，这些差异是关于预算平衡口径的分歧，它主要有两种类型：

（1）公债收支是否列为预算收支的差异。1953 年至 20 世纪 90 年代初这 40 年间，我国的财政平衡一直是公债收入列入预算收入，同时公债支出列入预算支出后的平衡，即我国当时的财政平衡公式是：

当年财政盈余或赤字＝(预算的经常收入＋公债收入)－(预算的经常支出＋预算的投资支出＋公债还本付息支出)　　(12—8)

西方的财政平衡口径，是将公债收入和还本支出从上式中剔除出去，西方的财政平衡公式为：

当年财政盈余或赤字＝预算的经常收入－(预算的经常支出＋预算的投资支出＋公债付息支出)　　(12—9)

两式的差异表现在：

A. 我国的公债收入被列入财政收入中，而西方的公债没有被列入收入中。

B. 我国的公债还本付息支出被列入财政支出中，而西方只有公债利息支出被列入财政支出中，公债的还本支出没有列入财政支出。

C. 双方这种统计口径上的差异，使得在公债净发行年，我国财政赤字的实际规模比西方口径的实际规模小；反之，在公债净偿还年，我国财政赤字的实际规模将比西方的大。

(2) 公债付息支出是否列入预算支出的差异。随着我国经济市场化程度的不断深入，特别是1994年财政体制改革的实施，我国财政平衡口径按照国际惯例进行了改革，也将公债收支剔除出预算收支，此时，我国的财政平衡公式为：

当年财政盈余或赤字＝预算的经常收入－(预算的经常支出＋预算的投资支出)　　(12—10)

公式(12—10)尽管比公式(12—8)有了很大改进，但是与实际市场经济国家的通行做法，即公式(12—9)相比，仍有一定的差别。这就是我国改进的财政平衡口径，在将公债收入剔除出预算收入的同时，也将公债还本支出以及付息支出全部剔除出预算支出，从而使得我国的财政赤字口径比西方的小。

决定双方财政平衡的口径差异的原因是多种多样的，但从根本上看则是由双方的经济体制差异所决定的。

(二) 财政赤字的弥补方式

当一国政府预算出现赤字时，采用何种方式进行弥补，主要取决于政策制定者的宏观经济目标。因为不同的弥补方式将对宏观经济产生不同的效应，但同时也受到一国客观经济条件的制约。

从财政赤字的弥补方式对货币供应量的影响出发，可以将各种赤字弥补方式分为两类：货币融资法与债务融资法。

货币融资法是指用增加货币发行的方式来弥补财政赤字，大致可分为以下三种方式。

第一种方式是指财政部通过直接向中央银行透支的方式弥补赤字。透支额即是中央银行增发的高能货币额。

第二种方式是指中央银行直接购买政府债券，在中央银行购买政府债券的同时，财政部在中央银行的存款余额等量增长。这笔增长的存款余额即相当于中央银行增发的高能货币。

第三种方式是指法律规定中央银行不能直接购买政府债券，但是在政府向公众发行债券后，中央银行可以在公开市场上从公众手中购买政府债券。于是在债券流入中央银行的同时，等量的高能货币也就流出了中央银行。

债务融资法是指通过向个人与企业（包括商业银行）出售政府债券来弥补财政赤字，即通过向非政府部门借款而不是通过增发货币来弥补财政赤字。

（三）两类融资法的宏观经济效应及影响其效应的因素

财政赤字弥补方式的宏观经济效应主要表现在对货币供应量的影响上。各种弥补方式最终是否会影响货币供应量及影响程度又取决于多种因素。

1. 货币融资法的宏观经济效应及影响其效应的因素

货币融资法通过中央银行增发高能货币弥补赤字，无疑将产生财政赤字货币化的结果。但上述三种货币融资法对货币供应量的影响是有差别的，主要表现在创造货币的速度上。政府对货币融资法具体方式的选择主要取决于该国中央银行的独立程度。计划经济国家大都采用第一种方式。因为对计划经济国家来说，财政与银行都是政府可直接支配的资金，中央银行仅仅是执行计划的工具，完全不具独立性。市场经济国家一般采用第二种与第三种方式。中央银行不完全独立的市场经济国家较多地采用第二种方式，中央银行独立的市场经济国家较多地采用第三种方式。但由于财政赤字对通货膨胀的影响明显，很多国家往往以法律形式规定不能采用第一、二种方式弥补财政赤字。

第三种方式是拥有发达金融市场的国家，中央银行运用公开市场调节货币供给量是一个重要政策手段。中央银行在公开市场买进公债，货币供应量随之扩大；卖出公债，货币供应量随之减少。因此，公开市场操作是否将导致财政赤字货币化还要取决于中央银行的货币政策。

由此可见，财政赤字的货币效应除取决于赤字的弥补方式外，在中央银行具有较大独立性的国家，更重要的是取决于中央银行的货币政策。

2. 债务融资法的宏观经济效应及影响其效应的因素

由个人和企业购买公债，导致部分购买力从非政府部门手中转移到政府部门，一般不会引起货币增发的结果。即使由商业银行购买公债，只要购买公债的资金来源是其真实存款，而不是由中央银行通过创造信用的方式支持其购买，那么商业银行购买公债与一般企业购买公债一样，不会直接导致货币供应量扩大的结果。商业银行只是将原准备贷给非政府部门的信贷资金贷给了政府，并未使信贷规模因发行公债而扩大。采用债务融资法的目的，从政策制定者的主观愿望讲，就是要尽可能地避免财政赤字货币化的结果。但是经济实践证明，要实现这一目标，还取决于各国多方面的客观因素。其主要有：财政赤字的规模、社会总储蓄量、对外筹资能力。

在政府预算赤字规模较大、国内储蓄有限的情况下，如果一国的对外筹资能力较强，那么政府可通过提高利率吸引外国资本购买本国公债，从而实现财政赤字债务化的目标。对于不具有世界硬通货的发展中国家来说，即使采用了债务融资法，但如果赤字规模过大，债务融资法的效果可能不理想，往往难以完全避免财政赤字货币化的结果。

必须注意的是，具有较强的对外筹资能力的国家采用债务融资法解决财政赤字，可能要以牺牲对外收支的平衡为代价。因此对于发达国家而言，赤字债务化虽可避免通货膨胀问题，但仍需付出一定的代价。

（四）政策制定者的抉择

融资法会产生对货币供给量的影响，实质上导致财政赤字对社会总需求产生影响。货币融资法由于增加了货币供应量，降低或保持了原有利率水平，使政府购买支出上升的同时，并没有排挤非政府部门的投资与消费量，因而导致社会需求总量上升。这说明在一国需求总量已大于供给总量的情况下，货币融资法将会产生严重通货膨胀的后果；反之，在总需求不足的情况下，货币融资法将有助于促进总需求的增加。从理论上讲，在封闭条件下，债务融资法一般仅是国内投资、消费能力在非政府部门与政府部门之间的转移，并未增加社会总需求。因此，如果政府实施赤字财政政策的目标是增加社会总需求，则需采用货币融资法。如果实施赤字财政政策是为了调节经济结构，或是因为支出刚性无法压缩，则需采用债务融资法（但考虑到各国的客观经济条件，须严格把握赤字的规模，以保证财政赤字债务化政策目标的实现）。如果实施赤字财政政策是为了增加政府支配财力，但又试图避免还本付息的负担，也需用货币融资法，只是这种选择将会给经济发展埋下严重通货膨胀的隐患。

本章小结

公共财政管理体制主要包括预算管理体制、税收管理体制、公共部门财务管理体制、国家金库管理体制等。

公共财政管理体制应按照体制适应原则、财权与事权协调原则、公平与效率原则确立公共财政管理机构体系、划分公共财政管理权责、划分公共财政收支范围、建立规范的政府间转移支付制度。

中央和地方政府通过合理职能分工，并以此进行财政支出和财政收入的划分；通过中央政府科学、有效的转移支付制度，以实现对地方财政的宏观调控，并平衡各地区的经济发展。

市场经济体制下，收入分配、宏观调控职能应由中央政府统一行使。资源配置职能应由中央与地方财政分工执行。资源的配置职能中对市场机制低效率的纠正政策，应由中央财政来执行。

税收分权依据中央与地方政府事权的划分，中央政府应承担全国性公共产品的供应，以及拥有所需要的支出资金。地方政府承担本地区公共产品的供应，以及拥有所需要的资金。

分税制会导致地方政府的收支不平衡，依据公平与效率原则，通过政府间的转移支付制度进行调节，并以此促进各地区间的公共服务均等化。

我国现行的政府间财政关系是以 1994 年建立的分税制财政体制为基础，虽然经过多次改革，但在事权确定、收入划分、转移支付等方面仍有调整的必要性。

公共财政政策是由支出政策、税收政策、预算平衡政策、国债政策等构成的一个完整的政策体系。

公共财政政策工具是财政政策主体所选择的用以达到政策目标的各种财政手段，财政政策工具主要有税收、国债、公共支出、政府投资、财政补贴等。

财政政策与货币政策是政府进行宏观调控的两大政策工具。由于其具有不同的特点，所适用的宏观背景条件也有所不同，因此在具体实施中存在着协调配合的问题。

思考题

1. 公共财政管理体制建立的原则是什么？
2. 公共财政管理体制分权的理论依据有哪些？
3. 如何确定政府间财政收支关系？
4. 实施财政转移支付制度的原因是什么？这些制度是否与市场经济的本质相悖？
5. 你认为我国现行财政体制存在的根本问题是什么？
6. 财政政策与货币政策协调配合的基本模式有哪些？

参考文献

[1] 杨志勇，张馨. 公共经济学. 2 版. 北京：清华大学出版社 . 2008

[2] 蒋洪，朱萍 . 公共经济学（财政学）. 上海：上海财政大学出版社，2011

[3] 高培勇 . 公共经济学 . 3 版 . 北京：中国人民大学出版社，2004

[4] 樊勇明 . 公共经济学 . 2 版 . 上海：复旦大学出版社，2007

[5] 朱柏铭 . 公共经济学 . 杭州：浙江大学出版社，2004

[6] 郭庆旺，赵志耘 . 公共经济学 . 2 版 . 北京：高等教育出版社 . 2010

[7] [英] 布朗，C. V.，杰克逊，P. M. 公共部门经济学. 4 版 . 北京：北京大学出版社，2000

[8] [美] 霍尔库姆 . 公共经济学：政府在国家经济中的作

用．北京：中国人民大学出版社．2012

[9]［英］缪勒．公共选择理论．3版．北京：中国社会科学出版社，2010

[10]［美］斯蒂格利茨．公共部门经济学．3版．北京：中国人民大学出版社，2005

[11]陈共，财政学．7版．北京：中国人民大学出版社．2012

[12]［美］海曼．财政学：理论在当代美国和中国的实践运用．北京：北京大学出版社，2011

[13]刘玲玲．公共财政学．北京：中国发展出版社，2003

[14]［美］罗森．财政学．6版．北京：中国人民大学出版社，2003

[15]平新乔．财政原理与比较财政制度．上海：上海三联书店，1992

[16]张馨等．当代财政与财政交流．大连：东北财经大学出版社，2000

[17]张馨．公共财政论纲．北京：经济科学出版社，1999

[18]乔林碧，王耀才．政府经济学．北京：中国国际广播出版社，2002

图书在版编目（CIP）数据

公共经济学/张金艳主编．—北京：中国人民大学出版社，2013.1
通用经济系列教材
ISBN 978-7-300-16977-4

Ⅰ.①公… Ⅱ.①张… Ⅲ.①公共经济学-高等学校-教材 Ⅳ.①F062.6

中国版本图书馆 CIP 数据核字（2013）第 005715 号

通用经济系列教材
公共经济学
主　编　张金艳
Gonggong Jingjixue

出版发行	中国人民大学出版社		
社　　址	北京中关村大街 31 号	邮政编码	100080
电　　话	010－62511242（总编室）		010－62511398（质管部）
	010－82501766（邮购部）		010－62514148（门市部）
	010－62515195（发行公司）		010－62515275（盗版举报）
网　　址	http：//www.crup.com.cn		
	http：//www.ttrnet.com（人大教研网）		
经　　销	新华书店		
印　　刷	北京民族印务有限责任公司		
规　　格	185 mm×260 mm　16 开本	版　　次	2012 年 12 月第 1 版
印　　张	14	印　　次	2012 年 12 月第 1 次印刷
字　　数	243 000	定　　价	29.00 元